写作课程构建与实施

（中学卷）

马利云 / 著

广西师范大学出版社
·桂林·

图书在版编目(CIP)数据

写作课程构建与实施. 中学卷 / 马利云著. -- 桂林：广西师范大学出版社，2025. 8. -- ISBN 978-7-5598-8472-5

Ⅰ. G633.342

中国国家版本馆 CIP 数据核字第 2025H8Q248 号

写作课程构建与实施(中学卷)

XIEZUO KECHENG GOUJIAN YU SHISHI(ZHONGXUE JUAN)

出 品 人：刘广汉

策划编辑：李　昂

责任编辑：徐　妍

装帧设计：李婷婷

广西师范大学出版社出版发行

(广西桂林市五里店路 9 号　　邮政编码：541004
网址：http://www.bbtpress.com)

出版人：黄轩庄

全国新华书店经销

销售热线：021-65200318　021-31260822-898

山东京沪印刷科技有限公司印刷

(山东省淄博市桓台县唐山镇中心大街 3871 号-1　邮政编码：256401)

开本：720 mm×1 000 mm　1/16

印张：19.5　字数：272 千

2025 年 8 月第 1 版　2025 年 8 月第 1 次印刷

定价：68.00 元

序　言

很高兴看到马利云老师要出版写作课程教学的著作,值得庆贺,值得期待。在推进课程与教学论学科和学位点建设、人才培养工作中,我们对这方面著作的需求非常迫切。利云老师这部著作的出版,是我们追求课程与教学论研究的特色化发展的一个体现。

利云老师是我邀请到湖州师范学院工作的。和她认识,是一次偶然的机会。湖州市教师研修中心举办一期全市名师研修班培训项目,邀请我给这个研修班讲课,讲课结束,她和我交流,说自己是一名中学语文教师,已经有二十多年教龄,就这样我们算是认识了,只是此后没有见面交流或信息交流。不过这之后,我在《浙江教育科研》《写作》等期刊时常读到她发表的关于写作研究的论文,文章结合自己的课堂教学案例,叙事方式带点文学的感性,但不影响文章的严谨,还少了一些呆板,增加了文章的可读性。一名初中语文教师,平时要忙于课堂教学和学生管理工作,更要把精力用于应对中考挑战和压力,在这样的情况下,还能钻研初中语文教学中的某一个具体问题,撰写多篇既有理论关照又能反思自身教学实践的教学论文,这非常不容易,引起了我对她的关注和兴趣。之后几年,学校重视课程与教学论师资队伍建设,支持承担师范生培养任务的学院引进实践型名师。这样,我跟利云老师联系,邀请她来湖师院任教,担任课程与教学论教师,把作文教学(写作教学)作为语文课程与教学论方向的特色领域,做深做实、做强做大。开始她有些犹豫,后来在市教育局的支持关心下,利云老师还是很顺利地入职湖师院,我们成了同事。

我一直认为,教师培养机构要承担培养优秀教师的使命,各个师范专业必须要建优建强课程与教学论师资队伍。这支队伍,不仅要能说能写,而且要能教。这个教,是指不仅能在大学里教师范生,而且能进入中小学校教小学生、中学生。利云老师入职湖师院后,我就跟她说一定要跟中小学保持紧密联系,有条件还是要在中小学继续担任语文课程教学工作。进校以来,利云老师努力地按照这一点去做,她和中小学语文老师开展读书会,分享阅读经验和体会,到中小学听课、上课、评课,开展教研活动,这些为她深化写作教学研究保持了源头活水。同时,她从中学转到大学工作,在大学里担任硕士生导师,有更多机会和条件进行教育学理论的学习,她的教育学理论知识进一步夯实。这样,在原有的写作教育学研究基础上,根据《义务教育语文课程标准(2022 年版)》(以下简称“2022 年版义教语文课标”),她把写作教学研究分成课程建设、课程内容和教学教法三个层面,聚焦“写作课程建设”“课程内容开发”“教学方法创新”三个层面,对初中写作教学与课程建设原理与实践路径进行系统、全面的探索,形成了理论思考有深度、指导写作教学实践有力度的研究成果。

一是著作的探索体现着素养导向的育人理念。2022 年版义教语文课标对课程性质做这样的规定:“语文课程应引导学生热爱国家通用语言文字,在真实的语言运用情境中,通过积极的语言实践,积累语言经验,体会语言文字的特点和运用规律,培养语言文字运用能力;同时,发挥思维能力,提升思维品质,形成自觉的审美意识,培养高雅的审美情趣,积淀丰厚的文化底蕴,继承和弘扬中华优秀传统文化、革命文化、社会主义先进文化”,从中我们看到,“课程标准”强调了“积极的语言实践”,无疑,写作教学是非常重要的语言实践,它对实现课程目标起着重要作用。因此,提高写作教学效果,是每一位语文教师必须要承担、研究和破解的重任。

利云自觉地承担起写作教学研究工作,她通过研究课标,提出了要探索建立素养导向下的写作课程的目标。她认为写作是“语言运用”的基础和表现，是“思维能力”提升的核心和关键，是“审美创造”和“文化自信”的重要学习领域和应用场域。写作课程的基本目标是学生能完成义务教育阶段的写作要求，包括记叙性文章、简单的说明性文章、简单的议论性文章、常见的应用文，尝试进行文学创作，如诗歌、小小说等，其写作形式广泛，类型多样。这些要求在当下的课程体系中没有专门的课程建设与之对应，结果写作教学受阅读教学挤压，一定程度上造成学生表达能力低下。所以，利云老师在这部著作中的探索，相信对一线教师会有积极的指导和示范意义。

二是著作呼应了课程内容重构的新趋向。写作课程重构很大程度上落实在课程内容的重构上。2022 年版义教语文课标中，没有将写作课程内容单列，但其相关内容极其丰富，这些写作内容主要分布在课程性质和目标、语文核心素养、六个学习任务群以及学业质量水平的描述中。在 2022 年版义教语文课标中，写作的类型有实用文写作、文学写作、思辨性写作、跨学科写作以及学习性写作。实用文写作，是指为完成生活、工作需要而进行的写作，如调查报告、计划总结等；文学写作，也称创意写作或创意表达，是指为鼓励学生想象、提升审美而进行的写作，中小学生可以尝试创作诗歌、小说、童话等；思辨性写作，是指发表自己的见解和主张而进行的写作，中小学生应该学习“负责任、有中心、有条理、重证据地表达”；跨学科写作是指不同学科教师在“通过写作学习”“通过写作展示知识”理念指导下引导学生在各学科中学习的实践活动，如观察笔记、实验记录、活动策划书等；学习性写作，也称为“学术性写作”“反思性写作”，指以学习各学科知识为目的，为完成学习任务而进行的写作，中小学生可以撰写读书笔记、学写批注、做记录摘要等。这一写作类型划分对目前我国中小学写作教学的冲击是巨大的，它基本告别了过去的大家所熟知的记叙文、说明文、议论文以及应用文等教学型文体，迫切需要我们建立新的写作课程观和写作教学观，这需要教学研究工作者和一线教师做大量的、坚实的基础研究，可贵的是，该著作不仅对以上四种写作类型进行了概念界定、现状剖析并提出教学建议，且都进行了实质性的探索,提供了高质量课例。

三是著作积极推动写作教学方法的创新。为了对写作课程实施进行示范,著作在四个写作类型章节中,各安排了两次教学实施示范。这些课例呈现出以下特征:①文体意识鲜明,写作要素明确。在写作课程构建过程中,著作重点探讨"我们应该教哪些文体","对学生必须掌握的写作文体,教学中应该落实哪些文体写作要素",循着这一思路,著作提供的每一个写作课例都有鲜明的文体意识,不会造成写作文体上的暧昧和错位。②注重情境创设,设计真实任务。"情境""任务"是 2022 年版义教语文课标的热词,著作没有追捧这些热词,而是探索如何把这些热词落实到每一个具体的写作课例中。学生面临的任务是具体而切实,如"学写小传""写演讲稿""写调查报告"等课例探索中,学生能够清楚地抓住任务中的"主题""对象""读者""文体"等要素。③注重实现"教—学—评"一致。写作课程的一个痛点是教师需面对大量的学生习作进行修改、反馈、再修改,要花费大量的时间阅读和批改学生的习作。这部著作的每一个课例都做到了"教得清晰""写得具体""评得恰当",这得益于教师分配了一些精力,在教学方式和评价方式上做出了改进,如在写作中教师有时并不要求学生呈现独立的作品,而是以小组的形式提交小组合作作业;教师精心设计了简易可操作的评价标准,便于让学生之间展开讨论、合作,进而互相学习、修改,这种小组的形式更容易进行合作学习,并能在一定程度上减轻教师的压力。

最后,在研究方法上,该著作采用比较研究和实践研究,具有较强的阐释力和说服力。该书援引了其他国家的课程标准以及写作理论等资料,这种比较使我们看到了中西写作教学中的不同目的、理念、过程和方法等。同时,作者以严肃认真、务实求真的精神,投身教学实践,在写作课程建设中,开辟了一方精彩天地。

写作教学是语文课程教学的一个重点。可以这么说,写作教学的成效,决定着语文教学的质量和水平。让写作教学变得更有智慧和激情,使学生更喜欢写作,在写作中更加热爱我们的语言和文字,确立文化自信,是一项有意义的工作,而这更需要我们去探索写作教学,这部著作为我们做了一个示范。

舒志定

2024 年 8 月 11 日

目　录

第一章　写作课程整体构建

第一节　写作课程目标

课程标准是国家颁布的一个时期内课程建设的纲领性文件,是规定课程性质、课程目标、学业质量和实施建议等内容的指导性文件。课程目标是纲领中的纲领,是课程实施的指南。在时代发展对基础教育提出的新要求、新挑战背景下,在语文课程研究的理论和实践新进展的推动下,2022 年 4 月,《义务教育语文课程标准(2022 年版)》[①](以下简称"2022 年版义教语文课标")出台,未来一段时期,我国义务教育语文教材的编写,语文课程的实施及课程评价,均遵照 2022 年版义教语文课标的相关要求开展。

一、写作课程目标解读

语文课程应该着力提升学科育人价值和学科核心素养。2022 年版义教语文课标的目标体系中,课程总目标是灯塔,是中枢,是落实核心素养的抓手,是把

① 中华人民共和国教育部. 义务教育语文课程标准(2022 年版)[S]. 北京: 北京师范大学出版社,2022.

握各学段教学要求的参照依据。广大语文教师应该着重领会课标精神,明确课程目标,这是课程顺利实施并落地的前提条件。

2022年版义教语文课标总目标共计9条,其中书面表达分别位列第5条、第6条、第7条以及第9条。(见表1-1)

表1-1 “表达与交流”课程目标

序目	内容
5	学会倾听与表达,初步学会用口头语言文明地进行人际沟通和社会交往。能根据需要,用书面语言具体明确、文从字顺地表达自己的见闻、体验和想法
6	积极观察、感知生活,发展联想和想象,激发创造潜能,丰富语言经验,培养语言直觉,提高语言表现力和创造力,提高形象思维能力
7	乐于探索、勤于思考,初步掌握比较、分析、概括、推理等思维方法,辩证地思考问题,有理有据、负责任地表达自己的观点,养成实事求是、崇尚真知的态度
9	能借助不同媒介表达自己的见闻和感受,学习发现美、表现美和创造美,形成健康的审美情趣

研读课程总目标“表达与交流”中的“书面表达”要求,我们发现2022年版义教语文课标对七至九年级学生书面表达的要求呈现出新的思路和新的特点。

① 课程内容体现结构化特点。课程内容结构化特点,是由语文课程落实核心素养导向决定的。2022年版义教语文课标立足核心素养发展,注重课程内容统整,倡导基于真实生活的学科课程实践。课标改变了过去“听”“说”“读”“写”等单项技能训练的方式,而是以“识字与写字”“阅读与鉴赏”“表达与交流”“梳理与探究”四类语文实践活动统整性表述,将以往的“口语交际”“写话”“习作”整合为“表达与交流”,同时不再单列写作教学目标。

② 2022年版义教语文课标创造性地提出“语文学习任务群”建设构想。2022年版义教课标对各科采用了不同的结构化方式,如数学是“主题”,科学是“核心概念”,而语文是“学习任务群”。对于写作教学,2022年版义教语文课标保留了以往写作教学中“具体明确”“文从字顺”等要求,同时删去旧版课标所提

出的“能根据需要，运用常见的表达方式写作”等要求。值得关注的是，总目标的第6、7和9条内容均指向语文学习任务群建设。第6条中要求“提高语言表现力和创造力”指向“文学阅读与创意表达”；第7条中“有理有据、负责任地表达自己的观点”指向“思辨性阅读与表达”，第9条中“能借助不同媒介表达自己的见闻和感受”指向“跨学科学习”。“语文学习任务群”是课程组织的新样态，这给写作教学的开展带来新挑战。

③ 书面表达样态丰富。“语文学习任务群”建设过程中需要进行大量书面表达，其呈现样态体现了丰富性、多样性特征。从方式上看，可以是产品介绍、研究报告或者文学写作；从成果样态上看，大量写作成果可能是片段、图表，也可能是成篇文章乃至学生作品集；从文体要求看，体例更加丰富，中学生的写作可以是以诗歌、小小说为代表的创意写作，也可以是以产品说明、研究报告等为代表的跨学科写作，这些文体都将在“语文学习任务群”中出现。

二、写作课程学段要求

2022年版义教语文课标将义务教育语文课程分成四个学段，每个学段分为四类实践活动板块，每个板块又分成若干要素。所有板块与要素都紧扣并对应课程总目标，是9条总目标的具体化呈现。(见图1-1)

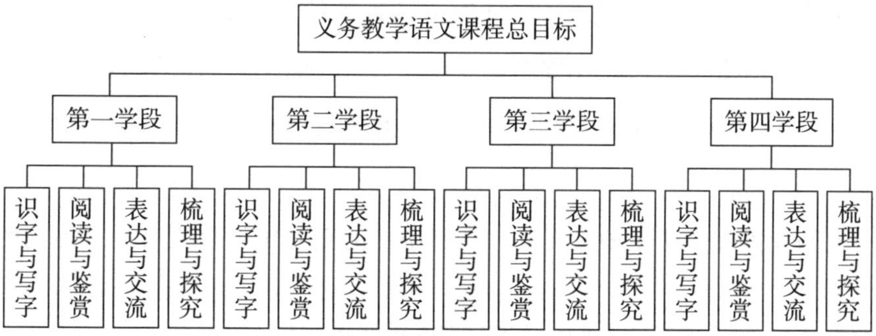

图1-1　义务教育语文课程总目标与阶段目标框架

第四学段“表达与交流”涉及“书面交流”部分的目标要求。(见表1-2)

表1-2 七至九年级“书面交流”课程目标

序目	具体要求
4	多角度观察生活,发现生活的丰富多彩,能抓住事物的特征,为写作奠定基础。写作要有真情实感,表达自己对自然、社会、人生的感受、体验和思考,力求有创意
5	写作时考虑不同的目的和对象。根据表达的需要,围绕表达中心,选择恰当的表达方式。合理安排内容的先后和详略,条理清楚地表达自己的意思。运用联想和想象,丰富表达的内容
6	写记叙性文章,表达意图明确,内容具体充实;写简单的说明性文章,做到明白清楚;写简单的议论性文章,做到观点明确,有理有据;能根据生活需要,写常见应用文。能从文章中提取主要信息,进行缩写;能根据文章的基本内容和自己的合理想象,进行扩写;能变换文章的文体或表达方式等,进行改写。尝试诗歌、小小说的写作
7	注重写作过程中搜集素材、构思立意、列纲起草、修改加工等环节,提高独立写作的能力。根据表达的需要,借助语感和语文常识修改自己的作文,做到文从字顺。能与他人交流写作心得,互相评改作文,以分享感受,沟通见解。作文每学年一般不少于14次,其他练笔不少于1万字,45分钟能完成不少于500字的习作

七至九年级学段目标是对课程总目标的细化。其“书面交流”内容呈现以下四方面特点:

① 写作要“真情实感”的基本导向不变。2022年版义教语文课标强调写作要“多角度观察”。观察是写作的前提和基础,是人类认识世界的必由之路,也是写作实现“真情实感”的最佳路径。观察对写作的重要性不言而喻。鲁迅曾说,“此后要创作,第一需观察”[①],同时强调观察的“丰富性”“持续性”,他说:“留心各样的事情,多看看,不要看到一点就写。”[②]生活是写作的源泉,中学生作文要有“真情实感”,就要从“生活”中来,因此学会观察是保证写作成功的前提条件。

② 写作素养体现在多项要素与指标中。七至九年级阶段目标中提到的写

① 鲁迅.鲁迅全集(第十卷)[M].北京:人民文学出版社,1958:165.

② 鲁迅.答北斗杂志社问.丁华民.鲁迅文集[M].长春:吉林文史出版社,2006:122.

作要“围绕表达中心”，要有“读者”意识，要安排好顺序与条理，要借助联想和想象等，涉及语言运用、思维提升等多项素养。教师在写作教学中要注意渗透“中心意识”“对象意识”“谋篇意识”“创新意识”。

③ 写作文体要求丰富多样。中学生要写“记叙性文章”“简单的说明性文章”“简单的议论性文章”“常见应用文”。两处提到“简单的”，这是对中学生写作实用性文章、思辨性文章的难易程度做出的初步界定。2022 年版义教语文课标扩展了写作文体，如新增“尝试诗歌、小小说的写作”，这属于创意写作方面的新要求。2022 年版义教语文课标既重视“规范的作文”，又允许尝试“创意写作”，为培养学生的多类型功能语篇写作提供了明确的支持。

④ 写作要凸显过程性。教师要对写前、写中和写后等诸多环节提供必要的支持与引导。对写作修改以及写作次数、写作速度提出明确要求。尤其是写作次数，保证每学年写作次数不少于 14 次，这是有一定难度的。同时，对学生作文的修改提出要求，指出修改方式上应以“自我修改”与“互评互改”为主。

在“梳理与探究”语文实践活动板块，2022 年版义教语文课标也有部分要求涉及写作。首先，提出“学习跨媒介阅读与运用，体会不同媒介的表达特点，根据需要选用合适的媒介呈现探究结果”[①]，要在阅读与运用中“呈现探究结果”，需要书面表达。其次，指出“在办刊、演出、讨论等活动过程中体验合作与成功的喜悦”，“就共同关注的热点问题搜集资料，调查访问，相互讨论，能用文字、图表、图画、照片等展示学习成果”[②]，此处“办刊”实践以及“用文字”展示学习成果，需要大量的书面表达。最后，“选出研究主题，制定简单的研究计划”，“独立或合作写出简单的研究报告”[③]，上述“研究计划”的制定、“研究报告”的撰写等，均需要学生进行书面表达。

---

① 中华人民共和国教育部. 义务教育语文课程标准(2022 年版)，16.

② 同上。

③ 同上书，17.

三、写作课程的目标进阶

《全日制义务教育语文课程标准(实验稿)》与《义务教育语文课程标准(2021年版)》提出“三维目标体系”,注重“知识技能、过程方法、情感态度价值观”的整合,而今2022年版义教语文课标强调构建素养型课程目标,这是对“三维目标”的继承和超越。(见表1–3)

表1–3 语文课程标准七至九年级写作教学阶段目标对比

<table>
<tr><th>2022年版</th><th>2011年版</th><th>实验稿</th></tr>
<tr><td rowspan="2">4. 多角度观察生活,发现生活的丰富多彩,能抓住事物的特征,为写作奠定基础。写作要有真情实感,表达自己对自然、社会、人生的感受、体验和思考,力求有创意</td><td>1. 写作要有真情实感,力求表达自己对自然、社会、人生的感受、体验和思考</td><td>2. 写作要感情真挚,力求表达自己对自然、社会、人生的独特感受和真切体验</td></tr>
<tr><td>2. 多角度观察生活,发现生活的丰富多彩,能抓住事物特征,有自己的感受和认识,表达力求有创意</td><td>3. 多角度地观察生活,发现生活的丰富多彩,捕捉事物的特征,力求有创意地表达</td></tr>
<tr><td rowspan="3">7. 注重写作过程中搜集素材、构思立意、列纲起草、修改加工等环节,提高独立写作的能力。根据表达的需要,借助语感和语文常识修改自己的作文,做到文从字顺。能与他人交流写作心得,互相评改作文,以分享感受,沟通见解。作文每学年一般不少于14次,其他练笔不少于1万字,45分钟能完成不少于500字的习作</td><td>3. 注重写作过程中搜集素材、构思立意、列纲起草、修改加工等环节,提高独立写作能力</td><td>7. 有独立完成写作的意识,注重写作过程中搜集素材、构思立意、列纲起草、修改加工等环节</td></tr>
<tr><td>7. 根据表达的需要,借助语感和语文常识,修改自己的作文,做到文从字顺。能与他人交流写作心得,互相评改作文,以分享感受,沟通见解</td><td>8. 养成修改自己作文的习惯,修改时能借助语感和语法修辞常识,做到文从字顺。能与他人交流写作心得,互相评改作文,以分享感受,沟通见解</td></tr>
<tr><td>8. 作文每学年一般不少于14次,其他练笔不少于1万字,45分钟能完成不少于500字的习作</td><td>10. 作文每学年一般不少于14次,其他练笔不少于1万字。45分钟能完成不少于500字的习作</td></tr>
</table>

（续表）

<table>
<tr><th>2022 年版</th><th>2011 年版</th><th>实验稿</th></tr>
<tr><td rowspan="2">5. 写作时考虑不同的目的和对象。根据表达的需要，围绕表达中心，选择恰当的表达方式。合理安排内容的先后和详略，条理清楚地表达自己的意思。运用联想和想象，丰富表达的内容。正确使用常用的标点符号</td><td rowspan="2">4. 写作时考虑不同的目的和对象。根据表达的需要，围绕表达中心，选择恰当的表达方式。合理安排内容的先后和详略，条理清楚地表达自己的意思。运用联想和想象，丰富表达的内容。正确使用常用的标点符号</td><td>1. 写作时考虑不同的目的和对象</td></tr>
<tr><td>7. 根据表达的中心，选择恰当的表达方式。合理安排内容的先后和详略，条理清楚地表达自己的意思。运用联想和想象，丰富表达的内容</td></tr>
<tr><td rowspan="2">6. 写记叙性文章，表达意图明确，内容具体充实；写简单的说明性文章，做到明白清楚；写简单的议论性文章，做到观点明确，有理有据；能根据生活需要，写常见应用文。能从文章中提取主要信息，进行缩写；能根据文章的基本内容和自己的合理想象，进行扩写；能变换文章的文体或表达方式等，进行改写。尝试诗歌、小小说的写作</td><td>5. 写记叙性文章，表达意图明确，内容具体充实；写简单的说明性文章，做到明白清楚；写简单的议论性文章，做到观点明确，有理有据；根据生活需要，写常见应用文</td><td>5. 写记叙文，做到内容具体；写简单的说明文，做到明白清楚；写简单的议论文，努力做到有理有据；根据生活需要，写日常应用文</td></tr>
<tr><td>6. 能从文章中提取主要信息，进行缩写；能根据文章的基本内容和自己的合理想象，进行扩写；能变换文章的文体或表达方式等，进行改写</td><td>6. 能从文章中提取主要信息，进行缩写；能根据文章的内在联系和自己的合理想象，进行扩写、续写；能变换文章的文体或表达方式等，进行改写</td></tr>
</table>

1. 理顺关系

2022 年版义教语文课标把实验稿与 2011 年版课程标准中分列的第 1、2 条要求合并，同时把“多角度观察生活”置于“写作要有真情实感”之前，理顺了学生写作中“物”“意”“文”的转化关系。“物”是相对于写作主体而言的客观世界，“意”是写作主体的情绪、情感、思想与认识等，“文”是写作者的语言表达。刘勰在《文心雕龙》中说“岁有其物，物有其容；情以物迁，辞以情发”①，可见古人早就认识到“物”“意”“文”的转化关系。2022 年版义教语文课标把“多角度观察生活”放在写作课程目标的首要位置，是符合学生写作心理的。生活是写作

① 刘勰. 文心雕龙全译[M]. 龙必锟，译注. 贵阳：贵州人民出版社，1992：555.

的源泉,只有认真感知生活,才能感悟与表现生活。

2. 整合内容

2022年版义教语文课标对写作过程各环节要求、写作修改与写作次数等原先分列的条目进行了整合。因为学生的“独立写作能力”需要在日常写作实践中,在课内外的学习中得到提升。同时,实验稿课标指出要“有独立完成写作的意识”,而2011年版、2022年版义教语文课标调整为“提高独立写作的能力”,这是从意识层面到实践层面的上升。

3. 提出文学写作要求

“诗歌、小小说的写作”是创意表达方面的新要求。2022年版义教语文课标既重视各教学文体的规范写作,又提出尝试文学写作,这是为培养学生的多类型功能语篇写作提供明确的支持。

四、国外写作课程目标

“他山之石,可以攻玉”,了解和学习世界各国课程标准中的写作课程目标,有助于我们摆脱狭隘的思路,开拓国际视野。

(一) 英国英语课程大纲第三、四学段中关于写作的目标要求①

我们以英格兰和威尔士地区国家英语教学大纲修正案为例,阐述英国课程大纲的写作目标。该教学大纲适用于传统学校中义务教育阶段的学生,所呈现的是第三、四学段学生写作的范围和主要技巧。

1. 范围

a. 应鼓励学生对各种目的的写作充满信心,建立自己鲜明且具有独创

① 中外母语教材比较研究课题组.中外母语课程标准译编[M].南京:江苏教育出版社,2000:263.

性的写作风格，意识到对所写内容认真投入的重要性。

b. 提供机会指导学生针对特别读者群、广泛未知的读者群及自己进行写作训练。鼓励学生：

☞进行有美学意义和富有想象力的写作；

☞进行说明性、解释性、辩证性、叙述性、报告性、描述性、劝说性和释义性的写作来传达思想；

☞通过评述、分析、假设、回顾和概括的写作方式开发思维。

c. 学生的写作范围应该广泛，如便条、日记、私人信件、正式信函、时间顺序性写作、报告、小册子、评述、散文、广告、报刊文章、传记、自传、诗歌、故事、剧本、电影剧本。

2. 主要技巧

a. 指导学生坚持写作，提高写作能力，培养在纸上或计算机屏幕上进行写作规划、起草、修改和校读等各过程的能力，鼓励学生在具体写作中，自己决定过程或需要程度。学生应该有机会对自己和他人的写作进行批评性分析，应指导学生进行流畅性写作及必要的快速写作。在上交修改后的终稿时，保证书写工整，字迹清楚，适当地利用一些手段。

b. 培养学生叙事性文章的写作能力，鼓励学生：

☞从自己经历中做虚构幻想；

☞利用写作技巧；

☞利用故事结构、背景的描述、情节的组织以及人物刻画手段和人物关系等知识。

c. 培养学生诗歌写作能力，鼓励学生：

☞掌握各种诗体的格式；

☞以自己特有的风格，创作与所读诗歌相关的诗文，同时根据自己的经历创作诗歌。

d. 培养学生剧本和对话的写作能力，鼓励学生：

☞利用自己读过、演过和看过的戏剧的经验;

☞开发他们利用对话刻画人物的能力。

e. 为培养学生从事非文学类文体写作的能力,鼓励他们:

☞利用自己所阅读的大量非文学类的文章;

☞以散文、议论文、劝说文等非文学类文体,组织和表达观点和信息;

☞从口头和书面的来源获取信息,记下笔记,认真加以总结并做出精确的报道。

英语课程大纲注重写作信心的培养,重视文学性写作、实用性写作及思维能力的训练。从写作范围来看,我们看到英语教学大纲中对学生写作范围要求较广,涉及十多种文体。从主要技巧层面来看,能够区分不同类别,如诗歌、剧本等不同文体,做出具体要求;注意挖掘学生原有的积累,如针对不同文体,分别提到"已有经历""曾演过的""已读"等,相比而言,我国的课程标准要求比较笼统,需要教师进行细致分析与教学转化。

(二) 日本初中日语教学大纲

《日本初中日语教学大纲》课程总目标:培养正确地理解和恰当地使用日语的能力。使学生在提高交流能力的同时,养成思考能力和想象能力,以及丰富的语言感受能力。加深对日语的认识,培养尊重日语的态度。

在各年级目标及内容部分,《日本初中日语教学大纲》分学年对"说与听""写作""阅读"做出不同要求。

如在"第一学年"中,《日本初中日语教学大纲》对写作要求如下:

为培养写作能力,须注意下列事项:

(1) 从身边生活及学习中发现课题,收集材料,并归纳成自己的见解。

(2) 要明确自己想传达的事实、事情、主题、见解和心情。

(3) 为正确地表达自己的见解和心情而选择恰当的材料。

(4) 反复阅读所作的文章,梳理好记载内容、词语用法和叙述方法等,使文章变得易读易懂。

(5) 相互阅读所作的文章,注意别人选材和收集素材的方法等,用作自己写作时的参考。

如在“第二学年及第三学年”中,《日本初中日语教学大纲》对写作要求如下:

为培养写作能力,须注意下列指导事项:

(1) 从广阔的范围发现课题,收集必要的材料,加深自己的见解和思考方法。

(2) 明确自己立场和要传达的事实、事情。

(3) 根据文章形态恰当地构成自己的文章。

(4) 向对方合理地传达自己的意见,能写论据鲜明、逻辑清楚的文章。

(5) 反复阅读所作的文章,经过整理使之成为有说服力的文章。

(6) 相互阅读所作的文章,注意其中的逻辑叙述方法和有效利用素材的方法,用作提高自己的表现能力。

我们看到《日本初中日语教学大纲》总体比较简单。但有两个鲜明的特点:第一,注重年段的阶段性和延续性。如关于选取写作素材,第一学年要求从“身边生活及学习中发现课题”,第二学年则要求从“广阔的范围中发现课题”,体现了鲜明的进阶意识。第二,重逻辑。有两处提到“逻辑清楚”“注意逻辑”,其重视程度可见一斑。而我国的课程标准仅在“核心素养内涵”部分对“思维能力”进行内涵解释时提到“逻辑思维”,中学生甚至大学生写作中思维混乱、逻辑不清晰者比比皆是。

第二节 写作课程理念

一、立足核心素养

2022年版义教语文课标围绕语文课程立德树人的根本任务,充分发挥其育人功能,以促进学生核心素养发展为目的,以“识字与写字”“阅读与鉴赏”“表达与交流”“梳理与探究”等语文活动为主线,综合构建素养型课程目标体系。

核心素养的四个方面是一个整体。语言是重要的交际工具和思维工具,在语文课程中,学生的思维能力、审美创造、文化自信都以语言运用为基础,并在学生个体语言经验发展过程中得以实现。在核心素养体系中,语言运用极为关键,是创设学习活动的基础。

2022年版义教语文课标强调的核心素养导向是对“三维目标”的继承和超越。从内涵看,核心素养指向“核心知识”“关键能力”“必备品格”,可以说包容了“情感态度与价值观”。从本质看,从“双基目标”到“三维目标”再到“核心素养目标”,实现了“学科本位”到“素养为本”的跨越。(见图1–2)

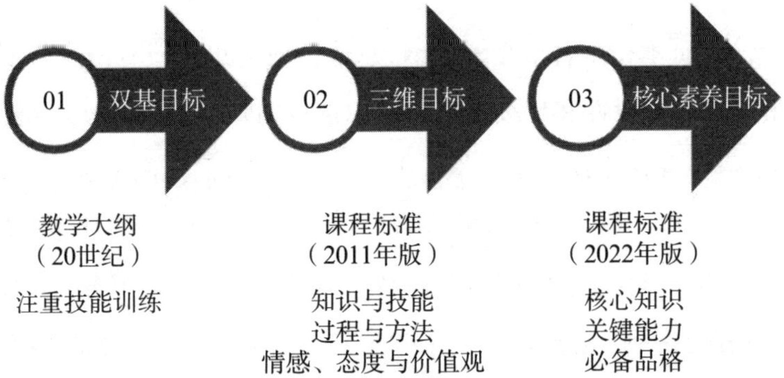

图1–2 课程目标进阶

长期以来，语文教育把听、说、读、写能力的单项训练当作提高学生能力的重要工具，但学生的核心素养并不是单项技能的简单相加，而是具体情境下知识技能的灵活迁移和综合运用。“静态的课程内容，经由学生的主体活动，才能活化”，要培养高素养实践型人才，传统的知识技能训练就不再适用，需要向素养本位的统整性课程观转变。

二、改进内容组织

新时期写作内容在阅读教学中多层面、多方位融入，某种意义上说，呈现出“读写”融通特征。2022 年版义教语文课标要求语文课程内容主要以学习任务群组织与呈现，基于课程整合理念，不再将写作内容单列。新课程标准实施背景下，关于写作板块的教、学、考产生了很多全新内容。这些内容散见于 9 条课程总目标、4 条核心素养、6 个学习任务群中。（见图 1–3）

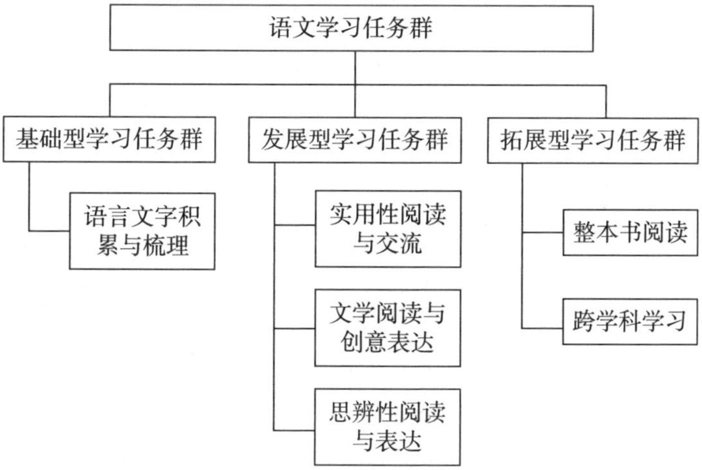

图 1–3　语文学习任务群总体建设框架

第四学段中，每一个学习任务群对写作的要求都不同。基础型学习任务群强调的是打好基础，教给学生语言积累和梳理的方法，在日常读写中积极运用所积累的“词语”“名句”与诗文,强调学习的迁移和内化。如“语言文字积累与梳理”中提出“分类整理、欣赏、交流所积累的词语、名句、诗文等,并在日常读写中积极运用,提升自身的中华文化修养”。

发展型学习任务群有“实用性阅读与交流”“文学阅读与创意表达”“思辨性阅读与表达”三大类。对写作部分的要求,根据语文学习任务群性质,各有侧重。(见表1-4)

表1-4 发展型学习任务群中的写作要求

类别	写作要求
实用性阅读与交流	阅读叙事性和说明性文本,发现、欣赏、表达和交流家庭生活、学校生活、社会生活和大自然的美好;阅读科技作品……交流自己的发现和体会;学习跨媒介阅读与交流;阅读新闻报道、时事评论等作品……根据目的与对象选择合适的媒介进行交流沟通 教学提示指出“在评价中,应引导学生注意实用性阅读与表达的目的、对象、情境,以及交流效果,注意内容明确、条理清晰、语言简洁明了,注意应用文的基本格式和行文规范”
文学阅读与创意表达	阅读表现人与自然的优秀文学作品……借鉴其中的写作手法,表达自己对自然的观察和思考,抒发自己的情感;尝试写诗歌、小小说等 教学提示指出“鼓励学生在口头交流和书面创作中,运用多样的形式呈现作品,发挥自己的创造性;引导学生成长为……有创意的表达者”
思辨性阅读与表达	学习关于科学探究方面的文本……进行专题式的研讨、演讲和写作;阅读诗话、文论、书画艺术论的经典片段,尝试运用其中的观点欣赏、评析作品;围绕社会热点问题,以口头或书面方式参与讨论 教学提示指出“应设计阅读、讨论、探究、演讲、写作等多种学习活动,引导学生学习发现、思考、探究问题的思路和方法”

首先,新时期写作教学内容在阅读中散状内嵌,呈现“读写”融通的特征;其次,写作任务具有情境性与开放性,以往命题式的封闭性写作或许已经退出舞台;最后,强调写作中的对象意识和文体分类。教师也要特别关注各任务群的“教学提示”中关于“写”的指示,“实用性”任务群写作,要有对象意识和情境意识;“创意表达”要突出“创造性”“文学性”;“思辨性表达”要体现出“发现”、“思考”与“探究”,总之,任务不同,各有侧重。

关于“整本书阅读”学习任务群，涉及“写”的任务和要求，如“交流读书心得，分享阅读经验”“借助信息技术为学生拓展学习空间，提供写作、展示、研讨和交流的平台”。教师在进行任务群设计的时候，要通盘考虑，把“整本书阅读”需要“写”的任务纳入整体设计。

在“跨学科学习”中，学生要写作的文本类型丰富。例如“结合自己参与的科技活动，学习撰写并分享观察、实验研究报告”“撰写并发布调查报告”“开展学习与研究，运用多种形式分享学习与研究成果”“开展相关文化活动……在参与过程中写出策划方案，制作海报，记录活动过程，运用多种媒体发布学习成果”等涉及“写”，因此，“写”与学习成果的呈现密切关联。“跨学科学习”任务群中的写作指导，需要教师更多地学习和研究，因为这是一个有待开掘的新领域。

三、转变命题理念

2022年版义教语文课标在“命题要求”中指出“考试命题应以情境为载体”，“要在与学生实际生活经验密切关联的交际语境中，考查学生的语言文字运用能力”。

以往的写作命题，脱离学生真实生活，要求学生把写作当成一种必须完成的封闭式任务。学生面对这类命题，苦不堪言，只能闭门造车，体会不到写作的乐趣。情境理论认为“脱离个体生活的真实环境来谈论学习或能力是毫无意义的，个体与环境的相互作用是形成能力以及社会化的必经途径”。[①] 只有将真实情境与学生的生活主动链接，与学生的具身探究密切联结，写作才能成为一种生活状态下的自发行为，因此，教师应该在情境设计上体现教学智慧，知识只有融入与学生密切相关的真实情境，才能显示出意义和价值，才能够被学生更好地理

① 姚梅林. 从认知到情境：学习范式的变革[J]. 教育研究，2003(2)：60-64.

解和运用。

命题情境的设计路径是多种多样的,可以从日常生活、文学体验、跨学科学习等方向,也可以从个人、学校、社会等角度设置。写作是运用语言文字的高级思维活动,学生的写作过程是其思维能力水平的外显化表达。写作命题应该建立在真实事件或真实问题的基础上。只有在真实写作情境和多向度思维能力评价双重关照下命制写作试题,才能成为评估学生写作能力和思维发展的有效途径。

1. 日常生活情境

日常生活情境指向真实具体的社会生活,关注学生在生活场景中的语言实践,凸显语言交际活动的对象、目的和表述方式。以日常生活情境命题,可以围绕学生的家庭生活,也可以围绕学生的校园生活。

如,2019 年江苏南京中考语文作文命题,就是以日常生活情境设计的。

> ……端午节,奶奶送来一盒绿豆糕,我都不领情,"这是你喜欢的,我不喜欢"。这件事引发我的深思,请你以"你的和我的"为题写一篇文章,向校刊投稿。(50 分)

这一命题源自生活情境,给学生以倾诉的欲望。但学生在材料的审题上也存在一定的曲折和障碍。教师可以引导学生从以下几个方面去剖析。第一,"……端午节,奶奶送来一盒绿豆糕",注意"送"是传统节日礼俗,并没有强调"强加"之意。第二,"都不领情",领情一般指接受对方的礼物或好意而心怀感激,"都不领情"是文中"我"的"态度"。第三,"这是你喜欢的,我不喜欢",这是文中"我"对奶奶送绿豆糕后的回答。第四,"这件事引发我的深思",强调这件事引起"我的深思",而不是写接下来发生的事件。第五,"请你以'你的和我的'为题写一篇文章,向校刊投稿","校刊"指由学校出版的阅读刊物,包括校报,那么这篇文章的读者主要是在校学生,对象因素也要考虑到。如果不结合材料,只是按照命题"你的和我的",强调每个人都有个性,你的和我的共存才让世界更精彩，或者“我的就是你的”之类的结论，都是不合适的。

我们再来揣摩一个中考写作试题，来自2020年浙江绍兴中考作文。

19. 阅读下面文字，按要求作文。（60分）

一般庭院面积有限，花能入选，必有合乎人意的条件：或因为开得早，如梅；或因为开得久，如月季；或因为开得迟，如菊。

——王鼎钧《一朵花》

好的文字总能引发我们的无限联想与思考，请运用所给材料，从下面三个写作任务中任选一个作文。

（1）写一封信劝导表妹。（读初二的表妹最近很苦恼。她总觉得比不上人家，长相平平，没有才艺，学习成绩也不亮眼。尽管老师再三肯定她善良诚恳表现好，但她依旧觉得自己是班里的丑小鸭。你决定写封信劝导她。）

（2）向《文苑·美文》杂志“妙笔生花”专栏投稿。

（3）准备一份国旗下讲话的讲稿。

要求：① 若写书信可用“表妹你好”开头，亦可省略署名和日期；② 角度自选，文体自选，题目自拟；③ 不少于600字，如写诗歌不少于16行；④ 不出现真实的地名、校名、人名等。

绍兴卷设计“庭院建设选择花木”这一情境，是出于日常情境的命题，既在情理之中，又在预料之外。三个任务，学生可以根据自己的所长进行合理选择。任务一，劝导表妹，学生须具备借物喻人、托物言志，从“形”中悟“神”的联想、审美等文学思维；任务二，向专栏投稿，要求比较开放；任务三，进行国旗下讲话，要有对象意识。

2. 文学体验情境

文学体验情境侧重学生在文学作品阅读中体验丰富的情感，尝试用不同的方式进行创意表达。命题者以文学类文本形成的情境为切入点,阅读材料为写作试题情境的创设提供背景信息,不同的阅读文本类型为写作情境的多样化创设提供了可能。

看2021年宁波中考试卷,设置分值高达68分的写作任务,有一大一小两种不同类型的写作。

(2021·宁波)心灵之旅(68分)

旅行,是心灵的阅读;阅读,是心灵的旅行。让我们拾级而上完成18—19题。

18. 某同学写了两节诗,分别表达了保尔、江姐心中的渴望。请你任选一张素材卡片,发挥联想与想象,补写一节诗。(8分)

【素材卡片一】		【素材卡片二】
人物:祥子(《骆驼祥子》) 意象:暴雨　水　路　…… 情境:暴雨砸着祥子,他像要立定在水中,不知道哪是路。祥子咬着牙,蹚着水,不管高低深浅跑起来。		人物:简·爱(《简·爱》) 意象:篱笆　路　太阳　…… 情境:简·爱沿着田野、篱笆和小路走着,直到太阳升起。离家时穿的鞋子已很快被露水打湿。

我渴望

我想去　一个地方 我渴望　看见繁花的春天 死神的黑翅膀　眼前 不熄的热情 笔下	我想去　一个地方 我渴望　触摸温暖的土地 渣滓洞的铁窗　冰冷 我殷殷的心 明亮	________ ________ ________ ________ ________

19. 阅读下面文字,任选一个任务,按要求写作。(60分)

旅行,可以改变认识,可以改变习惯,可以改变观念……

【任务一】写一篇游记。	【任务二】写一篇议论文。
提示： (1) 根据游览的行踪合理安排游记的写作顺序。所选取的景物、事件或历史传说等能触发你某一方面的改变。 (2) 写清楚旅行带给你的具体改变。 (3) 如果写想象的旅行,还要做到想象合乎生活逻辑,有新意。	提示： (1) 选择旅行带给你的某改变来确定观点。 (2) 所提炼的相关素材能证明你的观点;能运用多种论证方法,论证有力。 (3) 文章要结构完整;分段恰当,各段之间有清晰、自然的过渡。

要求：(1) 题目自拟；

(2) 文章不少于500字；

(3) 不要出现含有考生信息的人名、校名、地名等。

我们看到该试卷中的阅读材料为小作文情境创设提供了背景信息。第一首诗表达了保尔顽强的生命力和钢铁般的坚强意志。第二首诗表达了江姐作为共产主义战士的生死观。因此缩写的诗在内容上要表达祥子或简·爱的经历和愿望。在形式上,要仿造“我想去/一个地方/我渴望/动词+名称性的偏正短语(五个字)/名词性的偏正短语/一个词语(两个字)/名词性的偏正短语/一个词语(两个字)”的格式来一首诗。同时,阅读情境延伸至大作文,因为这名为“心灵之旅”的写作表达任务高达68分,分别由“旅行,是心灵的阅读;阅读,是心灵的旅行”“旅行,可以改变认识,可以改变习惯,可以改变观念……”两句情理兼具的句子引起学生的思维。

新时期写作与阅读融合,文学阅读成为写作创设的情境,进而为学生在真实的语言运用情境中发展写作能力提供支架。

3. 跨学科学习情境

跨学科学习情境侧重学生综合运用多门课程知识和思想方法解决实际问题。

2021年嘉兴语文中考,首次以项目化学习亮相。

(2021年嘉兴卷)成果构筑(共1题;共50分)

4. 我们的项目活动到了呈现成果的时候,根据项目的方案,我们要完成《水——让生活更美好》成果集的制作。本集设“智者乐水”“源远流长”两个篇章。请你根据活动体验,任选一个篇章,按要求写一篇作文;或者,可以为本书写一篇“序言”。与组内其他成员共同完成这本书的制作。

<table>
<tr><th>目录</th><th colspan="2">要求</th></tr>
<tr><td>序言</td><td>说明本书编写意图、内容重点及特色,提出阅读建议等。</td><td rowspan="3">自拟标题,不少于600字,不得抄袭,不得套作,不得泄露个人信息。</td></tr>
<tr><td>智者乐水篇</td><td>结合自己的体验,或叙事,或抒情,表达对水文化的理解。</td></tr>
<tr><td>源远流长篇</td><td>运用议论等表达方式,对水文化的保护和传承提出自己的观点,要有理有据。</td></tr>
</table>

结束语:亲爱的同学,本次活动暂告一个段落,让我们带着满满的收获,找到合适的同伴组成团队,交流分享,形成团队成果报告。相信这次活动会给你以后的学习、生活带来别样的启示和帮助。

这是一个项目化学习命题,带有明显的“跨学科学习”理念。要求从“智者乐水”篇章或“源远流长”篇章任选一篇作文,也可以为“成果集”写一篇序言。

如果写“智者乐水”,可以结合自己的经历来写,比如自己某次参与保护水资源活动的经历,就可以作为作文的材料,可以通过活动中的所见、所闻、所感,表达对水文化的理解。写作的时候,可以叙事,也可以抒情,要有自己的观点。

如果写“源远流长”,首先确定一个观点,然后选取一些典型事例证明自己的观点。学生的任务在于把中华文化中与水有关的各个方面集中起来,使之成为一种相对独立的文化形态,就可以清楚地看到中华水文化是中华文化的重要组成部分。物质层面的水文化主要包括水形态、水工程、水工具、水环境、水景观等。

如果写“序言”,要说明这本书的编写意图、内容重点及特色,提出阅读的建议等,要把这些内容条分缕析地写出来,写作时可以引用书中精彩的观点和内容，以激发阅读兴趣。

这个命题开放度很大，知识层面和实践层面都具有一定的广度和深度，与新课标倡导的“任务群”写作不谋而合。

无独有偶，2021 年绍兴市中考语文的作文命题，从某种意义上来说，也融合了“跨学科学习”理念。

（2021 年绍兴卷）阅读以下新闻标题，在任务单中任选其一，完成写作。

<table>
<tr><td>继俄罗斯之后，爱尔兰将汉语纳入高考，汉语热继续发酵
来源：搜狐新闻　发布时间：2020 年 08 月 05 日</td><td rowspan="4">任务单
任务一：阅读新闻标题，就标题内容所反映的现象，为校园论坛写一篇评论性文章。
任务二：4 月 20 日，第十二个联合国中文日之际，《晚报》启动了“我与汉语的故事”征文活动。请写一篇文章（可以文学创作），向《晚报》投稿。
任务三：一位热爱中文的外国小伙伴向你请教汉语学习的方法，请结合你的学习体会，写一篇建议性文章。</td></tr>
<tr><td>搜狐 | 新闻 | 体育 | 汽车 | 旅游 | 教育 | 时尚 | 科技 | 财经
国际中文水平考试居家网考在 56 国举行，考生突破 7 000 人次
2021-04-06　11：07</td></tr>
<tr><td>《国际中文教育中文水平等级标准》7 月 1 日起实施
来源：北京《人民日报》　作者：赵晓霞　时间：2021-05-22</td></tr>
<tr><td>首个面向外国中文学习者的规范标准来了：在厦外国留学生积极备考
教育信息速报
发布时间：2021-05-25　18：01 | 潇湘晨报旗下教育资讯账号</td></tr>
</table>

任务一：要求就新闻内容所反映的现象，为校园论坛写一篇评论性文章。首先要分析这几则新闻标题所反映的现象，四则新闻说明了“汉语热”这一现象。作文要对“汉语热”这种现象进行评论，可以评论“汉语热”兴起的原因、意义等，通过评论，表达自己对此种现象的看法、观点等。

任务二：要求写“我与汉语的故事”。“我”要求写的是自己的故事；“与汉语的故事”要写自己与汉语之间的故事，可以是接触汉语的故事，写一个故事，或者写几个片段，可以是学习汉语的故事，也可以是教人学汉语的故事；“故事”

则对文体提出要求,应写一篇记叙文,要把这个故事的时间、地点、起因、经过和结果交代清楚。在叙事的时候,要加入人物和环境描写,增加故事的真实性和吸引力;要通过故事表现“汉语富有魅力”“热爱祖国语言”等主旨。

任务三:要求给一位热爱汉语的外国小朋友写一篇如何学习汉语的建议性文章。外国小朋友不像中国小朋友一样从小生活在汉语的环境里,想学好汉语比较难,可以根据这位外国小朋友的年龄、家庭背景、受教育程度、汉语水平等提出针对性的建议。提建议时应分别阐述,按照由易到难的顺序,可以在阐述理论的时候列举一些相关的小故事,这样既能增加趣味性也便于外国小朋友理解。

立足真实情境教写作,是语文素养指向下写作教学的观念转变,理应成为教师的普遍共识和必然追求。真实情境是素养形成、发展和表现的载体,只有当情境真正引发了学生自主的语言实践活动时,知识才会转化为能力,才能够帮助学生完成生活中的语言任务。应该将真实生活、学生个人经验与学科认知情境有机整合,引导学生在真实的写作情境中完成写作任务。

第三节　学业质量标准

所谓质量标准,就是质量的表现、质量的水平,它要解决质量的可视化、可测化问题。作为衡量产品质量的依据,各行各业均制定了质量标准。学业质量是学生在完成课程阶段性学习后的学业成就表现,实际上就是学生在学完课程内容后所发生的变化和收获。学业质量标准是确保和检验学习必须达成的水平和成果的标尺。

“学业质量标准”是 2022 年版义教语文课标在形式和结构上的一种突破,增强了课程标准的完整性,提升了课程标准的约束力。“核心素养”时代,我们关注的是学生核心素养的形成情况，即通过一定阶段的课程内容学习，学生是否形成相应的核心素养。

2022年版义教语文课标基于课程整合思路，没有将写作课程内容单列，但关于学生写作的教、学、评产生很多新内容，也比较明确。这些内容散见于9条课程目标、4个核心素养、6个学习任务群，学业质量水平描述以及评价建议和命题考试的要求中。本节主要梳理新课标中的写作质量标准，并对写作评价实施提供合理化建议。它呈现的是七至九年级学生应该达到的学业质量水平和关键能力。语文学业质量标准大致从语言、思维（读写）、文学、文化四个方面来描绘学业质量特征，这为解决教、学、考目标一致问题进行了可贵的探索。

一、写作课程目标要求概述

2022年版义教语文课标指出，语文课程“以促进学生核心素养为目的，以识字与写字、阅读与鉴赏、表达与交流、梳理与探究等语文实践活动为主线，综合构建素养型课程目标体系”。写作主要属于“表达与交流”范畴，同时与“梳理与探究”等也密切相关。

在9条课程目标中与写作相关的内容有4条。（见表1-1）其中第5条体现了鲜明的交际语境写作理念和语用交流意识；第6条涉及文学写作的要求；第7条主要体现了对思辨写作的要求；第9条主要体现审美创造的要求。

在七至九年级的“表达与交流”部分，主要指明了写作内容的来源，基本延续以往对写作态度、观点、内容、思路结构、材料、表达方式、语言、技术、修改等方面的要求。这是对写作教学最集中、最直接的表述。在“梳理与探究”实践活动中，涉及“学习跨媒介阅读与运用”，有对初中生制定简单研究计划，撰写简单研究报告的表述，这是一项新要求。在6个学习任务群中也涉及一些写作要求，有的甚至是全新的要求，如“跨学科写作”。

二、七至九年级写作学业质量标准

2022年版义教语文课标质量标准以核心素养为主要维度，结合课程内容，对学生语文学业成就的具体表现特征进行了整体刻画。依据四个学段，按照日常生活、文学体验、跨学科学习三类语言文字运用情境，每一学段均整合“识字与写字”“阅读与鉴赏”“表达与交流”“梳理与探究”等语文实践活动，描述学生学业成就的关键表现。写作学业质量标准没有单独呈现，而是与其他活动融合在一起表述。为清晰起见，列表如下。

表1-5　七至九年级写作学业质量标准

阅读与鉴赏	表达与交流	梳理与探究
能通过口头或书面方式，向他人推荐中华优秀文化经典、革命文化和社会主义先进文化作品	能多角度观察生活，抓住事物特征，选择恰当的表达方式，合理安排详略，条理清楚地表达自己的感受和认识	能用流程图、文字等形式呈现活动设计方案；能围绕学习活动开展调查，用文字、图表、图画、照片等形式呈现学习成果；能利用图书馆等多渠道获取资料，整理相关学习内容，完善自己的认识，撰写活动总结
能根据具体情境要求，选择合适的文本样式记录经历、见闻和体验，表达感受、认识与观点	能用多种媒介形式交流沟通	能通过梳理、分析材料提炼出自己的看法；能有条理地列出提纲，用策划书、调查报告、小论文等形式发表研究成果，力求格式规范、内容完整、条理清晰
能记录探究过程，归纳概括自己的发现，条理清晰地呈现问题解决的过程，并汇集学习成果		通过合作，能综合运用绘画、表演、创作等多种活动样式开展校园活动和社会活动

从表1-5我们看出，七至九年级写作评价标准已经发生了一些重要变化。

第一，注重多元呈现。从“口头或书面方式”“用流程图”“图表、图画、照片”

“绘画、表演、创作”等可以看出，在成果的呈现方式上，书面表达只是其中的一种比较主要的方式。

第二，重视写作情境。初中学业质量标准注重对学生真实的语言应用水平，尤其是语言运用的准确、得体，以及语境意识、合语境表达的考查。我们发现，几乎在标准的各层面都提到语言应用的“语境意识”，强调语言表达的情境性，如“根据具体的语境和表达的目的、要求，运用口头和书面语言”，“根据具体的语言情境和不同的对象，运用书面语言文明得体地进行表达与交流”。

第三，注重写作过程。学习任务群方式下的语文学习，学生的写作活动只是整个任务群学习实践过程中的一部分。“记录探究过程，归纳概括自己的发现，条理清晰地呈现问题解决的过程，并汇集学习成果”，往往伴随着对文本材料的搜集、阅读、分析、梳理、探究、讨论、汇报等一系列学习任务，这些任务会构成一个前后联系的学习活动链条。“任务群写作”正是作为链条上的一部分被嵌入学习活动的，其教学实践表现为一个连续的任务完成过程。这一过程指向的不只是时间的连续，还有思维和学习的不断发生、发展。

第四，注重梳理与探究，“能通过梳理、分析材料提炼出自己的看法”，“能有条理地列出提纲，用策划书、调查报告、小论文等形式发表研究成果”。身处信息时代，学生的学习方式也应该转型，教学中应注意信息的搜集整理、加工表达，利用好写作与其他语言实践活动，这有助于加强学生梳理、分析、提炼信息的能力，从而帮助学生实现由“学习写作”到“用写作来学习”的转变，让中学生的书面表达思路清晰、逻辑严密、语言简明。

第五，注重写作进阶。跨学科学习维度的学业质量主要从探究兴趣、研究设计、开展调查、展示成果等角度描述，各角度在不同的学段分别呈现出进阶性。其中，第一和第二学段要求学生有探究的兴趣，但到第三和第四学段，转变成对探究行动的要求。

以“开展调查”为例，义务教育四个学段，有明显的进阶提升。（见表 1–6）

表 1-6 学生"开展调查"学业质量要求

学段	具体要求
第一学段	没有要求开展调查
第二学段	要求学生提出问题并搜集、整理信息和资料
第三学段	要求学生在利用多种信息渠道获取资料的基础上,运用调查、访谈等具体的方法,以团队合作的方式解决问题,并记录调查过程
第四学段	要求学生有效整合信息、发现解决问题的线索,对问题作出合理的解释与推断

第二学段的"调查"不过是一种"试水";第三学段提出具体的研究方法,充分关注学生的合作意识和反思意识,对研究过程与研究主体提出了综合性要求;第四学段则在第三学段的基础上对学生的调查能力提出了进一步要求,有了"质"的提升。

三、七至九年级写作学业质量评价要求

过程性评价贯穿语文学习全过程。"评价建议"主要是从实施角度对写作评价的原则、目的、内容、方式提出具体要求。

第一,评价的方法强调综合。把写作能力的展现与其他学习相融合,评价的时候,也与其他表现相交融。如通过课堂观察、对话交流、小组分享、学习反思等手段,收集和整理学生学习中的过程性表现,包括学生日常写字、读书、习作、汇报展示、朗读背诵、课本剧表演等方面的材料,记录学生核心素养发展的典型表现。学生的核心素养发展是以"识字与写字""阅读与鉴赏""表达与交流""梳理与探究"为主线,学生"写"的成果可单独呈现,也可与其他活动成果一起呈现,体现出评价的综合性。

第二,评价的方式强调灵活。衡量学生的写作水平可以采取多种方式,根据

不同情况灵活选择评价方式，可以采用书面的纸笔形式，也可以设计综合的学习任务，如诵读、演讲、书写展示、读书交流、戏剧表演、调查访谈等。“整本书阅读”与“跨学科学习”的阶段性评价，可以是读书笔记、读书报告会、读书分享会等，也可以是观察报告、实验报告、研究报告等。多种评价方式的实施，提高评价效率，增强评价的科学性，关注“学生在活动中表现出来的参与程度、思维特征，以及沟通合作、解决问题、批判创新等能力”。提醒教师要注意搜集学生在语文实践活动中产生的各类材料，如读书笔记、文学作品、小组研讨成果、调查报告、体验性表演活动和个人反思日志等，这些材料可以帮助了解学生在任务群学习中表现出的个性品质和精神状态，建立完整的学习档案。这些做法很具体，也极具操作性。将学生平时的作文纳入考试评价，或者用“代表性作品”去衡量学生真实的写作水平和进步，减少了终结性评价的分量，提高了过程性评价比重。

第三，评价的指标强调具体。不同学习任务群所涉及的文体和写作类型有很大不同，是不可以用同一个标准衡量的。教师基于不同写作任务的特点，研发不同的评价指标。比如“新闻”“游记”同属于八年级写作学习的文体，“新闻”属于实用性文章，“游记”属于文学性写作，两者要区分对待，不能将文学写作和实用写作混为一谈。从目前初中作文评价来看，“富有文采”的作文依然盛行。尽管大家具备了一定的文体意识，但在教师观念中，总以为“感情丰富”“富有文采”应是所有作文的基本特征，这是一种错误的认识。实用性写作就应该客观，否则影响文本的可信程度，有违客观理性的文体风格要求。在这一背景下，就应该专门制定某一次写作的评价标准，要有针对性和独特性。

四、七至九年级写作命题要求

初中学业考试写作命题是全社会关注的焦点。写作命题既是质量评价和选拔的标尺，也对教学具有导向作用。研究 2022 年版义教语文课标的“学业水平考试”要求，以下信息应该引起重视。

第一,作文命题注重真实任务情境创设。2022 年版义教语文课标提出“考试命题应以情境为载体,依据学生在真实情境下解决问题的过程和结果评定其素养水平”,把命题情境分为“日常生活情境”“文学体验情境”“跨学科学习情境”,并分别给出情境设置要求。(见表 1–7)

表 1–7　三类情境及其设置要求

类别	情境设置要求
日常生活情境	关注学生在生活场景中的语言实践,凸显语言交际活动的对象、目的和表述方式
文学体验情境	强调学生在文学作品阅读中体验丰富的情感,尝试用不同的方式进行创意表达
跨学科学习情境	强调学生综合运用多门课程知识和思想方法解决实际问题

情境认知理论认为,学习来自个人和环境之间的互动建构与生成,人的活动和环境是相互建构的整体。真实复杂的能力是在一定的情境中形成的,过去那种单一、机械的技能训练不利于综合的高级技能的形成。

第二,写作任务设计要有典型性和多样性。

典型性是指为评价学生语文素养水平而选取具有代表性的语文实践活动。这样的典型活动可以考查学生的核心写作能力。

多样性是指评价学生语文素养水平,其任务要丰富多样、视野开阔。考试材料的选择与组合应该角度多样,为学生的思考与拓展留有足够的机会和空间。题目命制可侧重阅读与鉴赏、表达与交流、梳理与探究某一方面,也可整合三个方面实践活动,让学生在复杂情境、多种角度和开放空间中充分展示其富有创造性的个性化学习成果。

在命题考查具体指标上,2022 年版义教语文课标指出:

阅读与鉴赏类问题或任务要立足文本信息的提取、归纳、概括,考查学生对作品思想内容、篇章结构、表现手法、语言风格的理解和把握，引导学生对作品的创作动机、表达效果作出合理评价。

表达与交流类问题或任务要注重调动学生已有的知识积累和学习经验，记述生活经历，表达情感体验，就语言、文学、文化、生活等现象发表自己的看法。

梳理与探究类问题或任务要从具体的文本材料出发，拟定有育人价值和探究空间的活动，考查学生提取信息、筛选分类、比较概括、归纳总结等思维能力。问题或任务设定要关注探究结果的合理性，关注学生思维品质的发展。

综合型题目或任务要充分体现阅读与鉴赏、表达与交流、梳理与探究的整合，在命题材料和社会生活实际之间找到结合点，引导学生围绕话题或现象，深入思考探究，综合分析解决问题，在学以致用的过程中展现正确的世界观、人生观、价值观。

这些要求为命制符合课标要求的高水平试题指出了方向。

2022 年版义教语文课标在写作概念、类型和质量评价标准上已经发生了很多可喜的变化。写作类型由单一转变为多样，由“应试写作”向“学习性写作”“应用性写作”“思辨写作”方向转变；写作命题由封闭、隐喻性向开放、任务型转变。写作质量标准也存在一些问题，比如对写作类型区分仍不明晰；评价指标还比较空泛；操作性不够；写作命题设计尽管有很多新的思路，对写作教学研究最新成果的吸纳还不够。未来的路程还很漫长，尚有很大的探索研究改进空间。

第四节　写作课程评价体系

构建科学合理的写作课程评价体系，是写作课程得以顺利实施的有力保障。

2022年版义教语文课标指出课程评价应“准确反映学生的语文学习水平和学习状况,注重考查学生的语言文字运用能力、思维过程、审美情趣和价值立场,关注学生学习过程和学习进步”。① 写作评价是一个系统工程,评价过程复杂,千头万绪,涉及教育教学诸多环节,如教育政策影响、社会价值导向以及教师写作观念等。写作教学的宗旨是发展学生基于不同任务场景的语言构建与交流能力,为发挥课程评价的引领和导向作用,当前背景下需要重构写作课程评价体系,为促进和发展学科核心素养的全面提升提供有力保障。②

一、写作课程评价体系理论基础

(一) 动态评价理论

动态评价是通过教师与学生的多方位互动,在评价过程中探索并发现学生潜在发展能力的系列评价方式的总称。③ 动态评价理论认为人的心理机能是社会学习的结果,是在文化和社会关系的综合作用下不断内化的结果,社会文化因素在人的认知发展过程中起着核心作用。④ 动态评价源于维果斯基(Lev Vygotsky)社会发展认知理论,其核心是关注学生的“最近发展区”。近年来,动态评价理论较多运用于心理学和教育测量中。动态评价实行教学干预和教学评价同步,旨在全面关注学生的学习发展状况。在教学中,教师通过组织、指导和反馈等手段让学生积极参与有关检测活动,对学生的思维、认知和学习等多方面能力进行评价。

动态评价模式主要分为干预模式和互动模式。干预模式,教师实施标准化

① 中华人民共和国教育部. 义务教育语文课程标准(2022年版),3.

② 荣维东. 论新世纪写作课程重建运动[J]. 教师教育学报,2020(4):41-47.

③ 姜秀娟. 动态评价在外语教育中的研究与应用:回顾与思考[J]. 天津市教科院学报,2017(3):9-11.

④ Vygotsky, L. *Mind in Society: The Development of Higher Psychological Processes*[M]. Cambridge, MA: Harvard University Press, 1978: 108-114.

方案,关注评价的"量化"指标;互动模式,一般出现在教师和学生的互动过程中。

动态评价的特点集中体现为"过程取向"和"介入与评价相结合"。"过程取向"是指教师对学生写作学习过程进行持续性评价,既评价学生对写作知识的掌握和运用情况,也评价学生在写作学习过程的日常表现、能力及情感、态度等;"介入与评价相结合"指评价与教学紧密结合,教师对学生的写作评价,要通过对学生的写作过程的持续关注来进行,不能仅依靠学生在单独一次写作实践中的表现。

(二) 过程写作理论

过程写作(process approach)既是一种教学思想,也是一种教学方法。过程写作理念下,教师在教学中应重视学生的写作过程而非只关注写作结果。过程教学实施过程比较严谨,一般按照教学流程或教学阶段进行,教师整体设计教学活动,帮助学生在写作前构思与布局,完成写作初稿,并协助修改初稿,进而讨论、反馈、修改等,进行全过程干预。过程写作理论被证明对于提高写作教学的质量有明显效果。

过程写作重视写作中的"五步骤",包括:预写作、打草稿、修改、校订和发表。(见图 1-4)

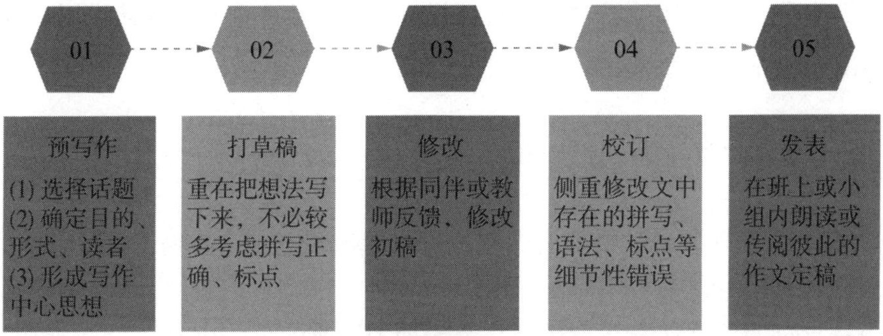

图 1-4 写作过程"五步骤"

过程写作理论认为学生在写作学习中应当与自己的人生经验发生联系,应成为一种有目的、有意义的学习实践活动。① 因此,过程写作主张教师应尊重学生的写作自主权,帮助他们在选题、构思、完成草稿和修改的过程中体验完整的写作。

(三) 协作学习理论

协作学习(Collaborative Learning)理论兴起于西方。协作学习理论提倡教师以小组或团队形式组织学生进行学习,以利于对知识的理解、掌握和运用,最终达到共同的学习目标。协作学习理论的组织要素包括协作小组、成员、教师和学习环境。② 协作学习的开展形式多样,通常以成员之间商讨、对话甚至争论等方式对问题进行论证。协作学习理论指导下的写作评价包括自我评价、组内评价、组间评价及教师评价。协作学习不仅能促进学生主动参与、积极探究、合作互助、相互监督,还有利于教师对学生的写作学习过程进行监督和管理。协作学习的评价方法为写作教学活动中进行小组协作评价的实施提供了科学有效的方法、工具和手段。

二、写作课程评价体系的构建原则

课程评价是提高课程教学质量的重要环节。构建科学、系统、客观的写作课程评价体系,对教师实施教学的诊断、调节和改进,具有重要的导向作用。构建写作课程评价体系,应遵循以下原则:

(一) 体现"教—学—评"一致

"教—学—评"一致,就是要达到"目标—教—学—评"的统一。"目标",是

---

① 何晔. 中学英语写作评价指标体系的建构[J]. 成都师范学院学报,2017(8):16-20.

② 李秋梅,陶凤祥. 开放教育与基于网络的协作学习模式[J]. 现代远距离教育,2005(1):38-41.

指学生写作学习的具体目标;"教",是指教师指导学生实现写作学习目标而进行的系列学习活动;"学",是指学生为实现目标而付出的写作实践与行动;"评",是指教师和学生对写作学习表现的评价,涉及写作前、写作中和写作后的持续性评价,以有效监测学生的写作目标达成。"教—学—评"一致强调教学、学习和评价都指向教学目标,最终达到协调统一。遵循"教—学—评"一致原则,可有效制约写作教学行为的无序、随意和写作教学目标的模糊、游离,使写作教学效果变得清晰,教学流程变得更具操作性。

(二)过程性评价与终结性评价相结合

写作评价应注重过程性评价与终结性评价的结合。过程性评价应该贯穿学生写作学习的全过程。通过写作学习参与、写作能力发展和写作文本评价等过程性评价,学生充分理解写作学习过程,激发学生的主观能动性,增强学习参与度,从而凸显学生的主体地位。终结性评价一般是指教师在学习阶段末期,以书面文本为主要形式对学生写作教学质量和写作学习效果进行评价。写作评价体系的构建既要重视过程性评价,又要关注终结性评价,并将两者结合,保障写作教学质量评价稳步提升。

(三)定量评价与定性评价相结合

定量评价是关注实证材料,注重收集和处理相关数据资料,对评价对象做出的量化评判。定量评价能够较为客观、直观地反映学生写作学习成效,但在学生学习的品质、行为和态度等难以量化的方面具有明显的局限性。定量评价注重以数据呈现评价情况。定性评价是根据学生写作学习的日常表现、态度和状况,对学生的写作学习做出的定性评判。定性评价侧重于对学生写作学习过程中表现出来的情感、态度、价值观等方面的不可量化的评价,对评价者的知识、经验和判断等能力要求较高。定性评价一般以描述性话语对学生写作进行评价。在评价实施中,单一进行定量评价或定性评价,均无法全面考量学生的写作学习水平,实行定量评价与定性评价相结合,相互补充,可以更全面地考量学生写作学习的真实状况。

三、写作课程评价体系的构成

2022年版义教语文课标重在发展学科核心素养,包括文化自信、语言运用、思维能力和审美创造等。文化自信,指学生认同中华文化,对中华文化的生命力有坚定信心,热爱国家通用语言文字,热爱中华文化,形成自己的文化立场与态度。在写作学习中,文化自信指学生认同中华文化,喜爱书写关于中华文化题材的习作,一定程度上对中华文化形成自己的价值判断。语言运用,指学生在丰富的语言实践中,初步具备良好语感,形成个体语言经验,具有正确、规范运用语言文字的意识和能力,能在具体语言情境中有效交流沟通。在写作学习中,语言运用指学生在写作时,在遣词用语、行文构段等方面,积累一定的语用经验,形成自己的表达习惯。思维能力,指学生在语文学习过程中的联想想象、分析比较、归纳判断等认知表现;学会从不同角度思考和解决问题,有好奇心、求知欲,崇尚真知,勇于探索,养成积极思考的习惯。在写作学习中,思维能力指学生在写作时,在谋篇布局、写作手法运用等方面,能运用恰当的思维形式,合理地表达自己的立场和态度。审美创造,指学生通过感受、理解、欣赏、评价语言文字及其作品,获得较为丰富的审美经验,具有初步的感受美、发现美和运用语言文字表现美、创造美的能力。在写作学习中,审美创造指学生在写作时,能够感受美、发现美和表现美,并通过一定文学手法和情境构造进行合理呈现。

写作课程评价体系拟建立三个子项目,分别是学生写作学习参与评价、学生写作能力发展评价和学生写作文本评价。文化自信、审美创造和思维能力等培养主要体现在学生写作学习参与评价和学生文本评价之中,语言运用培育主要体现在学生写作能力发展评价中。

（一）学生写作学习参与评价

学生写作学习参与评价重在考量学生在写作学习过程中的参与程度及态度、情感等。学生写作学习参与评价的主体由教师和学生共同承担。教师根据学生在写作学习过程中的参与程度和参与意愿，考量其在学习过程中的智力发展及价值观的形成等，建立学生写作学习参与指标体系。参与程度可以通过学生的课堂听讲、发言、讨论、练习等诸要素体现；态度和情感一般根据学生在听讲和讨论过程中表现出来的兴趣、发言次数和写作意愿等进行判断，也包括对课堂反馈、写作表达的有效程度进行评价。（见表 1-8）

表 1-8　学生写作学习参与评价

等第 指标	优秀	良好	及格	不及格
听讲				
讨论				
思考				
练习				
兴趣				
意愿				
反馈				

学生写作学习参与评价等第设定为优秀、良好、及格与不及格。优秀，占总人数的前 30%；良好，占总人数的前 60%；及格，占总人数的前 60%—90%；不及格，占总人数的后 10%。优秀表示学生在写作参与中总体表现积极，学习效度高；良好表示学生各方面表现比较积极，写作学习课堂参与度较高；及格表示学生需要教师的提醒引导，在各个参数中偶有积极表现；不及格表示学生在写作学习过程中，在听讲、意愿及写作表达有效度等各参数方面表现出持续性落后。

学生写作学习参与评价着眼于评价学生写作学习周期中的表现。教师可以一学期为时间单位对学生的写作学习进行评价。教师的评价既有描述性判断,又可以给予等级评判。学生以一学期为时间单位,总结自己的写作学习课堂表现和态度、情感的变化,一般以书面形式撰写报告。学生写作学习参与评价属于诊断性评价,在写作课程评价体系中权重占20%左右。

(二) 学生写作能力发展评价

学生写作能力发展评价主要考查学生在写作学习过程中的能力发展状况。学生写作能力发展评价从四个维度进行:写作知识、写作策略运用、写作目的实现与写作反思。(见表1-9)

表1-9 学生写作能力发展评价指标

等第 指标	优秀	良好	及格	不及格
写作知识的掌握能力				
写作策略的运用能力				
写作目的的实现能力				
写作的反思能力				

学生写作能力发展评价注重考量学生在写作学习进程中对写作程序性知识的掌握和运用情况。教师可以从策略、资源和提升三个方面引导学生,根据评价的结果进行调整与介入,激发学生展现其写作潜能。学生应在写作学习过程中,注意理解写作文体知识,学习运用写作策略以及积累相关生活经验。

学生写作能力发展评价最终的目标是促进学生达成写作学习目标并进一步学习反思。教师需要培养学生的反思能力。学生对写作的反思,就是对自己的写作学习历程作出判断,调控自己的写作学习效果的过程,可以发展学生的内省智能。内省智能是一种元认知能力,教师需要把对学生反思能力的培养分解到写作教学的内容板块中，在写作学习内容结束后及时引导学生梳理、归纳学习要点，结合自己的写作实践进行反思。

学生写作能力发展的评价设定优秀、良好、及格与不及格四个等第。优秀，占总人数的前30%；良好，占总人数的前60%；及格，占总人数的前60%—90%；不及格，占总人数的后5%—10%。优秀表示学生在写作知识掌握、写作策略运用、写作目的实现、写作反思中总体表现积极，效果极佳；良好表示学生在写作能力指标的各方面总体表现比较积极，效果较好；及格表示学生在教师的提醒引导下，在写作能力指标的各个参数中偶有积极表现；不及格表示学生在知识的掌握、写作策略的运用、写作学习反思等各维度均表现不佳。写作能力发展评价主体主要是教师。教师的评价既有描述性判断，又给予等级评判。教师在实施学生写作能力发展评价中，应具备较高的专业素质，掌握一定的写作教学理论，拥有一定的写作教学实践能力，还应具备较强的逻辑思维能力，能对写作教学的有效性进行严密诊断，为教学决策提供科学的依据。学生写作能力发展评价属于形成性评价，在写作课程评价体系中权重占40%左右。

（三）学生写作文本评价

学生写作文本评价是对学生日常写作书面作品的评价。参照2022年版义教语文课标评价要求与浙江省初中语文学业评价建议、美国“6+1”模式等文本评价标准，研制出写作文本评价指标体系。

文本评价主要由主题立意、素材选取、谋篇布局、文体选择、写作技巧及语言表达六项指标构成，设定为优秀、良好、及格和不及格。（见表1-10）

表1-10　文本评价指标

指标	评价标准
主题立意	中心明确、观点鲜明并能大处着眼、小处落笔，有真情实感并且立意新颖，题目表述精准并且为主题提供有力支撑

(续表)

指标	评价标准
素材选取	选材角度有据可循,材料紧扣中心且准确,选材来源真实,所选材料可靠,有一定的生活气息,鲜活、充实、丰盈,材料组织符合逻辑,选材之间有一定关联
谋篇布局	文章层次匀称、合理,语段衔接巧妙、连贯,详略得当,记叙顺序符合逻辑
文体选择	能根据需求选择合适的文体进行书面表达,文体格式基本正确,文体知识恰当适宜
写作技巧	表达清晰,能够激发读者阅读兴趣,情境表达能够引人入胜,能够影响、感染读者,有别出心裁的表达方式或技巧,文章能够帮助读者与作品建立联系
语言表达	所选词汇能准确、全面地传达信息,句式变化符合文章内容表达,文章语言表达能够传递作者真实的情感体验,唤起读者的共鸣,修辞运用恰当、合理,语言情感色彩符合整体行文基调

写作文本评价设定优秀、良好、及格与不及格四个等第。优秀,占总人数的前 30%;良好,占总人数的前 60%;及格,占总人数的前 60%—90%;不及格,占总人数的后 5%—10%。优秀表示学生的写作文本呈现总体效果好,在主题立意、素材选取、谋篇布局、文体适宜、写作技巧及表达规范等各项指标均有积极表现;良好表示学生的写作文本各项指标呈现总体效果比较好;及格表示学生能在教师的提醒引导下,文本的各项指标基本符合要求,在各项参数中偶有积极表现;不及格表示学生在教师的提醒引导下,文本的各项指标仍不符合写作基本要求,在各项参数中表现不佳。

学生写作文本评价的主体是教师和学生。学生写作文本评价实行三级评价模式,即自我评价、同伴评价和教师评价。教师评价之前应指导学生展开自我评价和同伴评价。写作文本评价属于诊断性评价,在写作课程评价体系中权重占 40% 左右。

四、写作课程评价体系的运行

在学生写作学习参与评价中,教师和学生均为评价的主体。教师既要评价学生的写作学习表现，又要通过合适的教学手段增进学生写作兴趣，如加强写作任务的真实感、实用性等。学生应如实记录自己写作的学习兴趣、写作态度变化等，将自己的评价结果与教师给出评价进行对比反思，以获得真实信息，改进下阶段的写作学习。学生写作学习参与评价以过程性评价为主，兼顾过程性评价和终结性评价。

学生写作能力发展评价中，教师需要结合定量评价和定性评价的不同评价方法，设计可行的写作评价方案。定量评价，一般通过日常收集的学生在写作知识理解、写作策略运用等方面信息，结合学生写作文本、写作测试等最终形成诊断性评价。定性评价方法，一般通过收取学生学习写作成果，形成写作档案袋。写作能力发展评价中，教师和学生都是评价的主体。学生要定期总结、反思写作学习，撰写反思报告；教师应阅读学生的反思报告，设计适宜的写作测试任务对学生进行写作能力检验，最终给出一个总结性评价。

学生写作文本评价中，采用学生自我评价、同伴评价和教师评价构成的三级评价模式。学生自我评价：学生遵照评价标准，对自己撰写文本进行合理评判。同伴评价：一般以小组为单位进行，小组成员之间通过互动协作，遵照评价标准实施评价，同时进一步建构关于写作的认知、发展思考框架，既有利于形成文本评价能力，又有助于培育学生人际交往智慧。教师评价，教师既要对学生的写作文本提出具体的有针对性的“修改建议”和“写作建议”，又要给出一个合理的评价等第。教师应注意运用激励性评价，因为教师的期许与激励，对维持学生的写作热情和写作动力极其重要。

第二章 指向"教—学—评"一致的写作课程

第一节 "教—学—评"一致：内涵、特征及理论模型

大约在2010年，"教—学—评"一致的理念在我国基础教育领域首次出现，围绕该话题形成诸多研究成果。① 目前，义务教育正面临新课程和新教材的"双新"局面，值此推陈出新之际，"教—学—评"一致理应成为语文教育研究者和一线教师深入探讨和研究的议题。作为我国基础教育课程改革中的热点，"教—学—评"一致反映了课程思维的本质要求，为教师建立专业自觉提供了依据和可能，教师应据此整体一致地思考"为什么教""教什么""怎样教""教到什么程度"等一系列问题。

2022年版义教语文课标把"教—学—评"一致作为首尾贯通的要求正面提出，其重要性不言而喻。首先，在"前言"部分提出"教—学—评"一致这一核心概念，指出"课程标准针对'内容要求'提出'学业要求''教学提示'，细化了评价与考试命题建议，注重实现'教—学—评'一致性"；其次，在"课程实施"的"评价建议"部分又强调"课堂教学评价是过程性评价的主渠道。教师应树立'教—

① 杨季冬."素养为本"的高中化学"教、学、评"一致性研究[D].武汉：华中师范大学，2020：14.

学—评’一体化的意识”，这两条要求前后照应，首尾贯通，突出强调“教—学—评”一致的重要性。教师应处理好“评价”“教”和“学”的关系，自觉推动“教—学—评”一致的实现。写作教学是语文教学的难点，在语文学科内容中最具独特性，“教—学—评”在写作教学中的“落地”对于推进新课程改革具有重要意义。本书把“教—学—评”一致作为贯通前后的教学理念，在写作课程的构建与实施等各环节做出自己的思考与探索。

一、“教—学—评”一致的内涵

在这里，“一致”指的是事物、要素之间的匹配、吻合、相协调的程度。“教—学—评”一致就是在整个教学系统中教师的“教”、学生的“学”和对学生学习的“评价”三个要素协调配合的程度。从本质上看“教”“学”“评”应当发挥协同作用，作为一个整体，要让教师教学成为真正有效的教学。写作学习中的“教—学—评”一致是指在写作学习课堂中，教师制定写作学习目标；学生学习写作，参与写作实践，学习各文体写作；教师对学生习作作出相应评价，此三者应保持一致。

“教—学—评”一致准确来说是在目标指引下的“教”与“学”的统一，在写作课堂教学中，目标既是出发点也是落脚点。“教—学—评”一致涉及课程目标、教学目标、教学设计及课堂实施，这是一个转化过程，最终体现为学生写作学习的真正发生。写作课堂教学中评价的设计者是教师。写作课堂教学中，学生是“学”的主体，教师是“教”的主体，就“教—学—评”一致的实现来说，教师起主要作用。写作课堂中教学理念的选择、教学目标的确定、学生活动的设计、教学策略的选择、实施有效评价等，都与教师对教学的决策息息相关。

二、“教—学—评”一致的特征

为保障写作课堂中“教”“学”“评”围绕共同目标进行，深化教师认识，利于教学实施，特提炼总结“教—学—评”一致的核心特征。

(一) 坚持素养导向

学科核心素养的落地与达成是2022年版义教语文课标研制的终极目标。2022年版义教语文课标中的“学业质量标准”反映了国家对学生学习结果的期望,表述了学生经过完整的义务教育学习后应当掌握什么和掌握到什么程度。落实学科核心素养是课程的基本要求和终极目标,2022年版义教语文课标提供了学科核心素养的内容及其水平划分,并对学生的表现行为进行了表述。

“教—学—评”一致应基于目标导向,其目标即学科核心素养。教学目标不仅关系到知识层面与技能层面,更需要达到素养层面。“教”“学”“评”的落地应该牢牢把握2022年版义教语文课标精神,课堂实施中的“教”“学”“评”应当持素养取向,把“文化自信”“语言运用”“思维能力”“审美创造”的实现作为目标前提条件。

(二) 实践活动充分

学习活动是学生形成学科核心素养的主要途径。众所周知,核心素养的形成需要学生亲身参与,而不能通过知识传递的方式由教师直接“灌输”。2022年版义教语文课标课程理念之一是“增强课程实施的情境性和实践性,促进学习方式变革”。在写作教学中,教师要充分设计写作实践活动,创设多种类型的真实情境,增加学生实践活动的频次和写作实践的深度,尽可能让学生参与写作学习体验,学生的学习活动需要充分开展。学生能够直接参与是最好的方式,如果不能亲身体验则可以使用替代性的活动,教师应该创设真实或拟真的实践活动。

学生参与写作实践活动要充分。写作实践活动的“充分”为学生的“写作学习”体验获得更多机会,也为教师的“评价”提供了厚实土壤。教师在写作学习活动的开展中即时对学生进行过程性评价,这也就可以保障评价目标不偏移。

学生参与写作实践活动也要深入,写作实践活动的“深入”也就为学生的“写作学习”获得激起思维火花、激发灵感的可能性。

(三) 注重过程性评价

准确清晰的目标能给写作教学指明方向,但教学目标的达成须通过评价来验证。评价是检验效果的手段,是课程专业化的标志。长期以来人们往往关注终结性评价,这种评价强调结果,注重从结果中进行选拔,“教—学—评”一致中的“评”应强调教师的课堂评价,这是一种重要的过程性评价。科学的过程性评价具有即时性,起到改善教学、促进学生学习的作用。将评价融入日常的“教”与“学”,这是提倡“教—学—评”一致的必然要求。

写作教学课堂应全程关注对学生的评价。评价与教导、学习与展示要紧密结合、相互配合。写作教学课堂应重视实施过程性评价,重点评价学生在写作学习过程中表现出来的学习态度、参与程度以及核心素养的发展水平。教师在写作教学过程中不应把写作结果的评价当作一个独立的环节,而要将其作为教学过程的一条基本线索,这便是把“评价”融入“教”与“学”,这是“教—学—评”一致的重要特征。

三、“教—学—评”一致的理论模型

“教—学—评”一致理念,我们可以从当代心理学名著《学习、教学和评估的分类学——布卢姆教育目标分类学(修订版)》(L. W. 安德森等编著,华东师范大学出版社,2008 年)找到它的理据。布卢姆教育目标分类学强调“教”“学”“评”三者必须共同指向学习目标:教师的“教”,是指向学习目标的“教”;学生的“学”,是达成学习目标的“学”;课堂的“评”,是对学习目标实现的“评”。我们可以把“教—学—评”一致理解为“期望学生学会什么”,为此,学生“需要什么样的素材、经历什么样的活动”,教师“如何组织这些素材和活动以实现你对学生的学习期望",最后必须确证"学生真的学会了"。这实际上是课程与教学的四个经典问题。这四个问题以教师视角看,就是"为什么教""教什么""怎样教""教到什么程度";以学生视角看,就是"我要到哪里去""我怎样去""需要什么样的资源和方式""我真的到那里了吗"。这四个问题也可简化为教学目标、教学内容、教学方法和教学效果。

在教育研究领域,较早运用"教—学—评"一致的代表学者是科恩(Alan Cohen)和英格里斯,他们分别对"教学一致性"和"课程一致性"进行了探讨。科恩是最早提出"教学一致性"概念的研究者。英格里斯则将文本、教学和考试之间的一致性用来解释"课程一致性",并定义了两种课程一致性:设计的一致性和教的一致性。

(一) 国外关于学业评价与课程标准一致的理论模型

国外关于学业评价与课程标准一致的理论模型首推"韦伯分析模型"。韦伯(Norman Webb)在前人研究的基础上指出:课程标准以及学业评价等各种元素均要指向学生期待的学习目标,并以此为方向相互作用、相互协调。1993年韦伯在《数学课程和评价标准》一书中,第一次系统研究了评价与课程标准一致性的分析程序和方法,随后韦伯在《科学和数学学科课程标准和评价一致性的标准》等成果中,进一步深入、系统地阐述了课程标准与学业成就评价之间的一致性。

韦伯的学术思想可主要概括为课程内容目标体系、一致性判断维度和一致性可接受水平。关于课程内容目标体系,韦伯认为分析学业评价与课程标准一致性的前提就是要对课程标准的各级目标进行描述,并构建"金字塔"形的课程内容目标体系。在一致性判断维度方面,他提出五个维度,即情感态度、知识技能、认知要求、教育公平和教学维度。在可接受水平方面,韦伯用知识种类一致性、知识深度一致性、知识广度一致性和知识分布的平衡性等几个方面,从方法上给使用者提供操作性指导。韦伯分析学业成就评价与课程标准的一致性分析模式，为其他研究者进行一致性分析提供了思路和借鉴，成为分析学业评价与课程标准一致性水平最有影响的模式。

（二）国内学者关于“教—学—评”一致的理论模型

国内崔允漷教授带领他的团队，运用大数据，采用科学统计方法，通过实证研究，检验论证了“教—学—评”一致的三因素模型。崔允漷认为，“教—学—评”一致是指在整个课堂教学系统中教师的“教”、学生的“学”和“评价”三个因素的协调配合的程度。[①]

“教—学—评”一致是基于目标展开的专业活动，“教—学—评”一致包括三种含义。这三种含义均在目标指引下而存在，分别是：“学—教”一致、“教—评”一致、“评—学”一致，即所“学”即所“教”、所“教”即所“评”和所“评”即所“学”。崔允漷通过充分的理论分析，构建了课堂教学的“教—学—评”一致理论模型。（见图 2-1）

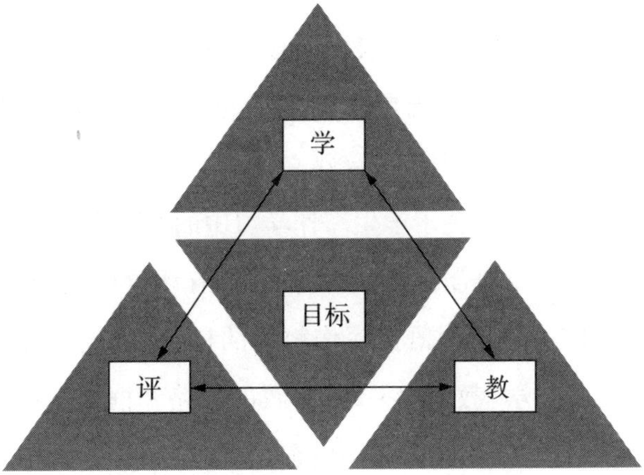

图 2-1　“教—学—评”一致理论模型

① 崔允漷，雷浩. 教—学—评一致性三因素理论模型的建构[J]. 华东师范大学学报（教育科学版），2015（4）：15-22.

“教—学—评”一致理论模型图中,“目标”“教”“学”“评”各自作为一个小三角形,四个小三角形又组合成一个大三角形。目标位于图像的正中心,也验证了目标是核心这一观点,“教—学—评”一致是基于目标开展的活动。“教”“学”“评”围绕着“目标”,各自在大三角形的三个角,并且由双向箭头两两连接,表明三个因素间存在着一致的关系,并需要两两分别一致,相互制约,缺一不可,才能组合成一个整体。此模型用“目标”“教”“学”“评”四个因素的同时呈现,更直观地体现了“目标”的核心地位,也验证了“教—学—评”一致也即“目标—教—学—评”一致。

国内外研究者提出的“教—学—评”一致理论给我们的启示是:“目标”是“教—学—评”一致理论的核心,处于该模型的灵魂地位,无论是“教”还是“学”,抑或“评”,都离不开“目标”。“目标”既是出发点,又是归宿地。由此,在“教—学—评”一致理论的理解与运转中,教师必须要充分重视“目标”。这里的“目标”是指学生的学习目标;而“教”是指教师的指导活动,旨在促使学生学习目标的实现;“学”是指学生为了实现自己的学习目标而付出的一系列努力;“评”是指教师和学生对学生学习中的各种表现所作的评价。所有的活动都是围绕“目标”展开,因此,可以说,“目标”既是教学目标,也是学习目标,更是评价目标。

写作教学中的“教—学—评”一致建立在“韦伯分析模型”与崔允漷“教—学—评”一致理论模型上,是关于学生写作学习中的“学”与“教”、“教”与“评”、“学”与“评”之间的匹配、吻合、相协调程度的具有评价性质的教学理念。写作教学中“教—学—评”一致可为语文写作教学的科学性追求提供新的思路和范式。坚持并践行写作教学“教—学—评”一致的思路和框架,可以推进语文写作教学改革,并由此改变语文写作教学的生态。

写作教学中,教师要“教”学生“写”(“能写”“会写”“乐写”),学生要学习“写”的,以及如何得知已经“会写”,要在一条逻辑链条上,也就是说,从“教”到“学”到“学会”,是一个传递、转化和内化的过程,也是一个严密的、健康的、可操作的系统。

第二节　指向“教—学—评”一致的写作教学

2022年版义教语文课标在“评价建议”中强调要实行“教—学—评”一致，指出教师应科学地选择评价方式，合理地使用评价工具，妥善地运用评价语言，注重鼓励学生，激发学习积极性。在写作课程中，我们应整体推进“教—学—评”一致，整体规划写作课程目标统领下的写作教学、写作学习和写作评价等问题，全面考虑“为什么教”、“教什么”、“怎样教”以及“教的结果是怎样的”等内容。

一、“教—学—评”一致下的写作教学实践模式

我们只有对写作教学课程领域内各要素及其关系进行梳理，将“教—学—评”视作一个完整体系，实现写作教学“教—学—评”的一致才有可能。

首先，我们对写作教学系统中“教”“学”“评”三大基本要素关系作一番梳理。“教”与“学”的关系是写作教学系统中的基础关系。在这组关系中，最核心的问题是四个统一：“为什么教”与“为什么学”的协调和统一；“教什么”与“学什么”的统一；“怎么教”与“怎么学”的统一；“教到什么程度”与“学到什么程度”的统一。

其次，“教”与“评”的关系、“学”与“评”的关系是系统运行的保障：保障写作教学目标得到落实，并对写作教学目标的实现程度进行评价；保障写作学习任务得到实现，并对其实现程度进行评价。

最后，要对写作教学目标与写作教学评价两个核心要素作用有一个清晰认识。在“教—学—评”系统中，写作教学目标是一个隐形要素，但它是评价的依

据和标准确立的参照物。写作教学目标一旦确定,“教”“学”“评”就必须围绕这个核心展开;对评价而言,它还要渗透“教”的各个环节和“学”的各个环节,对两方面的全过程进行目标达成度的评价。(见图 2-2)

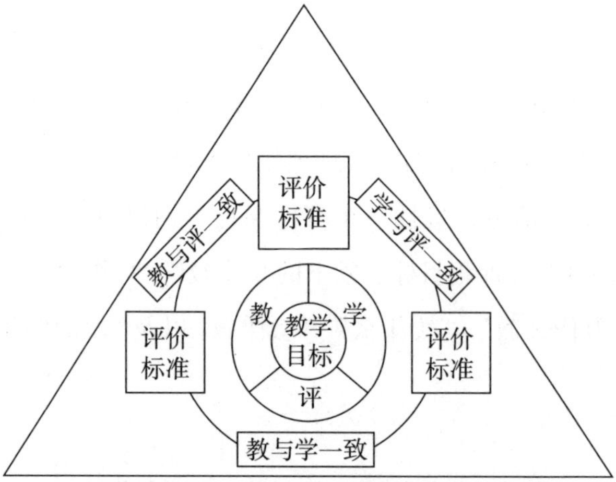

图 2-2 “教—学—评”一致下的写作教学实践模式

课堂是发展学生学科核心素养的主阵地,写作课堂实践活动并不是随心所欲的行为。发展学生学科核心素养,教师应力求把握好每一堂写作课,做到教而有效、“写”而有成。本部分内容从教学实际出发,重点阐述“教—学—评”一致的写作教学模式的建构。写作教学“教—学—评”一致模式以学科核心素养为最终目标和出发点,教师应根据 2022 年版义教语文课标中的目标要求、内容要求、教学提示及学业质量水平等要求,并结合学生学情、教学资源等进行教学活动设计。

第一,从宏观层面入手,教师应把写作教学目标、评价任务和学习活动整合在一起且保持高度一致,及时对写作教学做出调整,最终指向学科核心素养。课程实施中要以写作教学目标为核心,教师的“教”写、学生的“学”写、对学习的评价都应指向写作教学目标。它着重强调两点:一是写作的学生立场,写作教学设计与实施的核心是关注学生能否“学会”与“会学”,

整个过程都为学生有效地达成写作学习目标而服务；二是写作教学的课程视角，教师要系统地思考写作学习与写作教学目标、写作活动设计、写作批改、评价反馈分析、写作修改等环节的关联与一致，尤其要强调写作教学设计的系统性、整体性。

第二，从中观层面入手，教师应有效实施教材每一单元写作教学任务，以此达成七至九年级36个单元写作教学目标，从而实现初中写作教学整体效度。在这一层面，应以教师为主导，有目的、有条理地组织引导学生进行写作学习活动；应以学生为主体，积极参与写作、修改与交流各项写作实践活动，有目的、有意识、积极主动地进行写作学习；应以课堂评价为主线，持续性地进行过程性评价，时刻反馈学生的学习情况和学习达成度与目标的差距。

第三，从微观层面入手，教师应制定精准明确的写作教学目标，针对每一个写作学习要点，明确“教什么”“教到什么程度”；再按照教学目标制定与之匹配的可操作的评价任务，明确学生“学得怎么样”“会写了吗”；围绕写作教学目标制定清晰具体的写作学习活动。教师通过“教”与“学”一致、“教”与“评”一致和“学”与“评”一致的三重任务，扎扎实实完成每一节具体的写作课，做到一课一得，课课有得，帮助学生尽快建筑起文字运用与表达的台阶。

二、“教—学—评”一致下的写作教学实践案例

（一）教材分析

教材分析是教师有效开展教学活动的必备步骤。教师应根据课程标准、阶段目标、教材要求及学生学情，以课时或课题为单位，对教学内容、教学步骤、教学方法等进行具体设计和安排。教师应意识到任何知识的学习都不能忽视章节、知识点之间的联系与逻辑的连贯性。教学安排要有整体性，不可局限于单节、单点，应着眼于整个教材体系的前后联系，合理安排写

作教学内容。

本节内容以统编版语文教材七年级上册第一单元为例,阐释写作教学“教—学—评”一致模式下的实践尝试。七年级上册第一单元用优美的语言描绘了多姿多彩的四季美景,抒发了亲近自然、热爱生活的情感。单元课文包括三篇现当代散文和四首古代诗歌。三篇散文都是写景抒情的名家名篇。教读课文《春》以生动形象的笔法,多层次、多角度地描写了春天的景象;《济南的冬天》描写和赞美了济南冬天的风貌,寄托了作者对济南的深情;自读课文《雨的四季》则不限于一时一地,用诗意的笔调多角度描写了大自然四季多姿多彩的形象;古代诗歌四首,或观沧海,或泛江河,或别友人,或诉秋思,描绘诗人笔下生动的景观,抒发诗人内心浓郁的情感。

学生进入初中语文学习后接触的第一单元写作任务为“热爱写作、学会观察”。该单元分为“写作导引”与“写作实践”两部分。结合部分学生对写作存在畏难心理的现状,教材编者首先与初中生进行了“聊天”,指出写作“就像我们平时说话一样”,“是生活中与人沟通、交流、分享信息的一种方式”,只是交流的方式由口头表达变成了书面表达。写作时,学生“不用戴着镣铐跳舞”,可以拿起笔来自由地“写自己最熟悉的事物,写自己最想表达的情感与想法”。这些引导语充分体现了语文课程标准中的教学建议,使“写作教学贴近学生实际,让学生易于动笔,乐于表达”,有助于消除中学生的畏惧心理,提升他们对写作的兴趣,从而养成良好的写作习惯,进而学会写作,爱上写作。

(二)设计单元写作教学目标与评价标准

在研读课程标准和教材的基础上,教师参考学科核心素养视域下的教学目标的研制、“教—学—评”一致的深度学习的教学实践经验,设计写作教学目标与评价标准。(见表2-1)

表 2-1　“教—学—评”一致下的写作单元教学目标与评价标准

教学目标	评价标准	评价方式
初步明白写作与生活的关系；尝试从本单元中找寻写作资源，借助比喻、比拟、多角度描摹、寓情于景等手法进行描写叙述，力求让作文丰盈起来	能否从大自然的变化中、生活中提取写作话题？ 能否从本单元的优美课文中撷取话题，进行写作？	课堂观察 语言表述 书面写作呈现
学会热爱自然、关注自然，细心观察大自然的景物变化；基于文本，写作演练，从课本中学习描述自然景物的技法	能否细心观察自然景物的变化？ 能否从优美文本的学习中，提取写作知识，学习景物描写方法？	课堂观察 语言表述 合作学习
用心感受生活，捕捉难忘的瞬间，记录当时的体验；“先写后改”，倡导回归习作本源	能否用心感受生活，用心记录生活体验？ 能否准确表达自己的感受？ 能否具备反思修改习作的能力？	课堂观察 语言表述 反思修改作品

（三）根据教学目标设计写作学习活动

教学目标决定了学习活动的创设，学习活动的创设基于真实情境、任务驱动、合作探究和适切、有价值的问题。

第一，出示教学目标。写作题目来自统编版语文教材七年级上册第一单元，此环节强调“教”与“学”的一致。

写作实践：在成长过程中，每个人都会有欢笑，有感动，当然也会有泪水，有悲伤……这些都是人生必不可少的体验，一点一滴都是生命中宝贵的财富。

在你成长的过程中，有什么经历让你深受触动，难以忘怀？回忆一下，把它写下来。题目自拟。不少于500字。

提示：1. 生活中让你动情的事可能有好几件，要从中选择一件让你最受触动的事情来写。可以先把这件事讲给身边的同学听，看看他们的反应，然后再落笔。2. 在记叙时,要交代清楚时间、地点、人物和事情的起因、经过、结果等要素,让记叙眉目清楚。3. 除了记叙经过,还要抒发自己的感受。可以开门见山或篇末点题,也可以与记叙相结合来表达。

审题指导:

① 拟题。首先应紧扣“成长”。如“在__________中成长”;其次,也可以凸显成长历程中的体验与感悟,如“那一次,我__________”;再次,大家也可以把关键性信息直接入题,如“__________考试”“遇见”等;最后,也可巧设比喻,因为“一点一滴都是生命中宝贵的财富”,我们可以撷取其中富有启发性的词汇,拟题如“最宝贵的财富”“礼物”“一路阳光”等。

② 构思。如果学生写成长过程中一件刻骨铭心的往事,那么应尽可能把这件事详详细细、完整地叙写。建议学生要写出这件事情的起伏波折,结尾处应卒章显志,强化中心。如果学生想把“成长”带来的诸多体验都纳入笔下,那么站位就应该更高一点,不妨采用分镜头的形式,一个一个片段平行并列,写一篇总分式结构的作文。

③ 技法。要写出“深受触动,难以忘怀”的经历,必须有触动的点,要把这种触动写清楚,就需要心理描写。可以直接进行心理描写,写出深刻细致的感受与触动;也可以借助景物渲染,通过外在景物的变化,曲折地烘托内心思绪。后一种手法更为巧妙。

第二,创设真实写作情境,整体推进写作实践活动。此环节是教学实施的关键性步骤。(见表 2-2)情境,是事物在具体场合呈现出来的状态。《人是如何学习的:大脑、心理、经验及学校》一书指出:“学校教育的最终目标是要帮助学生把从学校所学到的知识迁移到家庭、社区和工作场所等日常场景。”教师应注重在特定的情境中,帮助学生把原有知识和新知识整合起来,做出设想、推论等,重组思维,使其体验学习经验之间的相似性,促进迁移运用。

表 2-2　"教—学—评"一致下的写作单元教学情境任务设计与评价标准

写作情境活动	教学目标	评价依据	教师行为	学生行为
设计班级暑期生活回顾展览活动，请同学们每人提供暑假生活剪影 3—5 幅，扮靓班级生活园地栏目	初步了解写作与生活的关系	能否从变化的大自然中、生活中撷取写作话题	开启活动，鼓励学生选择照片；引用大师话语，鲁迅先生说"要用自己的眼睛去读世间这一部活书"	选择照片；张贴照片
重点选择 1—2 幅图片，叙述见闻	理清思路，激发学生写作热情	有无突出时间、地点、人物、事件等具体信息	梳理思路，创设 5W 支架 组织写作；参与讨论；点拨提升	确定合作对象；口述经历
参加"暑期生活"专栏征文活动；确定主题，选择重点，串联成文，参加投稿活动	多角度观察生活，借鉴多种手法，多元化表达	选点写作，详写细节；有无突出"深受触动的原因"	组织写作；点拨提升；设计角度，凸显过程，指导学生写清楚"为什么深受触动"	写作与整合；将片段组织成文
合作修改，朗读片段，润色语言	安排详略，修改语言，修改征文	有无突出"受了触动"；有无详写深刻的印象	组织写作；参与讨论；点拨提升；提供修改依据	组合写作小组；修改统稿

第三，合作学习及成果的产生。同学合作学习、互评互改及最终教师评价，着重凸显"教"与"评"的一致、"学"与"评"的一致。教师应引导学生通过自己的体验、思考、比较和辨析，获得知识和方法，借助提炼、整合、巩固训练，促使写作成果产生；组织合作学习，让学生成为活动的参与者、评价者，在互相唤醒和鼓舞中共同成长。

爷爷教给我的生活哲理

705 班　陈某某

爷爷，是一个没有背景的农民，甚至被贴上了"庸俗"的标签。他的生活，被蒙上了尘土，是黯淡的。可正是他，以这蒙尘的生活，用这所谓庸俗的经历,向我揭示了不知多少闪着光而又不为人知的真理。

在那个地方——我儿时居住的地方,同爷爷一起,有一张渔网,这只是爷爷亲手做的一张普通的渔网,在别的人老眼昏花之时,爷爷做起来仍旧是游刃有余。我便就用它捕鱼,至今这渔网仍在,仍旧结实。只是儿时的我,不明白为什么捉到的鱼永远是大鱼,未曾有过小鱼。我着实不明白:大鱼力气大,游得快,为何被捉住。爷爷面对问题,理所当然地说:“小鱼可以从网中钻出,而大鱼不能。”而后有一天我回想这事的时候,恍然悟出了:强者被关注,于是更快消亡。

家乡山多水少,渔网捕鱼不过是春夏两季,它更有一个看似“不可理喻”的用途——接柿子。秋天,张扬的柿子在枝头挂起了红灯笼,直压得树枝喘不过气来,只得卑躬屈膝,弯下身子。其实下方的柿子还好。但若是上方的柿子,纵使是用竹夹夹下来,酥软的柿子定会摔个稀烂。这时,我变化将竹竿慢慢地探到柿子下方,这样爷爷将柿子夹下来时柿子就不会摔烂了。但一番劳作,累得我双手酸软。终于摘好柿子时,我们吃的往往是歪七扭八、被鸟啄过的柿子。爷爷却说:“鸟比人精明,啄的都是甜果子。”不知是爷爷说得对,还是因为我常常相信爷爷说的话,反正它们的确更好吃。忘了我何时明白的这个道理:取得的成果愈优秀,你就会受到愈多的嘲讽,但这更意味着你的优秀。

还有更多的经历,我一时难以记起来了,类似的,更是数不胜数。

但我绝不是忘却了,我知道,它们有时会躲起来,像云朵后的星星,像远在他乡的爷爷。但它们就在那儿,待我需要之时,定会毫不犹豫地出现。

附教师评价:爷爷是生活家,一张手制的捕鱼网兜,不仅用来捕鱼,更奇妙的是还可以用来接柿子,爷爷教给我生活技能的同时让“我”悟出生活哲理。本文开篇就非同凡响,爷爷以他“蒙尘”的生活,给“我”以“闪着光而又不为人知的真理”。选材上，一略一详，两个素材，前者是渔网的常规用途，是以作者略写；后者是渔网的非常规用途，写得颇为详细。并且，在一前一后两个用途中，小作者从爷爷两句简短的话语中，各自悟出了一个深刻的道理。本文语言，文白相间，用词准确，词汇丰富。“蒙尘”写出爷爷乡间生活的实情；“游刃有余”写出爷爷的心灵手巧；“理所当然”写出爷爷认定一个理，从不改变；“探”字写出用网兜接柿子的小心翼翼。初一同学能够用词如此精当，实属难能可贵。

依照模式设计的“热爱写作、学会观察”教学案例实践效果良好。以布置“暑期生活”班级墙报为真实情境，以学生日常生活中印象深刻的事件为写作内容，用生活细节强化印象，串联整个写作教学过程，持续激发学生的好奇心和求知欲。提取信息、小组讨论、实验探究等活动在师生互动、生生合作中不断使学生获得知识与成就感。课后通过作业、小测、后续教学活动等，持续评价教学目标的达成情况与学生学科核心素养的提升程度。绝大多数学生的习作都很成功，这是一次成功的“教—学—评”一致写作教学组织尝试。

三、写作教学教材的编排研析与二次开发

统编版初中语文教材对写作教学内容的编排富有层次，写作教学板块的内容既集中呈现在每一册的单元写作专题中，又在课后习题、“名著导读”板块和“综合实践活动”板块中有所提及，体现出独立呈现与综合呈现相结合的形式。

统编版初中语文教材写作教学板块，特指由每册每单元最后的写作专题所组成的写作板块。统编版七至九年级语文教材共有六册，每册细分为六个单元，每个单元后面都设置了不同的写作专题。为方便教师深入了解和探察写作教学板块的整体安排，现将六册教材写作板块的写作专题整理如下。（见表2-3）

表 2-3 统编版语文教材七至九年级单元写作专题编排

册次	单元	写作专题	册次	单元	写作专题
七年级上	第一单元	热爱写作、学会观察	七年级下	第一单元	写出人物特点
	第二单元	学会记事		第二单元	学习抒情
	第三单元	如何突出中心		第三单元	抓住细节
	第四单元	思路要清晰		第四单元	怎样选材
	第五单元	记叙与动物的相处		第五单元	语言要简明
	第六单元	发挥联想和想象		第六单元	活动・探究：为探索者画像
八年级上	第一单元	活动・探究：新闻写作	八年级下	第一单元	学习仿写
	第二单元	学写传记		第二单元	说明的顺序
	第三单元	学习描写景物		第三单元	学写读后感
	第四单元	语言要连贯		第四单元	活动・探究：撰写演讲稿
	第五单元	说明事物要抓住特征		第五单元	学写游记
	第六单元	表达要得体		第六单元	学写故事
九年级上	第一单元	活动・探究：尝试创作诗歌	九年级下	第一单元	学习扩写
	第二单元	观点要明确		第二单元	审题立意
	第三单元	议论要言之有据		第三单元	布局谋篇
	第四单元	学习缩写		第四单元	修改润色
	第五单元	论证要合理		第五单元	活动・探究：剧本撰写与演出
	第六单元	学习改写		第六单元	有创意地表达

写作教学板块基于学生的认知发展水平来确定每个单元的写作主题和写作体裁。每个写作单元都在有目的地提出写作训练的点，着重体现“一课一得”的

编写思想。这些显性的写作训练点也成为教师写作教学的抓手。统编版语文教材系统配置了 36 个写作训练点，可以粗略分为三大类，分别是常见表达方式类训练、写作能力类训练以及活动·探究单元。

表达方式类训练主要体现为常见的三大文体写作，总计 13 个训练点：记叙性 7 个，主要在七、八年级学习，主要包括写人、写景、记事、抒情；说明性 2 个，主要在八年级学习，包括说明顺序、说明特征；议论性 4 个，主要在九年级学习，包括观点明确、议论有据、论证合理。

写作能力类训练，统编版教材编排了 12 个写作训练点，属于基础写作内容，分散在不同的年级，包括热爱写作、思路清晰、突出中心、怎样选材、语言简明、语言连贯、表达得体、审题立意、布局谋篇、修改润色、有创意地表达。

常见活动·探究单元写作训练点，主要有小传、游记、新闻、戏剧等，另外教材还编写了仿写、改写、缩写等写作训练。

统编版语文教材对初中生写作能力指标的要求与 2022 年版义教语文课标的写作总目标相符合，都要求学生“能具体明确、文从字顺地表达自己的见闻、体验和想法。能根据需要，运用常见的表达方式写作，发展书面语言运用能力”，在统编版语文教材中，36 个单元写作主题的编制以课标的 11 个阶段性写作目标为基点，以螺旋上升的方式朝着写作总目标前进。

2022 年版义教语文课标提出新要求，指出课程内容主要以学习任务群组织与呈现。面对单元写作的编排体系，教师应更新观念，与时俱进，尝试对语文写作教学进展整体设计，教师应加强教材研读，对写作教学部分的教材进行二次开发，做到写作教学目标具体明确，写作教学内容聚焦主题，写作教学能力体系完整，读与写要深入融合。素养取向的写作教学实施，需要教师对写作板块的编排进行前后统整，需要师生共同领会其中的联系，才能更好地从整体上把握语文的写作要素。

第三节 写作课型设计

在语文教学研究领域中,课型研究向来比较薄弱。科研课题中,关于课型研究的优秀成果较少;各种级别的研讨交流,关于课型研究的专题研讨活动基本没有;科研论文里,立论高远的课型研究论文甚少见到。在写作教学领域,写作课型研究成果也很薄弱。课型研究已然滞后于课程改革、教学改革之需。

一、写作课型概念、要素与研究价值

(一) 写作课型内涵与分类

从字面上看,"型",即"类型";"课型",亦指课的类型。写作课型是围绕写作教学目标或教学对象而形成的某一类型的课。从课型产生角度理解,教师在教学实践中出于教学需要对各种课进行分类从而产生课型,如有的课重在传授新知,有的课主要是为巩固旧知,有的课要进行实验操作等。从课型特征共性上进一步提炼,课型实质是课的模型,它是基于各类型的课在教材、教法方面的共同特征而抽象概括形成的。

不同的分类标准区分不同课型。如从语文学习内容来分,有拼音课、写字课、阅读课、写作课和口语交际课等;从单元阅读形式来分,有精读课(教读课)、略读课(自读课)等;从教学组织形式来分,有群文教学课型、单篇教学课型;从是否传授新知来分,有新授课和复习课等。学习任务群的实施产生了预习积累课、精读引领课、组文整合课、自读展示课和读写指导课等课型。① 在写作教学

① 冯志华. 基于核心素养的单元整体课型设计[J]. 语文建设,2019(17):46-49.

视域下，若从教学程序来分，可分为作前指导课、作后讲评课等。

（二）写作课型要素

1. 明确的价值定位

明确的价值定位是写作课型创设的前提条件。它要求教师面对“创设写作课型的宗旨”问题：为什么开发该课型，在理论上或实践上有何突破，对学生的写作素质提升或发展有何助益。教师要对写作课型的价值有明确的定位和把握，确定课型对教学实施的意义，明晰对学生语文写作学习的积极意义。

2. 恰当的教学目标和教学内容

教学目标指挥教学方向。每个课型的教学目标都必须有两大依据：教学内容和学生学情，前者是课程编写的依据，后者是新课程一以贯之的“学生立场”，两者分别指向内容维度和学生维度。从语文教学的内容维度，形成相对完整的包容性较大的课型目标和教学内容，按照学生从低到高的年级发展阶段，各有相应的课型目标。教师应追问：写作课型要把学生带往哪里，能够有助于学生的写作素养和语文能力达到何种程度？从学生维度看，根据年段特征及其要求，每节课都应有更具体的目标，符合一个上升的阶梯或体系。这才是“写作课型”设计的应有之义。

3. 清晰的写作教学流程

教学实施阶段，教师要面对的问题是该课型有哪些基本的教学环节，教师要明晰该课型的教学程序、步骤和相关要求。如，七年级上册第五单元“如何突出中心”一课，教学过程如下：第一，导入主题，由话题引入，教师明示写作要求和教学写作知识，交代注意事项；第二，典型例文，教师引用例文（正确或不正确）展示，同学讨论写作“突出中心”的要素与方法；第三，全班分成若干情境组进行写作实践或修改病文等；第四，结果呈现，在交流探讨中明晰如何才能“突出中心”；第五，巩固强化，迁移运用。教学流程是课型形成的关键，是形成该课型的教学过程逻辑，是对课型价值和目标的具体转化，可以确保课型进入教学实施和操作阶段。

4. 适切的教学方法与技术支持

教师要针对不同课型的价值、目标和教学流程,安排与其匹配的教学方法和技术。教师应思考该课型实施过程里宜采用哪些方法,注意哪些事项,可以借助何种载体或设备。如实施"翻转课堂",教师需要设计写作教学微课,借助授课平台,优化单元小组,选择合宜的时机,以及必要的信息技术手段展开。此外,还应考虑该课型的细节问题,方法和技术应落实在具体教学细节上。

5. 明确的写作评价标准

评价环节要求教师即时省思,直面"上得怎么样"的问题。教师要思考该课型上得如何,有没有优于其他课型之处。除了相对统一的语文教学评价标准之外,针对不同课型也应有特殊的评价标准。无论是识字课型、阅读课型和写作课型,还是基于不同文体的课型,其评价标准(包括评课标准)都应体现该课型的特征。教师应撰写一定数量的教学案例、随笔、论文以做课型研发支撑素材。这些课例或相关研究,可以使教师更有效地感知、领会并总结该课型的特征及其研究与实践的过程。

(三) 课型研究价值

每一种课型的开发、探索和呈现的背后,都蕴含着教师对"课型"概念及其价值的理解。课型研究不仅是理论问题或学术问题,更是实践问题。但凡成功的教学改革试验,一定会产生相应的科学的系列化成果,包括写作课型研究在内。反之,若无课型研制开发与相关支撑性成果,或课型开发薄弱甚至远远滞后,必然削弱该教学成果的价值。因此,在理论层面,课型研究必将丰富教学改革成果,促进课程建设;在实践层面,课型研究必将有利于教学实施,使语文教学更符合教学规律,更具操作性,更具科学性。一线教师可能鲜有课型理论及其价值意义的自觉追寻,却有开发课型的自发尝试。有些教师,自发进行实践探索,少有理论指引;有些教师,出于教学所需,暗自摸索,却浅尝辄止未能形成系统,而这些尝试,都将对课型研究探索有着积极意义。

二、写作课型设计的理论基础

(一) 建构主义学习理论

建构主义学习理论基本源于皮亚杰的儿童认知发展的阶段性理论、维果斯基的心理发展理论,以及布鲁纳的认知学习理论①,经过长期的探索与实践,最终形成了世人熟知的建构主义学习理论。

建构主义学习理论是指导课型研究的基层理论。建构主义认为,人的学习建立在自身的自主建构基础之上,只有通过不断的交流互动、社会认同才会得到发展。在该理论的指导下,写作课型研究要体现“学为中心”“以生为本”的教育理念,充分挖掘每一类写作课型的育人功能,提高学生主动学习的能力。“情境”“协作”“会话”和“意义构建”是建构主义学习理论的四大关键要素。学生在已有的经验背景下理解新知识并主动建构新知识,因此教师要注意在写作教学中进行情境创设。“协作”即合作学习;“会话”即交流,是合作学习最基本的方式,两者是当下课堂教学的常规手段。“意义构建”,即“学习是人依据经验创造意义而不是获得意义”。② 这是学习的最终目的,学生要构建属于自己的认知结构,而不是重复他人已经获得的认知。建构主义学习理论强调在教学中,教师要引导学生主动地学习,教师的角色是学生学习的“向导”。建构主义学习理论,要求教师设计写作课型时注重提供多样化的写作情境,让学生通过自己的思维来理解、掌握知识;利用好合作探究来激发学生学习的动力,锻炼其独立思考、学习的能力;帮助学生主动构建知识的框架。

---

① 王旅,余杨奎. 建构主义学习理论剖析[J]. 当代教育论坛:教学版,2010(4):13-15.

② Peggy A. Ertmer, Timothy J. Newby. 行为主义、认知主义和建构主义(下)——从教学设计的视角比较其关键特征[J]. 盛群力译. 电化教育研究,2004(4):27-31.

(二) 知识分类学习理论

美国教育心理学家布鲁姆(Benjamin Bloom)将知识在内容维度上分成了四大类：事实类知识、概念类知识、程序类知识和元认知知识。

事实类知识是回答“是什么”的知识,可简单理解为事实,主要以识记为主;概念类知识是在事实类知识的基础上建立关联、归纳总结得出的,需要理解;程序类知识是解决“怎么办”的知识,是需要通过练习后获得的“技能”;元认知知识是对认知的知识,需要开展评价与反思才能获得。

不同类型知识的学习所需要的教学环节、教学方法、教学策略是不同的,所对应的教学目标、教学任务也各不相同。不同的写作课型所需的知识类别不同。文体知识,是需要学生掌握的“陈述性知识”。而运用语言规律和表达习惯,起草文章、开展学习、行文构思、谋篇布局,需要学生反复实践,才能提升能力,属于“程序类知识”。自我评价、修改文章、促进反思,需要“元认知知识”。因此在设计不同的写作课型时,要注意不同的文体知识、写作方法、思维类型。

三、写作课型设计的必要性

写作课型,琳琅满目,纷繁复杂,从课时分配的角度看,有大课写作课型与小课写作课型(为了有利完成写作,中学也有两节课合二为一成为所谓大课,相对而言一般四十五分钟的课就成了“小课”);从文体分类写作角度入手,涉及记叙文课型、说明文课型、议论文课型和应用文课型;从是否运用平台,分为在线写作课型与常规写作课型;从学生参与人数的角度,分为集体教学写作课型和个别教学写作课型;从写作知识类型,区分为专项分解写作课型和整体综合写作课型等。以上所示,写作课型似乎也呈现“百花齐放”之态,但在教学实践中“有其名而无其实”,大多停留于“书面”探讨阶段。与阅读教学课时相比,写作课数量少,且受现实应试环境挤压,大多数教师“偶有”写作课,也使之成为“应试写作辅导”。写作教学课型研究非常薄弱，现有的一些成果，要么失之粗糙，要么失之烦琐，缺少科学性、系统性、操作性。

统编版语文教材对写作教学板块作出较大调整，温儒敏在教材实施意见中对写作教学提出“提高写作教学的效果”之要求。[①] 教材写作板块的整体设计呈现如下要点：第一，编排宗旨，在突出综合能力的前提下，注重基本写作方法的引导；第二，教学着力点，写作方法和技能训练的设计编排照顾到教学顺序，让教师能够落实，克服随意性，但也注意到避免应试式的反复操练；第三，训练次数，每学期6次，三年总计36次写作任务；第四，学习重点，每次都突出一点，给予方法，又照顾全盘；第五，理想状态，写作课系列努力做到中心突出，简明扼要，有可操作性。至于怎么教？温儒敏坦言“写作课很难教”。[②]

2022年版义教语文课标颁布背景下，课程内容主要以“学习任务群”组织与呈现，对语文写作课型研究也将与时俱进，做出相应的整改与思考。教学要求并不在一个维度上，有的侧重于能力训练，有的侧重于写作知识传授，有的侧重于文体写作。面对目标指向不同的写作任务，教师若不分类别，眉毛胡子一把抓，不作课型区分，其教学效果恐怕很难有效。新形势下，教师应从利于教学实施的角度出发，探索写作课型，使写作教学更“务实”、更“有效”、更“有抓手”。

本文重点讨论的写作课型，从有效、务实立场出发，以教学内容为区别维度，结合当前最新学习样态，分为五类基本课型：写作理念课、活动体验课、专项训练课、作品修改课与在线写作课，简称“说”课、“玩”课、“写”课、“改”课与“网”课。

四、写作课型的分类

（一）写作理念课

写作理念，即关于写作的一些基本思想、基本原理。写作理念课，就是让学

---

① 温儒敏.“部编本”语文教材的编写理念、特色与使用建议[J].课程·教材·教法，2016(11)：3-11.

② 同上。

生了解、掌握写作的基本思想、基本原理的课型。语文教材,都有关于写作理念的教学内容。如教材七年级上册第一单元,写作教学内容为“热爱写作、学会观察”,开宗明义让学生明白写作的最基本的道理。开设写作理念课的宗旨是让学生明白语言文字表情达意的基本功能,知晓写作的对象、写作时的态度等。学生对写作基本理念有了正确的把握,产生了清晰的认识,有助于写作能力的培养和提升;反之,学生如果对一些基本的问题缺乏认知,定然会制约写作能力的提高。表2-4所示,均属于写作的基本理念。

表2-4 写作理念课型相关内容

教材分布	七上	七下	八上	九上	九下
教学安排	热爱写作、学会观察	写出人物特点	语言要连贯	观点要明确	审题立意
	如何突出中心	语言要简明	表达要得体	议论要言之有据	布局谋篇
	思路要清晰	/	/	论证要合理	有创意地表达

1. 价值定位

教师通过精心设计,围绕某一写作理念展开教学。写作理论课的目的在于让中学生正确理解和掌握一些写作的基本理念,建立正确的写作观。学生如果缺乏对写作的基本问题的认识,则会一定程度上制约其写作能力的提升。

2. 目标内容

教学目标:正确认识写作的一些基本原理,正确理解写作的一些基本规律,正确把握表达的一些基本常识。教学内容:学习写作的一些基本原理、基本规律和基本常识。

3. 教学流程

① 组织相关材料的学习和阅读;② 引入话题,师生交流讨论;③ 教师点拨,

纠正学生的错误观念，加深对写作理念的正确理解和把握；④ 巩固认识，强化感受。[①]

4. 教学方法

① 质疑讨论。课中活动以“阅读”“交流”“点拨”为主，注意理念的渗透，避免过多讲解，以阅读交流为主要活动形式，在阅读中感悟理念，在交流碰撞中认识理念，在教师点拨中加深对理念的理解和认识。② 精选素材。选取典型素材，以名家言论、经典作品、学生习作为课堂学习素材。注意两点：学习的理念，要清晰而具体；在过程中学习，理念要课中感悟而形成。

5. 教学评价

具体有依据，设计评价单；可操作，可采用星级评定；当堂完成，一课一评；合作评议，同伴互助。

（二）活动体验课

活动体验课，就是通过任务驱动，教师精心设计系列写作活动，以课堂内外结合的方式组织学生进行写作的课型。如，语文教材在八、九年级的四册书中，各设置了一个“活动 · 探究”单元。这四个“活动 · 探究”单元是教材编排亮点。

表 2-5　活动体验课型相关内容

教材分布	八上	八下	九上	九下
教学安排	新闻写作	撰写演讲稿	尝试诗歌创作	剧本撰写与演出

1. 价值定位

“活动 · 探究”单元，定位于综合提升学生的语文素养。通过分散在单元任务中的语文活动训练，增加学生语文实践机会，拓展学习空间，实现多方面语文要素的综合与内化，使语文学习由平面走向立体，从静态走向动态，使学生在综

① 马利云. 叙事曲折有致，尺水亦能兴波[J]. 写作：高级版，2017(3)：45-49.

合、多维、连续的语文活动中提升语用能力。

2. 目标内容

“活动·探究”单元是目标、情境、活动的统一体,内容丰富多元,各个环节相互渗透,紧密相联。活动目标:学习新闻写作、学习撰写演讲稿、尝试诗歌创作、剧本撰写与演出。活动内容:进行新闻、演讲稿、新诗和戏剧的阅读、课内外实践活动及写作。

3. 教学流程

教材的每个“活动·探究”单元均安排了三个学习任务,其基本模式是:文本阅读—实践活动—写作表达。三个学习任务相辅相成,形成一个综合性的学习体系。在这个体系中,阅读是基础,活动是关键,写作是亮点,三者缺一不可。

4. 教学方法

活动体验课有三类教学方法:任务驱动、自主合作及活动体验。任务驱动,强调过程,高度关注学生对单元课文的阅读、欣赏、表达(交流、朗诵、演讲、表演等)、拓展、创作等,教师应为学生的活动探究提供全程帮助;自主合作,教材安排的四个“活动·探究”单元从内容到形式均强调让学生自主学习;活动体验,在活动中汲取文体知识,四个“活动·探究”单元皆以文体为主线组元。

5. 教学评价

教材设置的“活动·探究”单元,任务单中学习目标明确,每个任务的策划与操作设计具体可行。教师要指导学生执行教材的各项任务,在学生活动探究的过程中组织管理、答疑解惑、示范引导、跟踪评价,强调过程管理,等级评价与量化评价相结合。

(三)专项训练课

比较集中地进行某一方面写作能力的训练,或者某一写作方法的学习,这就是写作专项训练课。这是目前比较常规的写作课型。教材中专门进行写作训练的内容最多。

表 2-6　专项训练课型相关内容

教材分布	七上	七下	八上	八下	九上	九下
教学安排	学会记事	写出人物特点	学写传记	学习仿写	尝试诗歌创作	学习扩写
	/	学习抒情	学习描写景物	学写读后感	学习缩写	审题立意
	/	抓住细节	说明事物要抓住特征	学写游记	学习改写	布局谋篇
	发挥联想和想象	怎样选材	/	学写故事	/	/

1. 价值定位

定位于写作技能的选点突破。结合教材和学生年段，进行写作专项训练。“一课一得”，课课有得，提高写作教学效率，提升学生语言运用和表达能力。如七年级上册第二单元写作“学会记事”，集中、明确进行专项训练。

2. 目标内容

教学目标：某一写作能力的培养。教学内容：理解本课教学的基本概念，掌握本课程序类知识。

3. 教学流程

① 明确训练点，呈现本课写作任务；② 借助“知识清单”，明示写作知识，出示范例；③ “头脑风暴”，合作讨论，教师示范；④ 课堂训练，完成任务；⑤ 教学小结，发布作品。

4. 教学方法

① 专项训练课型，实践为主线；② 不妨使用讲解法，“讲”和“解”精要而明晰；③ 重过程，重示范。

5. 教学评价

专项训练课重在针对性，不求系统性；明确训练点，一课一练，课课有练；示范、迁移、巩固,稳扎稳打;设计修改清单,自主合作,互评互改。

(四) 作品修改课

作品修改,是写作过程中的重要环节。每次写作都须修改。作品的修改是随时发生的,其实需要写作者边写边改。从某种意义上来说,好作品是改出来的。也有专门学习作品修改的课,如九年级下册“修改润色”。这里所谓的作品修改课,有别于专门学习“修改”知识的课,属于常规课,产生于每次学生写作完成后,在实际教学中,教师也称之为“作文讲评课”。

1. 价值定位

帮助学生确立正确的写作标准,提升学生判断作文优劣的能力;重视修改,提升修改意识;学会修改方法,指导学生学会修改自己的作品,学会互助修改,提出有积极意义的修改意见。

2. 目标内容

教学目标:学会修改作品,学会相互修改。教学内容:学习作文修改的程序,学习作文修改的方法。

3. 教学流程

① 选择或推荐学生习作;② 精彩语句展示、精彩片段呈现、精彩篇章赏析;③ 教师点评学生作品,指导修改;④ 自我修改与分组修改、合作学习相结合,师生交流与生生交流相融合;⑤ 完成修改,交流呈现,发布作品。

4. 教学方法

案例法:树典型,点面结合,以点带面。讨论法:组织讨论修改教师梳理出的问题。过程指导:在过程学习中修改。

5. 教学评价

讲评课根据学生的写作情况或写作教学的整体安排确定专题。每次讲评课,针对一个问题进行讲评,使一个专题的写作知识和要求得到充分的强化,集中解决某一方面的问题。避免开批判大会,避免眉毛胡子一把抓。

(五)在线写作课

在线写作课,即利用电子设备通过互联网学习写作的线上课型,即"网课"。网课是一种新兴的学习方式,它能为学习写作者提供以互联网为平台,内容包含视频、图片、文字互动等多种形式的系列学习教程。

1. 价值定位

网络学习,打破时空限制,使学习者可以通过上网学习,只要有网的地方,即可利用碎片化的时间学习;视频、图片和资料可在电子产品上反复观看,学习者可针对自己学习弱项强化训练。

2. 目标内容

① 以某一写作能力的培养为教学目标;② 理解本课教学基本概念,掌握本课程序类知识,在线进行写作与评议。

3. 教学流程

① 选择平台,录播课,教师事先录制教学视频,直播课则师生同时在线;② 教师明示教学内容,呈现本课写作任务;③ 借助图文或者思维导图进行教学;④ 教师示范,课堂互动交流;⑤ 课堂训练,完成任务;⑥ 教学小结,发布作品。录播课与直播课,各有利弊,尊重学生感受,根据需要选择。

4. 教学策略

录播与直播相结合,事先录制学习视频,也可以网上直播;强化师生关系,加强互动,调动学习者的积极性;增加学习渠道和资料呈现的方式;交流方式多元,文字交流、口头交流与图文交流相结合。

5. 教学评价

学生的习作上传系统,教师完成评价,即时反馈。作品的修改,可以采取一对一、一对多等形式进行,实现个人修改与互助互评相结合。

第四节 写作学情研判

质性研究,通常是针对一些难以确定的、探索性的、尚存争议的、不成熟的、不精确而又有意义的问题进行的研究。中学写作教学存在的诸多问题,一直以来难以找到根本性的解决办法。教师设计写作活动的教学起点乃是学生写作学习的实际需求,教师应当关注这一点,为学而教,按需施教,这是教学实施不变的宗旨。基于学生“写困”设计教学,需要教师查看学情,通过有效技术手段,深入调研与精准剖析,并由此制定适切的教学策略。因而,采用何种探测手段,如何摸查学情,是直面“写困”问题的关键点。

一、写作学情研判方法

(一) 学生“写情”技术分析手段比较

了解学生写作学情,需要技术手段的支持。在语文学科写作教学领域缺乏精细化的目标层级设定与多元化的计算分析方式的前提之下,盛行于各领域的大数据分析或许就暂时失效。目前,对写作学情的技术分析手段,一般有问卷法、访谈法和对学生写作成果(习作)的分析法等。上述诸法,各有利弊。

问卷调查法,一般由教师(或研究者)下发相关问卷,通过笔答(或机答)方式对学生已有的写作知识、写作经验、写作态度和写作兴趣、动机等进行较为全面的了解,为写作教学活动提供量化与质化数据。问卷调查法能在短时间内调查众多对象,取得第一手资料。问卷调查法能节约经费和人力成本,调查结果更容易量化,便于统计处理与分析。然而,问题的设计对普通教师而言是一大考验。问卷问题要能客观、准确、全面地反映被调查对象的实际状况,并符合研究的根本目的，一定要满足科学性与有效性的最基本要求。对问题的表述尤其需要明晰、准确、简洁，避免在问题表述中带有任何暗示性或倾向性。选项设计要科学合理，选项之间避免内容重叠、交叉。问卷应该主题突出，简明扼要，便于学生回答，也便于教师进行统计与分析。问卷调查法的缺陷显而易见，如，因环境、时间等客观因素制约，被调查者有可能对问题做出随意、虚假乃至与实际情况相反的回答。这样的问卷无法得到确证，也无法对某些重要问题进行深层次分析。

成果检验法是对学生的写作结果进行分析，这是教师写作教学过程中最常用的分析手段，也是了解写作学情的一个重要渠道。学生的写作结果一般是直接呈交的，这也方便教师使用习作分析法。教师通过批阅学生作品，把握自己教学的达成情况，以利教后反思，扬长避短，并为后继教学的预设与调整、教学对策的选用提供重要参考。目前，在没有更科学可行的分析技术的背景下，批阅学生作文是大多数教师了解学生写作基本情况的唯一途径。即便是唯一途径，大多数教师对此的重视和掌握程度也不容乐观。大多数语文教师面对学生写作存在的问题，往往束手无策，或者习惯性写评语打分数了事，只有极少数有经验的教师，可凭借个人修为和经验觉察到学生写作中存在的问题。另外，教师对评阅习作的价值目标存在误区，教师对学生的写作成果进行分析是为了检测学情，并不只是为了给学生的写作打一个分数进行评判，也不是以此证明自己的工作量（有些学校把写作次数、写作评语作为语文教师工作量化考核的依据之一）。同时，教师对自身角色认知存有偏差，广大教师没有以研究者姿态进入学生习作，意识不到批阅习作的目的是把握学情以改进“教学”，而是一贯地扮演“评判者”角色，给学生评分数；又因为教师批阅工作量多面广，通常大多数教师视批阅作文为“苦差”。

访谈法，是教师以口头形式与被访谈者面对面进行交流访问，收集第一手资料的一种方法。访谈法适合研究比较复杂的问题，需要向不同类型的人深入了解信息。访谈法，除了了解学生已有的写作知识储备、写作兴趣及其对写作的态度、写作动机等方面情况,还可以更加深入地进行复杂综合问题的问询,为教学活动的有效开展提供进一步的“深度信息”。

教师对访谈内容进行话题预设和问题设计绝非易事。要依据访谈目的,选择访谈话题与内容,要列出详细的访谈提纲,选择一定数量的有代表性的访谈对象,并确定合适的访谈时间、地点等。访谈氛围应安静、民主和真诚,通过适当引导使师生之间自然、和谐地进行交谈。访谈过程中,教师还应进行记录,也可在征得被访者同意的条件下进行录音,并用多元分析方法对访谈资料进行及时、全面而深入的分析,做出科学而合理的“深度解读”。

相比问卷调查法与成果检阅法,访谈法能更深入准确地触及学生“写困”的本源问题。在访谈中,一对一的交流使受访者感到自己被关注,发表意见的积极性容易被激活。针对学生写作中存在的众多问题,在实际访谈中,教师可以把问题细化、具体,因人施问,可以使学生的写作问题得到更完整的呈现,从而全面又深入细致地了解、把握学生在写作这个复杂的系统工程中所遇到的种种问题。

表 2-7　三类调查方法的利与弊

利弊	方法		
	问卷调查法	成果检阅法	访谈法
优点	人多面广,成本节约;效率高,便于统计	学生习作直接呈现;可检阅教学达成度,利于教学反思,利于改进教学	可比较深入地了解学生情况;适用于复杂问题的调研
对研究者的考验	问题设计是难点;样本多元化统计是对语文教师的考验	批阅习作目标导向存在误区;量多面广,时间付出太多,工作量巨大	问题设计是一个考验;访谈时间、地点的选择有难度;如何有区分地选择被访谈者是难点
弊端	存在答问不认真、随意等现象;无法得到确证	成果检阅法,只对已有教学的检阅,并不能对教师教学设计产生前瞻性的积极影响	一对一访谈方式,效率低下;因时间、精力所限,无法采集更多样本

（二）试用访谈法查探“写情”

本节从教和学两个层面入手，对中学生的写作困难实施调查。从教师教学入手，利用特级教师“名师工作室”网络平台拟定讨论话题，加上本人的实地观察，调查教师对写作过程的认知现状，实际教学的操作现状及其影响，希望从教师的“教写”现状探寻教学乏术的根源；从学生写作学习入手，采取访谈法调查学生在写作过程中，具体遇到哪些障碍和困难，自己是怎么认识的，采取何种具体措施，最渴望得到教师哪些方面的指导与帮助，希望通过调研“写困”，找到症结所在，并制定适宜的教学策略。

为调研“中学生写作过程中遇到的实际困难”，笔者走访了本市两所学校。其一，初中学生，七年级生至九年级生；其二，高中学生，高一学生至高三毕业班学生。共计访谈 42 位学生，男女生比例 1 ∶ 1。随机访谈。访谈形式为围绕主题面对面交流。

效仿中医的“望闻问切”，深入把握学情。“望”，主要在于观察学生在写作课的表现，课堂内的活动情况，了解其听课情况和写作态度等；“闻”，主要在于了解学生的写作兴趣点、平时写作的次数和得分情况；“问”，即采用面对面访谈法，设计访谈问题，找准学生写作“学困”所在；“切”，就是聚合所有问题，聚焦矛盾最突出、学生感到最困难的一点，给出适宜“药方”。

二、访谈样本选择与访谈问题预设

（一）学生来源及学段分布

选择 H 市一所大型初中和一所重点高中的学生为访谈对象，创设轻松、和谐的氛围，采用“一对一”聊天的访谈形式，师生双方围绕写作过程中的种种实际问题，展开深入交流。从 2017 年 8 月至 2018 年 3 月，时间跨度约有八个月，实施如此漫长的一次“专题式”访谈，唯一的目的是希望探查到学生在写作过程

中的实际需求,在写作这件事上,学生究竟遇到了哪些困境,学生究竟希望从教师那里得到哪些指导。(见表 2-8)

表 2-8　访谈学生情况统计

类别	学　段					
	七年级	八年级	九年级	高一	高二	高三
人数	8	8	8	6	6	6
学校	某市初中	某市初中	某市初中	某市高中	某市高中	某市高中
性别比例 男∶女	1∶1	1∶1	1∶1	1∶1	1∶1	1∶1

说明:① 学段考虑。初中学段人数多于高中学段,是出于本研究着眼于初中写作教学的考虑。加设对高中生进行了解和访谈,是因学生写作能力的提升具有延续性,学段区别并不直接表现为写作能力的阶段性划分;同时随着学生思维的日渐成熟,不少学生对自己写作问题的考虑也更为深入。② 访谈方式。随机访谈为主。希望能够了解中学生写作过程中的真实情形,并没有依据学生的语文成绩有所选择和区分。

不足之处:样本选择,不够多元。农村中学、偏远中学以及薄弱学校,因笔者精力和能力所限,不能一一探访,一定程度上削弱了访谈结果的典型性和代表性。

(二) 访谈问题设计

写作过程中,学生遇到的问题和障碍是多方面的,也是因人而异的,涉及立意、选材、结构、语言、心理乃至写作时间、写作载体、写作环境等。通过面对面访谈,准确把脉学生在写作时遇到的实际障碍。

本次访谈以"非结构性访谈"为主。

访谈问题预设如下:

① 平时喜欢写作吗？一般除了完成老师布置的写作任务外，自己可产生过写作冲动？

② 面对一个作文题目（话题），你有觉得比较困难的时候吗？你觉得写什么内容（话题）比较容易？

③ 你的语文老师，在你写作前、写作时、写作后，通常会怎么做？有写作课吗？一般会怎样进行？

④ 写作时，你觉得最大的困难是什么？你有最擅长的文体吗？（必问）

⑤ 面对你的写作任务，你内心最渴望得到老师哪些方面的指导？（必问）

⑥ 你的作文一般得分是多少？（100 分制、50 分制、60 分制）给作文打分和评等地，你更喜欢哪一种？

⑦ 写作文时，你有就写作困难主动向老师请教吗？如果有，一般会请教哪些问题？

⑧ 你的老师和你交流过读到你作文时的感受吗？老师会提出修改意见吗？你会接受老师的意见吗？会去修改吗？

⑨ 看到老师的评语，你一般会怎么处理？

⑩ 你把自己的作文看成是作品吗？当你提笔的时候，心里有没有存在“我是在写一个作品”的信念？

⑪ 你会和同学交流写作文的体会吗？你们会交换作文相互阅读吗？当老师把你的作文在班上当作范文宣读的时候，你真实的感受是什么？

⑫ 你在写作时，心里有没有一个确定的对象？写给什么人？为谁而写？这些念头，在你写作时，有没有闪现？

以上问题，涉及写作内容、写作对象、写作文体、实际困难、作品交流与评价等各方面。除预设中的④⑤两个问题会询问每一位学生外，其余问题均随机而问，并不固定。

三、写作学情研判与剖析

(一)“写作困难”全景式扫描

根据访谈笔记,笔者把以上十多个问题分为七类,并以数轴图的形式(如图2-3所示),进行精细化分析。

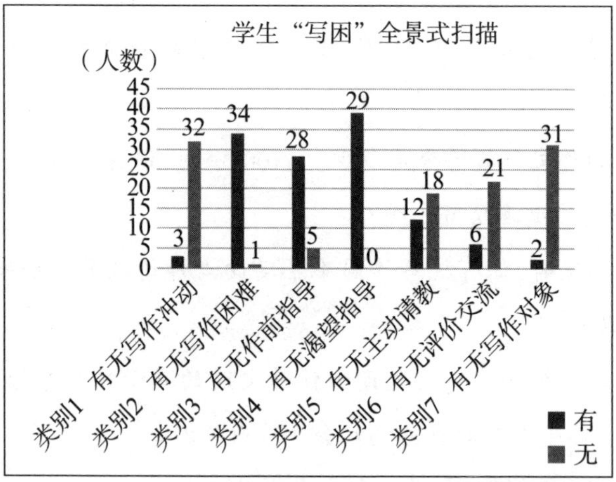

图2-3　访谈学生“写作情况”统计分析表

从以上简单设计的统计图可以看出,绝大多数学生在写作过程中“会遇到写作困难”,并“渴望得到教师指导”;学生写作的主动性欠缺,少有同学产生“写作冲动”;写作并没有确定的“写作对象”,少有学生自发关注“写给谁看”的问题。从访谈中也可看到教师比较重视作前指导。

(二)“写作困难”聚焦式分析

42位学生访谈(如图2-4所示),有12位学生“希望老师可以帮我分析,提示我,面对作文题目,可以写些什么”。这个问题,主要属于“写作内容”之困,占28.6%。有19位学生,提出“希望老师帮我分析指导,我该怎么写下去”,“希望老师教我面对一个题目该怎么分析，该怎么一段段想清楚”，这属于写作“构思之困”，占 45.2%，是学生写作遇到的最普遍的难题。有 6 个学生，提出“希望老师能指点我，怎么写好一点”，“用什么办法写”，细思此困，实属“写作无法”之困，占 14.3%。另有 4 人，提出“不会修改文章”，“写好了就好了，不知道哪里存在问题”，“希望老师指点修改文章”，可见“修改”也需要教师指点，占 9.5%。有 1 人，“希望能够知道，为什么同一篇作文，我一次得 38 分，另一次得 43 分”，这位学生的问题，直指写作“评价标准”。

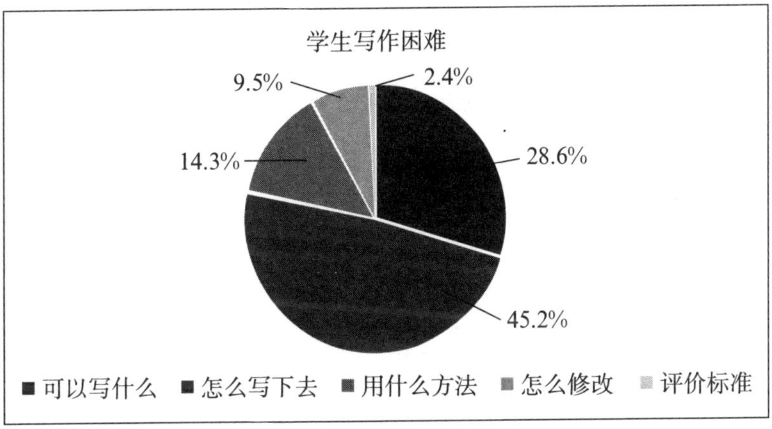

图 2-4　访谈学生“写作困难”统计图

据以分析“写困”访谈，我们可以看到，存在于学生写作过程中的最大困难是“构思之难”，其次是“内容匮乏”，再次是“写法之困”，最后是“不会修改”。

教师通过访谈，深入细致地了解学生的写作兴趣、写作态度、实际困难、作品评价等一系列问题后，如中医问诊，对学生写作问题进行综合分析，然后针对实际困难，开出最佳“处方”。以生为本，从学困入手，尊重差异，可据此提出写作教学的针对性措施。

写作研究的主要内容之一是写作主体。通过研究和梳理，专家作者和新手作者在写作构思、行文、修改、读者意识和写作速度等方面，均存在许多差异。教师应根据“作者”的不同特征制定相应的教学策略。

对“作者”的研究,能给教师以积极启示。因为“好的文章”与“能写出好的文章”,并不是一回事。专家制定的好文章标准,如“立意深刻”“中心突出”“选材新颖”“语言生动”等,看起来很美好,实际上学生中能达到上述标准的,为数并不多。笔者曾多次参与中考阅卷,每一次批阅学生中考作文,教研员、阅卷者与出卷者,都会纳闷“为什么这么简单的作文题,学生会写成这样”。这样的哀叹,不止一次发生,是否可以说明“教学研究者”心中的写作理想目标与学生写作的真实情况相去甚远。在对待学生写作这件事上,教师更是存在太多想当然,同时也少有教师能真正思考,自己教“给”的是不是学生真正所“需”的。为学生而教,从过程入手,这是此次研究的出发点。通过访谈,我的发现是:就我所调查的学生中,写作过程中困难依次为“构思之难”“内容匮乏”“写法之困”“不会修改”,个别学生不知自己写得怎么样,不知如何评判一篇文章的“好”与“坏”;同时也发现学生中存在宿构作文、盲目套用以应付考试的现象。

第三章 实用文写作课程的构建与实施

第一节 实用文写作的内涵、特征、类型及实施建议

“实用性阅读与交流”作为发展型学习任务群，与其他学习任务群共同承担起培养学生语文核心素养的重任。“实用文写作”作为“实用性阅读与交流”的书面表达部分，是为完成主题任务而进行的写作学习实践，是学生学习写作、提升语文素养的重要途径。

一、实用文写作的内涵与特征

（一）实用文写作的概念内涵

语言文字是人类社会最重要的交际工具和信息载体，是人类文化的重要组成部分。语言文字的积累与运用，包括生活、工作和完成各种学习活动，存在于人类社会的各个领域。[①] 人类运用语言文字的目的大略可分为实用目的与审美目的。如果说文学写作指向审美与创造的话，除此以外的其他类型的书面表达

---

① 中华人民共和国教育部. 义务教育语文课程标准(2022 年版)，1.

大都指向实用。在日常生活中,人们接触到各类实用文写作类型多样,有计划、调研报告、新闻、策划书等,还有常见的通知、留言、便条、申请书、合同等。

1. 实用文概念的提出

2003年《普通高中语文课程标准(实验)》采用“三分法”,将文本分为理论类、实用类和文学类三大类。①《普通高中语文课程标准(2017年版2020年修订)》出台,首次提出“实用性阅读与交流”学习任务群概念,指出其建设宗旨是“引导学生学习当代社会生活中的实用性语文,包括实用性文本的独立阅读和理解,日常社会生活需要的口头与书面表达交流”。② 2017年版高中语文课标提出“实用性”指向“写作”时,是指“日常社会生活需要的书面表达交流”,2017年版高中语文课标进一步将实用性文本划分为“社会交往类”“新闻传媒类”“知识性读物类”三大类,并列举22种具体类型。朱于国指出,“实用性文本是为了和思辨性文本、文学性文本区别而创设的术语,是从实用文、实用文章、实用类文本发展而来的概念”。③

2022年版义教语文课标出台,对义务教育语文课程内容进行了重大改革,设六个语文学习任务群。“实用性阅读与交流”与“文学写作与创意表达”“思辨性阅读与表达”并举,同属发展型任务群,这种三分法与2017版高中语文课标对应。但我们也发现2022年版义教语文课标仅从学习任务群层面进行课程学习内容的初步区分,没有对“实用文写作”提出清晰的概念界定与教学建议。

早在清末民初,谢无量在《实用文章义法》即已提出“实用文”概念。谢无量采用“两分法”,将文章分成“美文”和“实用文”两大类,“实用文”与“美文”概念对举。④ 1935年,夏丏尊与叶圣陶合编《国文百八课》收录了部分实用文,以第1

① 吴晔.新课标视域下的高中实用类文本阅读教学研究[D].武汉:华中师范大学,2019:7.

② 中华人民共和国教育部.普通高中语文课程标准(2017年版2020年修订)[S].北京:人民教育出版社,2020:20.

③ 朱于国.“实用性阅读与交流”任务群的内涵、课程价值与实施策略[J].语文建设,2020(9):4-9.

④ 李翠翠.谢无量《实用文章义法》概观[J].广西师范学院学报(哲学社会科学版),2011,32(1):127-131.

册为例,“文话6、7、8、9”分别为“应用文”“书信的体裁”“书信和礼仪”“书信和诸文体”,对应的“文选”则分别为《中学生》,《谈动》《致俞平伯书》,《与郭意成书》《与子书》,《寄小读者通讯七》《范县署中寄弟墨》。[①] 张志公又在《现代汉语》中谈到“实用性文体不是一般常说的那种应用文”,“除了文艺性文体之外的,都是实用性文体”。[②] 可见张志公主张把实用文和应用文相区分。2007年,曾祥芹在《文章本体学》提出,“能够科学的认识世界的文字成果,并且不含虚构成分的非文学作品,不论其篇章长短,均可视为‘文章’或者‘实用文章’”。[③] 王荣生教授指出,“实用文并不是我们通常所说的应用文,而是和诗歌、小说、散文、戏剧等文艺性作品相对的概念”。[④] 综上可以看出,实用文并非新词汇,但学界对此尚没有明确的概念界定。

2. 实用文写作的概念内涵

我们将高中阶段和义务教育阶段“实用性阅读与交流”的“书面交流”部分进行深入分析,并综合两份课标“书面交流”及“教学建议”中的有关要求,对教学中的实用文写作概念界定如下:实用文写作是指学生在教师的指导下进行的写作实践活动,其主题包括“拥抱大千世界”“创造美好生活”“科学家的故事”“数字时代的生活”“家乡文化探究”等,其写作文体包括说明文、调查报告、新闻采访、书信、倡议书、申请书、说明书等,是实践性、应用性较强的写作类型。

(二) 实用文写作的特征

实用文写作教学要引导学生观察社会,体验生活,掌握社会常用的实用文体,提高实用性表达交流的水平,增强社会适应力和竞争力。实用文写作主要体现以下三方面特征。

---

① 张心科.语文课程论[M].福州:福建教育出版社,2014:151-152.

② 王荣生.实用文教学教什么[M].上海:华东师范大学出版社,2014:23.

③ 曾祥芹.《文章本体学》[M].郑州:文心出版社,2007:135.

④ 王荣生.撑起另一方天——小学语文的实用文阅读[J].《语文教学通讯:小学刊》,2005(2):9.

1. 实用性强

实用文写作强调其“用”,突出了学生适应社会与服务社会的能力。如,八年级上册第一单元是活动·探究单元,学生阅读新闻之后,不仅要掌握新闻的文体知识,还要在教师的引导下,确定采访对象,设计采访提纲,最终要进行采访,撰写新闻报道。这种学习活动发生在具体的社会情境中,教师要引导学生观照社会,并且使学生将所学知识与技能运用到现实生活中,解决所遇到的实际问题。本学习涉及的是日常社会生活所需要的实用性文本,这些文本源于真实的社会生活,反映出当今社会对人才的要求。注重发展学生实用文写作能力,让学生在真实的情境中体验本任务群的学习价值。

2. 综合性高

实用文写作需要学生多方面的能力。基于一定任务开展活动时,不仅需要策划活动方案,更需要学生在具体任务驱动下,进行写作及交流。如八年级上综合性学习“身边的文化遗产”,学生要寻访本地的建筑物,实地考察,搜集资料,撰写文化遗产申请报告;还要开展模拟答辩会,拟定答辩规则,撰写主持词等。这一系列的活动,需要极高的统合性、组织性以及多方面的学习能力。由于实用文写作的外延极广,其调动的教学资源也会更加丰富,更加体现其综合性高的特点。

3. 情境性强

实用文与社会生活紧密相联,实用文写作应创设贴近生活的真实情境。真实的社会活动具有发展性,学生在活动过程中可以不断强化自己的社会适应能力。真实的社会活动具有情境性,学生在真实情境中去分析解决问题,以建构新的经验。语文教育教学要注重融入真实的社会情境。如在学习新闻传媒类的访谈时,为使教学目标顺利完成,教学要在具体真实的情境中进行,要确定需要研究的个体,明确访谈的方向及内容,把学生分成小组,针对固定的访谈人物,设置访谈大纲,走到社会生活中开展相应的访谈活动。

二、实用文写作教材编排

从统编版语文教材的编排看，教材采用单元写作方式，强调读写融合，每一单元安排三到四篇阅读课文，并安排相应的写作任务，目的是通过这个单元课文的学习，学会某一特定文体的写作。除此之外，统编版语文教材还在综合性学习中设计较多的实践性活动，大多数活动需要借助写作才能完成。我们对教材中的实用文写作教学内容进行梳理和研究，有助于整体把握教材实用文写作教学内容。（见表 3-1）

表 3-1　统编版教材实用文写作一览

册次	实用文写作任务要求
七上	1. 专题学习活动“有朋自远方来”，举办“向朋友展示自我”主题活动，策划活动方案，制作邀请卡，撰写邀请词，写发言稿；2. 专题学习活动“少年正是读书时”，设计“个人阅读状况调查问卷”
七下	1. 阅读《骆驼祥子》，针对小说中老北京洋车夫这一行当，梳理内容，从职业特点、人员构成、生活状况等方面介绍说明洋车夫的工作；2. 专题学习活动“我的语文生活”，调查访问街道商店招牌，设计统计表，分类梳理招牌店名的语言特点，写成调查报告；“寻找最美对联”，搜集对联，梳理分类，形成汇总表，评选对联，撰写评选方案；举办主题班会，撰写短视频脚本；3. 专题学习活动“孝亲敬老，传承家风”。以“小‘行’大‘孝’”设计板报；与父辈一起，撰写或修改家训、家规；4. 介绍科技影视作品。观看科技领域影视作品，撰写相关介绍文字
八上	1. “新闻写作”，新闻采访进而写一则消息，编辑制作报纸或网页；2. 综合性学习“人无信不立”，整理“诚信”典故、名言等资料，梳理资料，制作成册；3. 综合性学习“我们的互联网时代”，对“电子阅读”开展调查，设计调查问卷，统计数据，撰写调查报告；围绕“用互联网学语文”进行专题学习，举办专题讲座，制作文体学习小册子；4. 归纳整理素材，写一篇关于“坎儿井”的说明文；写一篇介绍生活中建筑物或其他物品的说明文；5. 整本书阅读，“跟法布尔学观察”，设计观察实验，学做观察笔记；借鉴法布尔的经验，选择感兴趣的科学问题，设计方案，进行探究实验；研读法布尔具体案例，总结法布尔科学探究经验；6. 修改主题班会发言稿，撰写“环境保护月”的邀请函，写一份“环境保护月”的倡议书；7. 综合性学习“身边的文化遗产”，以某建筑物为例，实地考察，搜集资料，撰写“申遗”报告；开展模拟答辩会，拟定答辩规则，撰写主持词

(续表)

册次	实用文写作任务要求
八下	1. 以“我的小天地”为话题,写一个说明性片段,向别人介绍;选择一个科技新产品,介绍它的功能和使用方法;以“我周围的环境”为话题,写一篇事理说明文;2. 综合性学习“倡导低碳生活”,围绕专题,搜集数据资料,走出校园,实地考察,撰写宣传文稿,制作宣传海报、标语;3. 综合性学习“古诗苑漫步”,分门别类辑古诗,撰写简要赏析、评点文字,编辑成册;4. 综合性学习“以和为贵”,探讨“和”之义,撰写发言稿,制作“和为贵”宣传标语,制定“班级议事规则”
九上	1. 综合性学习“君子自强不息”,寻找身边“自强不息的人物”,拟定采访提纲,实施采访,撰写采访稿;2. 第四单元写作实践“编辑‘班级读书档案’,邀请每位同学用缩写的方式介绍自己最喜欢的一本书,说说推荐理由”
九下	1. 综合性学习“岁月如歌——我们的初中生活”,编写班史,编写大事年谱和班级逸事等;2. 以“家乡的名片”为题,写一篇不少于600字的作文;3. 综合性学习“戏曲天地”,搜集不同剧种的资料,制作专题网页,展示活动成果;4. 选择文本,推荐给同学阅读,写一则简短的推荐语

从教材选编体系来看,实用文写作教学内容集中于教材活动单元,如新闻采访写作,教材综合性学习、说明文写作,以及部分应用文体写作。通过梳理统计,我们发现教材中实用文写作的编排比较分散。

首先,文体要求的梯度设计不够科学。以说明文写作为例,教材在八年级上册第五单元安排了“事物说明文”的写作“说明事物要抓住特征”,在八年级下册第二单元安排了“事理说明文”的写作“说明的顺序”,在教学时段的安排上,这两个写作专题设计得不够连贯,不利于学生形成认知图式。

其次,实用文写作知识不够全面。教材中的说明文为实用文写作中的大类,但教材说明文写作知识不够清晰与全面。说明文写作知识(见表3-2),说明的对象仅为“事物”,失之偏颇;同时,只强调“说明的顺序”,而缺乏如何“说明白”的程序类知识,没有达到说明文传递信息、使人明白的写作旨趣。

三、语文中考里的实用文写作

实用文写作是语文中考里常见的试题。“实用性阅读与交流”学习任务群

表 3-2　八年级语文教材说明文写作知识

册次/单元	八上第五单元	八下第二单元
学习要求	说明事物要抓住特征	说明的顺序
具体内容	1. 要善于观察和比较最能体现事物的特征;2. 注意表现一类事物的共同特点;3. 恰当引用资料,并运用一些生动、形象的说明方法	1. 时间顺序多用于介绍事物的发展变化过程等;空间顺序常用于介绍建筑物或物品;逻辑顺序是介绍事理时通常采用的顺序;2. 采用何种说明顺序要视具体情况而定;3. 一篇说明文以一种说明顺序为主,兼用其他顺序

作为 2022 年版义教语文课标中的三个发展型学习任务群之一,备受瞩目。作为有一定专业敏感度和丰富教学经验的语文教师,应该对这一信息动态足够重视,在平时的作文教学中要密切关注与学生未来日常生活相关的实用文写作。表 3-3 列举了 2022 年浙江各地中考试卷“实用性写作”试题,足见实用文写作在语文学业考试中是一个重要题型。

表 3-3　2022 年浙江省中考实用文写作一览

地市	实用文写作试题	写作要求
杭州	小组讨论时,我们该如何倾听同学的发言? 假如你是组长,请根据下图向组员说明倾听时的注意事项。(5 分) 	条理清楚,要点突出,语言简练;100 字左右。
宁波	根据下面的招募海报和报名邮件,请你代王老师给赵博志同学写一段回复,告诉他结果并说明理由。结果可以是“录用”,可以是“不录用”,也可以是“待定”。(8 分) 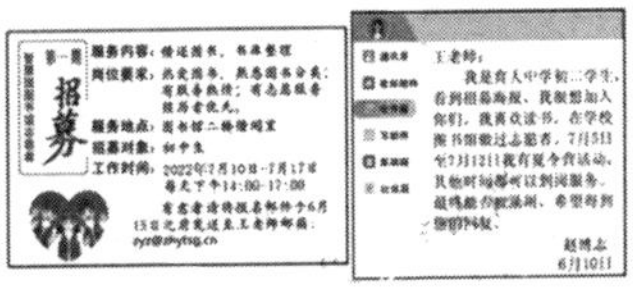	交代清晰,表达得体,80 字左右。

(续表)

地市	实用文写作试题	写作要求
温州	邀请嘉宾。外联组准备邀请家长参加体验区的亲子活动,跟着米塑传承人体验米塑工艺。根据要求,借助资料,代表班级给家长写一封邀请函。(10 分)	说明活动的背景、意义等相关信息;120 字左右;不得出现人名、校名。
绍兴	【知识拓展】观察生态环境部(Ministry of Ecology Environment)徽标(见右图),介绍图标内容,阐释其寓意。(8 分)	150 字左右,介绍明白清楚,条理清晰,阐释合理。
舟山	学习部长建议把《艾青诗选》《红星照耀中国》《钢铁是怎样炼成的》这三部名著组合起来,进行专题探究。(5 分) 《海底两万里》《昆虫记》专题探究 示例: 探究专题:两部名著科学精神探究 探究思路:1. 选读《海底两万里》中有关阿龙纳斯的情节,体会他勇于探索、献身科学的精神。2. 精读《昆虫记》中描述法布尔观察昆虫的精彩案例,边读边做好批注,整理总结他积极探索、求真务实的科学探索精神。3. 总结研读探究所得,围绕科学精神写一篇心得体会,在交流会上分享。	请你参照示例,设计一个合适的探究专题并写出具体的探究思路。

上表所示实用文写作试题,命题者均注意设计写作情境,任务具体明确。从分值来看,占 5—10 分;从字数来看,有 80—150 字;从任务内容来看,有沟通类、说明类以及应用写作。由此观之,实用文写作不仅对学生日常生活、工作有着极为重要的作用,在学生学业水平考试中也是重点考查内容。

四、实用文写作教学实施建议

实用文写作主要目的是培养学生"适应实际需要的现代文写作能力",不重视实用文的写作教学是不完整的,也是无法实现写作教学功能的。

1. 构建真实性写作情境

实用文写作应指向实际应用,因其本身的写作特点需要构建真实或拟真的情境。一般而言,实用文写作活动都有具体的写作情境,是为了完成生活、工作和学习中各式各样的任务,因此没有情境就没有实用文写作。

如,统编版教材八年级上册综合性学习“身边的文化遗产”,教材创设的情境如下:“今年的‘文化和自然遗产日’即将到来,市里准备组织评选本市优秀文化遗产项目,以制定相应的宣传保护措施。请根据‘资料夹’中的资料,以班级为单位,组织推荐、评选,并模拟申请和答辩。”

教师将学生分成若干申报小组,选定合适的建筑物。学生要进行实地考察,深入搜集资料,撰写文化遗产申请报告,完成一次模拟申报任务。此次综合性学习的目的,不仅在于实地考察,培养学生的探究意识,更在于解决学习或社会生活中的实际问题,有效增强学生适应社会、服务社会的能力。“优秀文化遗产申请报告”撰写内容应该包含“建筑概述;人文、历史价值;建筑物保护现状及面临的问题;拟采取的保护措施”等,对于写作的语言、写作的格式、写作的呈现等,教师都应该给予专门的有针对性的跟踪指导。

2. 设计真实驱动性任务

实用文写作命题通常以任务驱动型材料作文出现。任务驱动型写作以真实情境、明确的指令以及价值导向性让学生能够清晰地把握题目,明确立意,找准关键,迅速构思写作。任务驱动当成为教师展开实用文写作教学的重要方法之一。

写作任务指令包括体式、思维、内容、对象四种指令,这四种指令对学生的写作起着限定、引导的作用。(见表3-4)

3. 设计合适的写作教学支架

教师在进行实用文写作教学时,应该针对任务驱动型材料,引导学生分析情境化材料,给学生搭建教学支架,引导学生设计图表,特别要引导学生注意格式

表 3-4 实用文写作任务指令

指令类型	指令内容
体式指令	指对文体和格式的约定,如"写信""文体要明确"等指令
思维指令	对材料进行思辨和研究,培养学生的逻辑思维能力,对学生思维能力的发展有很大的作用;材料中的"思考""比较""选择"等指令即是对学生思维的指令
内容指令	指写什么或怎么写,例如"发表你的看法""结合你的思考和感悟""体现你的认识和思考,并提出希望与建议"等指令,当然也包括文体要求,写演讲稿、信或其他
对象指令	指读者意识和情境意识,明确谁来写、写给谁的问题。例如材料中的"针对材料内容""你作为……""给……写一封信"这类指令就属于对象指令

规范,真正帮助学生提高实用文写作能力。

实用文写作类型众多,不仅包含了实际生活中的便条、通知、启事、广告、书信、申请书、产品说明书、计划、总结、会议记录等"日常应用文",也包含了需要完成系列任务的综合性学习活动。在教学时,教师需要为学生搭建好适宜的写作支架,降低写作难度,帮助学生顺利完成任务。

如七年级下专题学习活动"我的语文生活",调查访问街道商店招牌,设计统计表,分类梳理招牌店名的语言特点,写成调查报告;"寻找最美对联",搜集对联,梳理分类,形成汇总表,评选对联,撰写评选方案;举办主题班会,撰写活动体会。这一系列活动,需要进行的实用文写作有"调查报告""评选方案""撰写体会",对七年级学生来说有一定的难度,教师应该提供恰当的写作支架。写作支架的类型多样,依据表现形式,可分为范例、建议、问题、向导和图标等;依据功能标准,又可细分为程序支架、概念支架、策略支架和元认知支架等。结合具体教学实例,教师要提供适切的教学支架。

第二节　基于“过程指导”的写作内容开发

——以对七年级某学生的辅导个案为例

一、案例呈现与分析

一位七年级女生陷入苦恼之中，对砚枯坐，一筹莫展。她面对的作文题目乃某市语文中考题：

好，是壮丽的山川，是秀美的田园；好，是朋友的信任，是对手的挑战；好，是美丽的邂逅，是无悔的错过；好，是宁静的港湾，是崎岖的征途……

请以“什么是个好”为题，写一篇文章。

（一）教学两困

1. 学困：内容匮乏

七年级学生能不能写中考作文？这个问题，恐怕不能简单地回答“能”或“不能”。这与学生的生活积累、语言表达能力等各种因素相关；“能”或“不能”的背后或许还隐藏着一个“愿”或“不愿”的问题。

这位陷入写作困境的孩子，是城市女孩，父母均为知识分子，父亲乃浙江大学高材生，母亲从事教育事业。女孩兴趣爱好广泛，芭蕾舞、钢琴、美术等，发展不错，且女孩的学科学习成绩不赖，尤其是语文，属于优良程度。据此分析，面对此文题，女孩感到困难的原因，既有“不能”因素，可能亦有“不愿”因素。

2. 教困：教法缺席

目前写作教学层面出现的问题之一是：教师只管给学生“布置任务”而缺乏具体指导。大多数语文教师用“教师出题—学生写作—教师讲评”这一模式来“教”写作。而这位教师操作更简便，采用“拿来主义”，直接把中考题扔给七年级学生。

该教师没有介入学生的写作过程，没有认真分析学情，没有帮助学生寻找合适的写作素材，没有对学生进行审题、构思、章法等指导，没有履行一位教师该承担“教”的责任。这种“缺教”现象，我们姑且称为教师的“自我放逐”。

（二）作前指导

1. 任务分析

（1）阅读提示语

学生应仔细阅读材料提示语。提示语既是写作要求的提示，也暗含写作思路的提示。本条写作提示语显示，选材开放并无限制，生活、旅途、阅读、人生经历等，均可入题。

（2）紧扣主题词

学生应仔细研读题目，找出主题词，进而挖掘主题词所蕴含的思想、情感，这是审题关键。找到主题词后，还应逐一推敲主题词与题目中其他词语的修饰限制关系，应综合全面思考，不忽略任何一个词语。就“什么是个好”而言，主题词应紧扣“好”字。“好”，是一种价值判断；而“什么”，需要佐以具体“事”。面对此题目，学生需要选取与自身生活相关的事例进行辨析或求索，最终对“好”进行一个符合自我认知的价值定位。另外，题目中“什么”一词，是在发问，学生须对此问进行解答。在行文时，学生或许还可在诸多的“好”中，探索出“一般好”“很好”或“最好”等差异。

2. 作前指导

贾平凹散文《月迹》中的“妹妹”说过一句话“月亮是个好”。“好”，在此处，指美好的东西,月亮是那么美丽和纯洁,给每个人都带来美的享受。或许上海中考作文题“什么是个好”的拟题灵感就源于《月迹》中的“月亮是个好”。从这个层面剖析,七年级学生面对中考题目,或许并非力不能及。细看作文提示语,虽大都和自然有关,但并非局限于此,只要是生活中真善美的人事物景,皆可入文。

(1) 以“头脑风暴”寻找素材

生(苦着脸):这么个题目,怪怪的,叫我写什么嘛?

师:要不,写写阅读吧?阅读,素材最丰富。

生(摇头):都写滥了。我都写过好几篇关于读书的作文了。

师:那么,写写旅行?

生(委屈):爸爸妈妈要我作业全部写完后,再带我出去旅行。

师(笑):以前的旅途见闻,也可以的嘛。上次写的草原,还不是太像样,可以修改修改的。

生(沉默)

师:要不,写写你的跳舞经历。(女孩芭蕾舞技出色,常有演出活动。)

生(摇头。疲惫状):事情太多了,不知道从哪里写起。老师,学跳舞,其实很辛苦。

师:我看到你妈妈单位的墙上,很多卡通画,都是你的手笔吧?要不,写这块内容。

生(笑):那是我妈在用免费劳动力!

显然,绘画,包括墙画,能给学生带来快乐体验,这就是“有料”可挖。初步选定了写作内容,围绕“绘画”题材,教师选出以下思考方向供学生选材与构思。

(2) 借助写作构思卡,组织成文

① When?什么时候,你开始喜欢画画?纯粹的涂鸦的阶段,是什么时

候,涂在哪里?给你什么感觉?

② Who?单就绘画,有众多选择,国画、西画、素描、水粉……一开始,你就选择漫画吗?什么时候开始大约有了自己心仪的画风?有受到谁的引导吗?有特别喜欢的画家吗?

③ How?绘画这件事上,你付出哪些行动?时间的付出?内容的选取?画材的选取?风格的渐渐固定?你周围的人,怎么评价你的画?同学、朋友、爸爸妈妈,他们怎么看的?面对这些评价,你具体是怎么想的?

④ What?妈妈让你画墙画,你花了多久?构思阶段,是怎么想的?乐意吗?觉得累吗?

⑤ Value?什么是个好?绘画这件事给你带来什么影响?有感受到它的“好”吗?

经过教师的点拨,该学生的作文得以顺利完成。

二、写作内容开发与组织策略探索

学生常常面临“没什么可写”之窘境。面对一个作文题,抓耳挠腮,苦不堪言,最终东拼西凑随便写一点应付了事。学生觉得“没什么可写”,其中原因比较复杂,有时并不仅仅是教师认为的“缺乏生活、缺乏观察”等常规因素。

当学生感到“没什么可写”的时候,背后可能存在如下原因:第一,可能的确没有内容可写,腹中空空,典型的“无米下锅”;第二,可能学生肚里有“货”,却不会自主选取“恰当”素材,“有货倒不出”,也有可能这些素材纷乱芜杂,学生不会组织剪裁;第三,与作文题目存在“隐喻”有关,语文教师布置的写作任务常常“凌空蹈虚”,似乎特别喜欢“有文采”的隐喻性题型,学生无所适从,从而不知道“该写些什么”。

解决学生的“写困”,第一,教师需要在“如何开发、生产写作内容”上进行指导;第二,教师需要培养学生选材、剪裁能力,提供思考工具,在“自主组织写作内容”上发挥教育智慧;第三,教师需要设计真实的写作任务,触发、唤醒学生的生活积累,使其乐于动笔,左右逢源。

1. 设计真实任务

近年来,国内有学者在研究国内外先进写作教学理念的基础上,倡导“真实写作”,这是一个不错的尝试。倡导“真实写作”,要做到以下几点:任务真实、对象真实、环境真实、成果真实。实验研究表明,这种带有真实任务情境的写作,能唤醒学生的写作积极性,让学生的写作动力大大增强,有话可说,有话要说。

倡导“真实写作”,对于组织教学的语文教师来说,最大的考验在于设计写作任务。要在学校写作与生活世界之间,架设桥梁,创设写作任务情境,将两者进行对接和融合。这种情境创设包括:第一,创设逼真的写作情境,包括创设真实的事件、读者、写作目的,诱发真实的写作动机等;第二,运用真实的写作材料和对象,即尽可能使作文所涉及的对象和材料是生活世界中的真实存在,为写作者既有认知水平下能清晰感知到的;第三,设计真实的写作任务,即写作行为最终是要完成一项具有真实意义的任务。写作教学强调的“真实”,应包括真话题、真作者、真问题、真读者、真文体。例:

> 任务:撰写一篇文章去说服你的学弟学妹参与你所选择的某项体育活动。文章一定要包括原因和实例,它们将有助于你说服别人参加你所选择的活动。

上述写作任务,有真实具体的话题,有明确的写作对象,有素材选取的提示。面对如此写作题目,学生乐于动笔。

朱自清先生是倡导真实写作的先驱,主张学生写作从小处着手,选取与生活相关的题材,拣那些与实际生活有密切关系的问题和亲切熟悉的事物来写。不仅如此,朱自清先生还注意到写作中的“读者意识”,指出学生写作“实际也许只有教师读”,导致写作“没趣味”。[①] 针对这个问题,朱自清提出可以制造“假想读者”,“一般师生都忽略了假想读者这个概念,学生写作,不意识到假想读者,往往不去辨别各种体裁,只是马马虎虎写下去。等到实际应用,自然便不合适”。“假想读者”有很多,“假想的读者除了父兄、教师、亲近的同学或朋友外,还有全体同学,全体中学生、一般青年人、本地人士、各团体、政府、政府领袖、一般社会,以及其他没数到的”。这是朱自清先生在20世纪20年代提出的教学主张,如今看来还是十分有价值的。

2. 开发写作内容

当学生确实面临写作内容匮乏,肚里没货之时,就需要教师引导学生向外寻找可供入题的信息资源。如通过访谈、调查或查找资料等方式,补充写作内容。这是充实写作内容最基本的渠道。

例,某次笔者组织班级学生写小传。首先,前期阅读铺垫,让学生阅读一组五篇名家小传,让学生了解熟悉“小传”的写作知识;其次,精选写作对象,设计具体任务,清明期间“为家族中有影响力的长辈或先辈写小传”,这就限定了学生写作的范围和人选;再次,巧妙选择时机,清明时节,慎终追远,具备追念先人的气氛和条件;最后,双向布置任务,学生向家中长辈访谈了解收集往事;家长主动帮孩子提供素材,追述先祖往事。此次写作,收获了大量的素材鲜活生动的好文章。

上海市特级教师皋玉蒂老师利用假期,带学生走出教室,走出校园,到南京、西安、山东以及江南古镇一带行走游学,用“以生命行走”的方式,引领学生走出“日常生活的栅栏”,体验新鲜的生活,从而为学生写作注入新的生命活力。[②] 也许这种“用脚步写作”的方式须投入较多组织精力,实现起来成本和条件太高。但是,我们可以从中获得“生产、开发写作内容”的积极启示。

① 朱自清.朱自清语文教学经验.[M].北京:教育科学出版社,2007:26-27.
② 《语文学习》编辑部.特级教师作文谈话录[M].上海:上海教育出版社,2002:196-197.

学生学习活动的对象有两类：一类是以实物形式存在的客观事物或客观环境，一类是以内心影像或者符号形式存在的表象、观念、情感、知识体系或者学科结构。以上两个实例分别呈现了从内、外两个维度帮助学生"生产、开发写作内容"的成功经验，都是开发写作素材的有效方式。

3. 调用、组织生活经验

有时候，学生面临写作任务其实并不是"无话可说"，而是不知道"该选些什么写"。面对一个新鲜的作文题目，学生有时拥有丰富的写作素材，但是，这些信息芜杂多样，学生缺乏一定的组织能力去遴选，或无法确定哪些材料可以入题，怎样入题。此时，教师需要帮助学生从自身经验调用或者选取适宜的写作内容并加以有效组织。之前笔者指导的那位学生，应该属于这种情况。这里介绍来自国外的可以帮助学生有效组织、调用写作素材的几种方法。①

（1）树枝分杈法

树枝分杈法用一种直观、视觉化的方法来描述内容之间的逻辑、层次关系。（最近几年，国内借助"思维导图"帮助学生构思、组材，其效用相当。）当你使用这种方法时，你可以画一棵有主干、分杈的树，然后，把相关内容按照逻辑和层次关系"挂"到枝杈上。（见图 3-1、3-2）

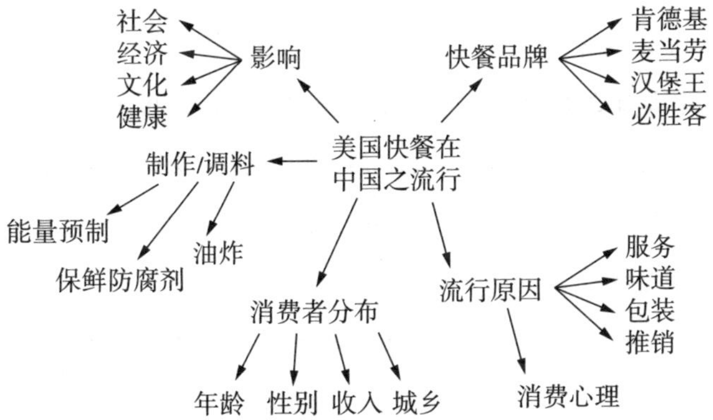

图 3-1　借助"树枝分杈法"就"美国快餐在中国之流行"组织、创生写作内容

① 祁寿华. 西方写作理论、教学与实践[M]. 上海：上海外语教育出版社，2000：115-124.

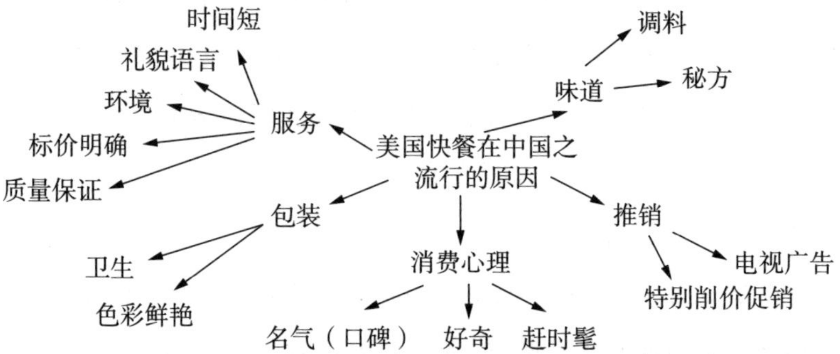

图 3-2　借助“树枝分杈法”就“美国快餐在中国之流行”的“原因”详细探索

运用“树枝分杈法”的好处在于:产生内容、素材,激发思维;能直观、系统地呈现内容之间的逻辑和层次框架;有助于组织素材,构思成文。

(2) 魔方六边法

借助魔方六边形框架,从六个方面就某一(指定或自选的)题目进行创作活动,帮助学生从不同角度、侧面去认识、探索和发掘,帮助学生开阔思路,不失为一种有效的写作教学策略。

“魔方六边法”具体内容如下:

描述:事物像什么?大小、长短、体积、容量如何?是什么颜色?形状?质感?由什么成分组成?味道(气味)如何?

比较:与什么相似?在哪些方面相似?与什么相异?在哪些方面相异?

联想:使你想起什么?(见过的、听过的、经历的、读过的……)

分析:什么因素使之成为这样?会造成什么结果?

运用:能做什么?有哪些用途?

论辩:对这一事物,做出或褒或贬或赞成或反对的论辩。

可以看出,学用“魔方六边法”,可以创生丰富的写作内容。或许,面对具体的写作对象,学生仅仅运用“魔方”的第一条边,就可以创生非常丰富的写作内容。

(3) 五个"W"法

写作活动之前,利用五个"W"法思考或追问,可以帮助学生就题目进行了解、调查和思考,从而产生很多有用的基本素材。

who：　人　有哪些人,主要人物是谁？长相、性格、爱好等细节；

what：　事　涉及什么事,起因、经过、变化、结局；

when：　时　在什么时候发生,天气、气候、具体时段,重要时刻等；

where：地　在什么地点,场合、气氛、周围环境、布置设施等；

why：　因　缘何而起。

严格来说,用五个"W"法时,还得加上 how(经历、结果),以便对事件的结局有一个完整的记录。这与语文教材中的"记叙六要素"有一定相关性。

为全面探寻学生的写作之困,笔者曾对小学五六年级至高三的四十多位学生进行访谈,有十多位学生提及"没什么好写""不知道写什么",可见,写作内容匮乏是困扰学生写作的主要问题之一。这需要教师"对症下药",依据学生的实际问题,提供针对性指导。当学生确实"无米下锅"时,教师需要帮助其开发、创生写作内容;当学生肚里有货却无法调取,不会组织时,教师需要给予其支架,帮助调取与组织;当学生对写作没有兴趣,缺乏动力时,教师要尽力设计真实的写作任务,让学生有话可说,有人欣赏。

第三节　课例：一次微信推文的写作教学尝试

写作的本质是"交流"。写作如同说话,是面向明确或潜在受众的表达与交流。立足读者需求,设计具体写作任务,营造真实的写作情境,能激起学生的写作动力,激发其写作兴趣,有效改善写作教学的困局。基于此种理念,本人多年来尝试进行真实语境下的实用文写作教学研究,对实用文的语言思维、文体类型、写作知识、载体运用、内容评价等多方面进行了尝试、探索与研究。

此次教学在于尝试运用新载体进行写作。新媒体盛行,微信逐渐变成越来越主流的社交工具。微信公众号进入大众视野,优秀公众号遍及各个领域,受到越来越多人的关注。任何组织和个人都可以申请微信公众号,每天群发数条信息。利用微信公众号发布的信息或文章,我们称为微信推文。

以手机为载体的微信推文写作,是一种基于真实任务的实用文写作,它有目的,有读者,有话题,且集图片、文字于一体,相较于传统写作方式,这种写作更真实、直观,且具有自由抒发和交流的功能,更易激起学生的创作动力,激发学生强烈的表达欲望。受课堂条件和学生身份所限,教师仅仅进行模拟写作教学,从初中段和高中段分别试教的情况来看,均取得了良好效果,初中生兴致更浓,积极性更高。

一、创设写作情境,设计真实任务

写作任务情境是写作活动启动、推进、完成的根本动力。以手机为载体的微信推文的写作起点是营造真实具体的情境,设计指向明确而集中的真实写作。

(一) 设计真实任务

导入新课环节,直接引入写作任务:新媒体盛行,微信逐渐变成越来越主流的社交工具,很多信息通过微信传播。(PPT:介绍微信推文)

为扩大出版社知名度,增加作品销售量,一位在出版社工作的编辑建立微信公众号“思想快车”,其中一个栏目专门刊登读者阅读体会文章。在此,委托同学们撰写名家名著的阅读笔记,发布在“思想快车”微信公众号上,以增加阅读量,加快更新速度。

今天，我们的这节课，就尝试学写微信推文，成文后可投稿至"思想快车"，优秀作品录用后，不仅能获得出版社的稿费，还可以获赠最新出版的"名家系列丛书"共八本（教师展示丛书）。

从学生脸上的神情就可以看出学生对这项真实任务产生了浓厚的兴趣。

首次让学生学写微信推文选择"名家名著阅读"话题，是基于学生生活实际的双重考虑：第一，载体运用。作为手机使用的受限人群，中学生一直对手机处于"界"而未"隔"的状态，某种意义上说患有轻度"手机饥渴症"，同时也不少学生有运用网络平台（QQ 日志，网络小说等）写作的经历。课堂选择模拟写作，一定程度上缓解了"手机饥渴症"。事实证明了此次教学预设的准确性。后面的教学环节虽处于模拟情境，然人人参与，教学程序推进极为顺畅。学生有兴趣，"愿意写"，表明这堂课成功了一半。第二，话题选择。学生课业负担重，课余生活单调，但是与书为伴，是学生生活的基本面貌，因此选择"名家名著阅读"作为写作主题，一定程度上解决了"写什么"的问题。

教师如果能创新写作形式，其效果一定比常规写作更易激发学生的写作兴趣。除利用微信推文的写作，教师还可以指导学生尝试其他写作：如利用模拟手机，进行美篇制作。在事先确定写作专题的情况下，布置学生收集某一专题的照片，指导学生进行专题写作。只要教师设计的活动能唤醒学生的体验，尽力把平凡的生活变得精彩纷呈，这种写作实践就有意义。

（二）选择写作栏目

在写作活动中，教师既要激发学生的写作兴趣，鼓励创意表达，也要对学生的构思和选材进行有效引导。

教师设置三个栏目以供学生选择：A 好书慢读，B 文坛旧事，C 低吟浅唱。"好书慢读"，鼓励学生从整本书阅读角度，写自己阅读的感悟与体会；"文坛旧事"，侧重向大家介绍自己喜爱的作家，写作家逸事；"低吟浅唱"，是对自己喜爱的具体的诗文进行品读和赏析。从上交的作品来看,选择"好书慢读"的同学最多,"低吟浅唱"栏目则佳作更多。

写作心理学上有一个"自由目标效应",当学生自由地选择写的题目、内容,写自己熟悉的生活,更容易发挥出其应有的水平。因为教师设计写作栏目,可以营造自由的写作氛围,让学生自由选择,使其思维更加开阔,增加学生的选择余地,从而有效激发他们的主体积极性。

写作教学不能为难学生,不能非要写学生缺乏的生活经验,要写学生已有的生活经验。结合阅读的写作,教师可以设计学生相对熟悉的领域,比如此次利用名著或教材开发更多的实用性写作项目;教师也可以进一步优化写作栏目,或者在此基础上设计评优或评选细则。总之,设计写作任务,教师要有预见性,要摸清学情,要给学生更多选择,要对写作任务进行细化和优选,以降低写作难度。

二、开发写作知识,强化读者意识

为取得更好的写作实效,教师应重视过程指导。在学生的写作过程中,尽量把原先静态的写作知识转化为学生可操作、可运用的写作程序类知识。

在微信推文的写作中,教师引导学生重点关注:①为谁而写?关注"思想快车"微信公众号的手机阅读者。②读者需求,手机阅读习惯,段首不空格;每段空两行;图文并茂。③写好推文标题,标题最关键,第一时间抓住读者眼球。

"写作任务语境"包括读者、目的、角色、话题、语言等要素,这是写作真正重要的"潜在动机资源"。这些要素应引起教师高度重视。写作的初始动机很可能因生活中的某种事物、事件或信息、愿望引发,也可能由某些或某个人(读者)触发,还可能是作者自己想写点什么,表达点什么,想告诉别人或者与他们交流。可以这样说,正是"交际语境"触发了作者的写作动机。这也是这节示范课把"为谁而写"和"读者需求"放在首要位置的原因。

标题是进入读者视野的首要信息。在课堂上,教师对写作知识进行无痕引导,现场指导和示范怎样把标题写得吸引人。教师利用典型“病例”,进行修改,从而得出标题拟定的方法。

此处放大“写好标题”教学环节:

师:标题是大家第一眼看到的推送内容,它直接影响着微信推文初次传播的数量,也影响着它的二次传播。同学,你有没有手机阅读微信推文的经历?第一时间,你主要被什么吸引?是其中的文章内容,还是为标题吸引,抑或为图片或者动态背景吸引?

生1:大多数情况下还是标题。我看到标题有我感兴趣的内容,就可能更愿意看下去。

生2:我好像也是先留意标题。

师:是啊,现在不是有一个流行语叫“标题党”,这大概可看出标题的重要性。(PPT:标题党是互联网上利用各种颇具创意的标题吸引网友眼球,以达到各种目的的一小部分网站管理者和网民的总称。)当然,我们拟一个吸引人的标题,并不需要“标题党”那样夸大其词、博人眼球。这里我们来学习几种让标题更吸引人的方法。

师:我们看PPT:

豆瓣评分9.7:听完《父亲写的散文诗》,不妨读一读写给父母的散文诗。

这篇推文,目的是推荐《父亲写的散文诗》这本书。但是,这个标题,我们一看,是否觉得太长,也没有吸引力?

生(点头):是。

师:那么,怎么让这个标题达到吸引人的效果,或者一看就让人觉得很优美?大家想一想,我们一起来修改这个标题。

生:老师,可不可以把数据夸大一下,让读者一看,就觉得很好,要买。改为:最值得一读的豆瓣高分书《父亲写的散文诗》。

师：的确，用数据博眼球，这个方法好。突出豆瓣评分高，比原先标题醒目。我们不妨用一点时尚的词汇，比如“逆天”“逆袭”，或者在题目中嵌入问号，以增强读者的兴趣。试试看。

生：老师，我想到了，可不可以改成：豆瓣逆天高分书《父亲写的散文诗》。

师：嗯，这比刚才的标题更醒目。如果让读者猜一猜。效果会怎样呢？

生：豆瓣逆天高分书，你来猜猜是哪本？

师：这就变成了一个具有诱惑性，能引起读者兴趣的好题目。我们还可以利用文学手段，把标题变得优美一点。大家想想，文学手段是什么啊？

生：用修辞吗？

师：是的。利用修辞，比如比喻、拟人、设问、对偶等，可以让题目增色啊。老师举一个例子，比如，老师给你们推荐的范文，它的题目是《漫游南北，心存故里》，用了一点对偶，虽然不太工整，但看着比较优美、整齐，是不是？我们还可以让标题变得更优美隽永。

生：父亲写的散文诗，我用一生来品读。可不可以？

师：不错。形式上已经可以了，词性和结构上，最好再推敲推敲。大家一起想想。

生：豆瓣逆天高分书，我用一生来品读。

师：好。我们同学现学现用，把刚刚的成果马上用起来了。

生1：父亲写的散文诗，我们读懂这本书。

生2：有的歌，一生只唱一首；有的书，一生只读一本。

师：已经很不错了。一个好标题要充满智慧和创意，需要借助一些方法，比如用数据，用网络流行语，用问号，可以吸引读者的视线；还需要利用文学手段，比如修辞、对偶、对比，用心构思，让它变得更优美。

以上可以看出，教师引导学生，用嵌入网络时尚词汇，标题中加数字或问号，标题用修辞等方法，不仅让学生意识到标题对于一篇推文的重要性，更让学生学得怎样让标题变得优美而吸引人。

三、多元互动合作，评价修改发布

在真实任务情境之下，教师针对具体写作嵌入写作知识，重视写作过程指导，学生自由选择栏目课堂限时写作。究竟“写得怎么样”，我们的课堂进入了评价环节。

教师设计四个评价等第：点赞、评论、转发、打赏。

点赞：作品中确有值得肯定的地方，说明点赞的理由，如内容有意义，语言优美等。

评论：作品有启迪性，能够使读者受到启发或教育。指出最值得学习的优点，或者有待商榷的地方。

转发：作品值得分享，值得转发；有意义，有亮点，有思考。

打赏：有创新，有自己的独特发现、感悟或者思考。“打赏”是趣味环节，也是给予优秀作品最高奖赏。

多元评价，是一个新的作文理念。提高写作能力的主要途径是平时的自由式写作，基于此，平时写作训练的评价要区别于考试的评价。摒弃分数制，采用等第制。所谓多元，即不拘泥于某一僵化的标准，可以不拘一格；用多种方式，从多个层面进行作文评价；可针对不同文本、不同情况采取不同的标准评价。教师利用小组合作模式，组织学生对同学作品进行评议，从小组中选出代表本组的优秀作品。全班现场分享交流，展开组间合作竞争。实现身份转换，使在场的师生角色转变成读者。读者倾听同学现场写作的作品，随即现场区分等第、即时评价，对同学作品进行“点赞”“评论”“转发”或“打赏”，并说出自己给出如此评价的理由。

教师应丰富评价机制，如建立班级作品发布墙，定期推出作品评展，评出最佳创意、最佳图文、最佳团队等,激励学生保持写作动力,养成写作习惯,以此提升学生的写作能力。

当前我国的写作教学严重忽视写作对象、交际目的的具体真实,成为一种不涉及实际交往功能的“应试文写作”。这种写作除写给阅卷老师捞取分数的目的外,几无真实具体的交际对象与实际功能,对任何人来说都是没趣味、没动力、没意义,没法引发学生表达的欲望与乐趣。写作动机和目的的严重缺失和扭曲是学生“不愿写作文”的根本原因。此次教学,营造真实写作情境,“为读者而写”,重视“读者体验”,建立交流机制,直接激发学生的写作动力,这是本次教学成功之处。

本次教学的不足之处,在于写作知识开发不足。微信推文自由灵活,形式不拘一格,然而还没有进入中学课堂写作。在几无可借鉴运用的课堂实例前提下,教师的这一尝试,仅从读者意识、标题拟定等方面进行探索,关于读者需求之知识,尚待验证。

第四节　课例:社会调查与报告撰写

2014 年 3 月,教育部发布《教育部关于全面深化课程改革落实立德树人根本任务的意见》(简称《意见》)。《意见》明确提出“研究制订学生发展核心素养体系和学业质量标准”,“各级各类学校要从实际情况和学生特点出发,把核心素养和学业质量要求落实到各学科教学中”。然而,学校层面如何落实发展学生核心素养目标,如何正确处理跨学科的共同素养和学科专门素养之间关系,面临着诸多挑战。从现有研究基础看,我国学生核心素养包括自主发展、社会参与、文化修养三大类素养。核心素养的体系涉及知识、技能、情感态度多个层面,每类素养下又包括若干项指标,它并不只是知识或者技能的单项式,而是知识、技能、能力、态度、意识、观念等所有因素的有机组合，是多项式。

调查报告作为一种实用文体，在社会生活中使用频率较高，用途广泛。如何进行调查，报告如何撰写，需要学生运用跨学科的知识、能力和多项技能。每年，学校都把完成调查报告作为一项学生必须完成的暑期作业，旨在鼓励学生走上社会，接触生活，了解民情，提升学生的自主发展能力、社会参与能力和语言文字的建构运用能力。

然而，学生究竟是怎么完成这项任务的呢？笔者连续多年批阅学生递交的暑期调查报告，并进行完成情况调查，得到的结论惊人：学生递交的调查报告，大多数来自网络，有的直接复制，有的仅对个别活动或个别数据进行改造。真正走出家门，进行实地调查，自主完成调查报告者，不到5%。面对这种尴尬且令人忧心的情况，学校层面有必要反思：第一，布置初中生写暑期调查报告，究竟有无必要？第二，如果非要布置暑期调查，应在选题、目的、操作性等方面深入研究；第三，分析学生大面积下载拷贝调查报告的深层原因，找到改进的措施和办法，使这项作业真正起到锻炼学生能力的作用；第四，要对学生社会调查和撰写报告进行必要指导；第五，对学生的调查结果，在难易程度、合作方式、调查实效、手段方法创新等方面进行有导向性的评价。

教师利用周末，组织学生，分组合作，带队指导学生实地调查，进而辅导学生完成调查报告撰写的实例。意在抛砖引玉，引起大家对调查报告这种实用文体的写作与指导的重视。

一、指导实地调查

虽然国家倡导垃圾分类已经很多年，但是，H市各地真正把垃圾分类落到实处的社区并不多，其中学校附近的天盛花园是H市垃圾分类示范小区。教师带领一组学生走进社区，实地调查社区居民的垃圾分类情况和社区对垃圾分类的管理情况，取得第一手资料。

要求学生做的第一件事是转变身份。由学生身份转变为观察者、记录者和采访者。由于是初次进行实地调查,大多数学生觉得既好奇又兴奋,觉得社会调查是很高深、神秘的事情;一部分学生还存有畏难情绪,觉得居民或者社区管理者不会配合初中学生调查。

教师将实地调查的步骤简化为六个字:现状—问题—解决。对调查的区域和工作重点也进行了精细划分:选定三幢楼房的居民,做进户采访;对社区服务部,做重点采访;对小区的公共场所居民垃圾投放情况,做现场记录。

天盛花园是复合型精品小区,分为高层、小高层和别墅等不同住宅群。教师把随行学生分为五个小组:高层、小高层和别墅区各派一个小组,组长一人,组员三人,小组长带队,要求学生自由选择不同的三四户居民,进行垃圾分类行动采访;第四小组,组长一人,组员三人,现场考察小区公共场所的垃圾桶设置和进出居民的垃圾投放情况;第五小组,组长一人,组员三人,进入社区服务部,重点调查小区垃圾分类的管理和运行状况。同时,统一培训每一小组的采访问题,并简单交代采访礼仪和注意事项。

进户采访提问:1. 您赞成垃圾分类吗? 2. 您在家中会把垃圾先进行分类吗? 3. 您对自己周围垃圾分类和处理的情况满意吗? 4. 您关于垃圾分类的知识,来自哪里? 5. 您认为目前小区垃圾分类处理还存在哪些问题? 该怎么办? ……

公共场所采访提问:1. 您赞成垃圾分类吗? 2. 您能否区分可回收垃圾和不可回收垃圾? 3. 您会自觉分类投放垃圾吗? 4. 您看到过居民或行人乱扔垃圾的行为吗? 一般您会怎么做? 5. 您认为目前小区垃圾分类处理还存在哪些问题? 该怎么办? ……

社区服务部采访提问:1. 您对小区垃圾分类与处理的状况满意吗? 2. 您的社区是全市垃圾分类处理的示范小区,请问,在最初进行这项工作的时候,您主要做了哪些工作? 3. 您看到部分居民或行人乱扔垃圾的行为,会制止或劝说吗？4. 您对社区推行垃圾分类回收处理等问题，进行过哪些宣传？宣传效果如何？5. 您认为垃圾分类过程中，哪一个群体的作用最关键？6. 您认为目前小区垃圾分类处理还存在哪些问题？该怎么办？……

当学生尝试着以调查者的身份进入一个原本熟悉的场所，由于立场和视角发生了变化，学生的行动和感受也变得与往日不同。学生带着三项任务进入调查：第一，天盛花园的垃圾分类现状如何，是怎么做的？第二，考察小区的管理和居民垃圾的投放行为，发现存在的问题。第三，分析所发现问题的性质，该如何面对，怎么处理，有没有找到解决方法和措施？

引导学生深入生活实际，选择合适的项目，进行实地调查，是写好调查报告的前提条件。引导学生进行社会调查，关注每一个学生的发展，有利于激发学生的潜能，促进学生的自主合作交往，并在以下两个方面促进学生的发展：第一，人与人、人与环境的协调意识。在社会实践活动中，学生学习设计问题，学习向相关人员进行调查，对学生的活动能力、协调能力的提高是毋庸置疑的。社会实践使学生认识到必须正确处理发展与环境的关系，树立保护环境、人人有责的意识，使他们在将来的学习和工作中关注环境，自觉履行保护环境的责任和义务；第二，实践活动有利于提高学生观察社会的能力，提高学生实际活动的能力，以及发现问题、分析问题和解决问题的能力。学生只有通过实地观察才能获取相关知识。这种成效远胜老师课堂灌输。

二、指导报告撰写

一般地说，调查报告是就某一事件或某一问题，进行深入细致的调查研究之后，所撰写的真实反映情况与问题的书面报告。反映情况、揭露问题、总结经验、探讨规律是调查报告的主要功能。一篇好的调查报告，通过事例分析，揭示事物的发展规律，能够总结出带有方向性和普遍性的经验，从而对现实问题起到积极促进的作用。

调查报告的特点：第一，真实性。真实性是一篇调查报告的灵魂，离开了真实性，调查报告也就失去了存在的价值。第二，针对性。进行调查研究，撰写调查报告，是为了解决实际问题。针对性越强，调查的效果也越好，调查报告的作用也就越大。第三，典型性。调查报告无论是问题还是经验，都要反映一类问题，起到以“点”带“面”的作用。第四，时空性。时空性是指任何事件和问题都发生在一定的时间和空间里，从调查研究中获得的经验和规律，只有在特定的时间和空间里有较大的指导作用。离开了特定的时间和空间，其指导作用将会减小，只能起到借鉴作用。

鉴于学生没有真正自己动手写过调查报告，存在一定的畏难情绪，我将调查报告撰写的板块简化为六个字：标题—正文—结尾。

标题应点明调查对象、内容和文种等内容，简单明了。大家拟定的标题是《关于H市天盛花园垃圾分类处理情况的调查报告》，这个标题显示出调查对象、内容和文种。署名时因为是集体完成，所以需要署上班级名称。

正文可分为三个部分，开头、主体和结尾。开头部分主要交代调查的问题及目的、意义，介绍调查时间、地点、对象、方法。主体部分是调查报告的核心内容，主要呈现调查结果与分析。结尾部分，主要在问题的呈现与分析的基础上，提出解决问题的建议与对策。按照采访的三步骤，现状—问题—解决，对各小组的采访内容进行分类与整合。天盛花园小区应入住户数1 610户，实际入住1 189户，小区分设厨房垃圾、可回收垃圾和其他垃圾三类垃圾桶106组(318个)，并在小区北大门口设有害垃圾收集桶一个。社区管理人员的宣传发动工作有橱窗布置、黑板报评比，发动志愿者挨家挨户宣传，还在每栋楼设有楼长，进户发放垃圾袋，进行义务劝导。小区设有两个垃圾集中收运点，分别位于东大门左侧和北大门左侧。场地平整开阔，收运顺畅，不会出现积水腐败等问题。从进户采访小组收集的问题来看，居民有垃圾分类意识，但各户垃圾投放时间不一致，一定程度上对垃圾转运工作造成不良影响。针对这个问题，要多方沟通，加强宣传，尽量统一投放垃圾的时间段。进社区服务部的采访小组分析指出：年轻群体垃圾分类意识比较高，年龄大一点的居民垃圾分类意识不强，如何针对老年群体加强宣传，是目前面临的最急迫的问题，因为年轻人上班、上学，老年人在家，而日常处理家庭垃圾的主要人群是老年人。现场观察采访组发现的问题是大多数居民能分类投放，但也存在随手扔弃的现象，针对这个问题，大家认为要劝说教育，问题严重的话，可以增设监督岗。

经过教师的指导和梳理，学生一下就消除了原先的畏难情绪。原来写调查报告并不是那么高不可攀的事情，每个人都可以针对现实问题，建言献策，发挥自己的聪明才智！

通过参与室外实地调查活动以及一节室内专题写作辅导，学生的积极性一下子调动起来。教师乘此机会，为学生推荐了不少调查报告的选题。经过示范，学生上交的调查报告内容丰富、写作规范。有的学生调查城市盲道占道问题，有的调查社区老年人的文化生活，有的调查假期中学生上网情况，有的调查广场舞的场地和时间问题，有的调查衣裳街的民族风情，等等。由于任务明确具体，切合实际，符合学生的认知规律，学生的求知欲得到激发，对这项活动产生了浓厚的兴趣，写出了不少具有一定水平的调查报告。这些平时离中学生很近又很遥远的事物，一下子进入学生的视野，成为研究对象，成为学生获得新技能的载体。经过学校评选，大多数学生撰写的调查报告获奖，同时上报参加了市教育局组织的比赛，并获奖项。

写作是一门实践课程。写作任务语境，包括读者、目的、角色、话题、语言等。这些是写作真正重要的潜在动机资源，应该引起教师的高度重视。写作教学首先要善于发现学生写作中存在的问题，然后针对问题找出解决对策，推动学生一步一步往前走。

写作教学实际上没有很高妙的、很成熟的理论可以遵守。关键还是要推动学生在写作上扎扎实实下点功夫。面对写作任务，学生遇到的障碍首先是“没的写”，他们根本不曾调查，自然没有写作内容，教师要深入分析这一问题的根源,设计真实任务、带入情境,提供写作内容;针对学生到网上拷贝、下载等"不愿自己写"的情况,其实是"无米之炊"窘迫下的万不得已,教师就要进行写作指导,切实辅导他们怎么写;针对学生"不会写"的问题,教师应该从方法和技能上指导训练学生,如标题怎么拟定才算合格,正文可以分"现状—问题—解决"三步骤,针对具体问题找出解决对策,注重过程辅导,开发选择精准有用的写作知识。如果每一次写作课都这样做——发现问题,对症下药,一点点解决问题,我相信,这样的写作课才是有用的,这样的写作教学才真正有效,假以时日,必能真正发展学生的写作核心素养。

第四章　创意表达课程的构建与实施

第一节　创意表达的内涵、实施困境及改进对策

“创作”一词,《辞海》将其释为“文艺作品的创造活动。是一种具有显著个性特点的复杂精神劳动,须极大地发挥创作主体的创造力,包括敏锐的感受力、深邃的洞察力、丰富的想象力、充分的概括力以及相应的艺术表现技巧”。对中学生来说,尝试进行文学作品的“创作”,是一种相对高层次的写作活动,需要依靠学生对生活的独特感悟,展现其对语言的个性化运用。2022 年版义教语文课标将“审美创造”定为四大核心素养之一,把“文学阅读和创意表达”设为三大发展型任务群之一,要求学生“尝试创作文学作品”。[①] 当前,教师应正确认识“创意表达”的内涵、特点,准确定位课程目标,剖析新时期创意表达面临的现实困境,采取相应的改进对策,以助其顺利实施。

2017 年版高中语文课程标准提出 18 个学习任务群,其中第五个学习任务群为“文学阅读与写作”;2022 年版义教语文课标提出 6 个学习任务群,其中“文学阅读与创意表达”与高中课标“文学阅读与写作”相呼应,共同指向“审美创

① 中华人民共和国教育部. 义务教育语文课程标准(2022 年版),1.

造”素养,两份课标中的“写作”与“表达”,共同指向“书面表达”。目前,中学写作教学领域相关概念中存在“创意表达”“创意写作”“文学写作”等多种提法,其内涵接近,为呼应2022年版义教语文课标,本文统一采用“创意表达”这一提法。

一、创意表达的概念内涵

创意写作概念源于美国学者爱默生(Emerson)提出的“创意性阅读和创意性写作”。1936年,美国爱荷华大学创建“创意写作艺术硕士学位”(简称MFA),标志着创意写作学科诞生。此后创意写作学科在英语国家逐渐普及。如在英国国家写作教育协会(NAWE)、美国作家和写作项目协会(AWP)及澳大利亚写作项目协会(AAWP)助推下,各大学设立了创意写作专业。21世纪初,我国一些高校如复旦大学、上海大学、南京大学、北京大学等也相继开设了创意写作专业,意在培养大学生作家,为我国文化产业培养写作人才。葛红兵教授在上海大学成立创意写作中心,他本人成为我国创意写作的重要倡导者。① 近年来创意写作下沉式发展,我国中小学一些学校和教师也尝试开展创意写作,但与高校提倡的创意写作宗旨有所差别,中小学提倡的“创意写作”更重视教学本身的创意,重视教学形式的创新。

王荣生教授曾发出中小学“写作课程重建”提议,其写作类型包括“随笔写作”“任务写作”和“创意写作”;其中对“创意写作”,王荣生指出,“创意写作就是文学创作,诗歌、小说、剧本这些写作很重要,小学生要写点童话,写点寓言,写点故事,写点诗歌。中学生可能要写点小说,写短篇小说等”。② 关于“创意表达”这一概念,王爱华解释说:“创意表达是指在口头或书面表达时有新意、有个

---

① 胡根林.创意写作过程指导:内容与方法[J].语文建设,2019(8):35-41.

② 王荣生.写作教学教什么[M].上海:华东师范大学出版社,2014:15.

性，不落俗套。”[①]遵照 2022 年版义教语文课标“文学阅读与创意表达”任务群建设相关要求，结合王荣生和王爱华的意见，本研究对创意表达的界定是：创意表达就是文学写作，中学生可以尝试创作的类别有诗歌、散文、微型小说（包括故事）和剧本（包括课本剧）等。创意表达教学应鼓励学生运用多样的文学形式表现美、创造美，教师应引导学生尝试学写散文、微型小说（包括故事）、诗歌、剧本等文体，以体验文学语言的诗意使用和情感表达，鼓励学生展开想象，提升其审美情趣和创新思维。

二、创意表达实施困境

（一）教师对创意表达的认识有失偏颇

我国写作教学向来重视记叙文、说明文、议论文等教学文体写作，把创意表达排除在课堂之外。创意表达受挤压，其原因在于教师教育观念：我们认为作家是不可培养的。这种观念由来已久。如孙俍工认为，“创作是天才的，彼的目的在于创作者发抒自己的天才，没有创作天才的人，创作的兴趣不容易学得的”。[②] 叶圣陶指出，“文艺创作，能够着手固然好，不能够也无须强求，因为这不是人人都近情的”。[③] 这些言论背后潜藏的逻辑是：文学创作是少数天才的事，天才是不能够被教出来的，学生不是这少数天才，因此让学生进行文学创作训练是徒劳的。从创意表达的产生机制看，文学作品源于作者自身的创作动机、知识结构、生活阅历和审美观念等，是作者的体验、回忆、想象、联想等诸多心理机制协调作用的结果。文学作品是作家在情感逻辑支配下产生的，其过程是非理性的，正所谓“妙手偶得之”。对此，叶圣陶指出“若以悠久之岁月而练习不可限程

---

① 王爱华.“文学阅读与创意表达”学习任务群的内涵、意义与实施建议[J].语文建设，2022(24)：18-22.

② 顾黄初，李杏保.二十世纪前期中国语文教育论集[C].成都：四川教育出版社，1991：215.

③ 叶圣陶.中学国文学习法[A].叶圣陶.叶圣陶语文教育论集（下册）[C].北京：教育科学出版社，1980：121.

收效之作文,实非今日所应有之事",言下之意是教师把时间花在不可预期的创意表达上是不理智的。受这种观念左右,长期以来创意表达被排斥在语文课程之外。

(二) 创意表达的内容开发缺乏整体构想

中学语文教学中,创意表达是一个被轻视的类别,创意表达内容开发缺乏整体构想(见表 4-1)。在教学写作的编排上,存在着以记叙文、议论文写作为主的情况。

表 4-1 统编版语文教材七至九年级创意表达

册次	类别	任务要求
七上	小练笔	改写寓言《亡羊补牢》《守株待兔》等,赋予其新的寓意
	单元写作	发挥联想和想象: 1. 续写《皇帝的新装》; 2. 以《十年以后的我》为题,写一篇作文
七下	单元写作	在航天、生物、计算机、新能源……选择某一领域,展开想象,创作一则科幻故事
八上	小练笔	选取你熟悉的某个事物,赋予它一定的象征意义,写一个片段
	单元写作	以《节日》为题,写一篇散文
八下	单元写作	1. "学习仿写":《背影》《秋天的怀念》都是非常典范的作品,以平实的语言叙写平凡的事件,传达真挚的情感。模仿这两篇课文的写法,写一篇作文; 2. "学写故事":在你身边或社会上,每天都在发生着各种各样有趣的或有意义的事。以某一件事为素材,展开合理的想象,自拟题目,写一篇故事
九上	小练笔	1. 续写《故乡》中宏儿与水生长大见面的情景; 2. 想象菲利普夫妇在船上发现已经成为百万富翁的于勒,他们会有怎样的表现

(续表)

册次	类别	任务要求
	单元写作	1. “活动·探究”：尝试创作诗歌； 2. 学习改写：① 选取一则古代寓言，用现代汉语改写成一篇小故事；② 从学过的小说中选择一篇，改变原来的叙事视角，换成另一个人物的口吻来讲述这个故事；③ 从《智取生辰纲》《范进中举》等课文中选择一篇改成课本剧
	综合性学习	综合性学习《走进小说天地》“展开想象的翅膀”： 1. 重新设计人物命运，如闰土、鲁滨孙等； 2. 为小说续写故事，如《我的叔叔于勒》； 3. 穿越时空的对话，若闰土、于勒、杜小康等小说人物站在你面前，你将会对他们说什么； 4. 寻找你周围生活中的小说素材，进行虚构，试着写一篇小小说
九下	小练笔	《孔乙己》以酒店小伙计的视角叙述故事，试着换个视角简单讲述这个故事
	单元写作	1. 学习扩写：扩写晋公子重耳逃难的故事； 2. 有创意地表达：以《春天的色彩》为题，写一篇作文；可以虚构故事，展开联想与想象，也可以抒情或写景
	名著导读	选择《儒林外史》中的一个人物，发挥想象，续写故事

教材层面对创意表达缺乏整体构想，其写作类型不够丰富，写作频次不够充分。统计显示，包括“小练笔”在内的所有创意写作共计 20 余项，仅有 4 项为“创写”，其创写类型分别是“科幻故事”“生活故事”“小小说”“诗歌”等，其余均为“读写结合”意义上的“仿写”“续写”“改编”等，原创性不足。就单元写作而言（包含四个“活动·探究”单元），七至九年级共计安排 34 个单元写作，每个单元写作均有 3 项“写作实践”（“活动·探究”单元没有“写作实践”栏目），教材共计安排 94 次写作练习，其中创意表达仅有四项，占比 4.2%，由此可见创意表达在教材层面的被忽视程度。创意表达应该是语文课程教学的重要内容，一个完整的真正面向现代生活所需的写作课程，应该对创意表达进行整体构建。

(三) 创意表达的课堂教学缺乏合宜知识

在教学实施层面,创意表达缺失得体合宜的文体知识,缺乏清楚的适合传授的教学知识。先不说教师对文学创作缺“教”,即使有进入课堂实施层面的“教”,也存在诸多不合宜。

第一种“教”法,是仿写。有教师面对创意写作命题,会选取相关的名家之作推荐给学生,试图通过仿写让学生“学会”创作,这是缺乏“生命力”的无法体现“创意”的写作。这种“教”法,语文教材中也存在,如八年级下册第一单元“学习仿写”中有“在众多表现亲情的散文中,《背影》《秋天的怀念》都是非常典范的作品,以平实的语言叙写平凡的事件,传达真挚的情感。模仿这两篇课文的写法,写一篇作文”。这种试图通过分析名家名作来培养文学创作能力的思路,与范文教学如出一辙。对于创意表达教学来说,并不得法。

第二种“教”法,是“多写多练”。有教师试图通过大量的写作训练,让学生在反复训练中获得文学创作能力,此举似乎落入“应试教育”窠臼。因为一些实证研究早有结论,“在小学阶段,增加作文训练的次数能有效提高写作能力,初中次之,而在高中,单纯增加作文训练的次数,效果有限”。① 对于创意表达教学而言,这同样是不得法的。

第三种“教”法,是灌输。大量语文教师试图通过介绍文学流派、作家经历、作品内容、写作知识、文学理念等方式,使学生一窥创意写作之门径。如,有教师教学生“学习联想”,课堂上让学生了解“什么是联想”,然后识记联想类型,再通过具体实例辨析“相似联想”“对比联想”等,学生了解了概念知识,但是“知道”知识未必“会用”知识,更不会因此而思路蹁跹,文采斐然。

---

① 叶黎明. 对写作及其教学的误解与匡正[J]. 语文教学通讯:小学刊,2012(11):10-13.

（四）创意表达的题目命制缺乏技术

写作教学中，对创意表达的考查大多数为“要求式”命题，主要功能是向学生下达写作任务。

例如，统编版语文教材八年级下第六单元《学写故事》写作实践二：

> 在你的身边或社会上，每天都在发生着各种各样有趣的或有意义的事。以某一件事为素材，展开合理的想象，自拟题目，写一篇故事，不少于600字。

编者提供写作话题、材料及文体等要求，命题用意主要体现在“写什么”上，试图通过简短的话语引发学生创写动机。就写作训练本身而言，因为该命题没有对“怎么写”提供有价值的实质性的引导，学生看到此类题目，大都“一头雾水”。

初中学业考试写作命题，情况类似。例如，2023 年天津市初中学业考试语文作文命题：

> 每个人都是社会的一员，人与人之间常常产生各种关联，因而与人交往就成为生活的重要组成部分。在交往中，你也许会遇到困惑与烦恼，但也会发现人性的美好，获得温暖与启迪，还可能会领略到从未见过的风景……同学们，对此，你有怎样的经历和感悟呢？请自拟题目，自选角度，写一篇文章。

该作文题目其实并非创意写作。命题者在要求中虽注明“文体不限”，但又把“诗歌、戏剧”排除在外。尽管如此，考生还可以尝试写一写“虚构故事”或“真实故事”。这一命题，呈现出的命题姿态仅是对学生提出写作要求。

再看创意表达命题，也没有呈现良好的创意表达命题该有的“样貌”。例如，2023 年浙江省绍兴市初中学业考试作文命题：

阅读材料,任选一个任务,根据要求写作。(60 分)

从前,万物总是大声说话,闹哄哄的谁也听不清说的是什么。后来,花学会了用香气说话,树把思想写在了叶脉上,鹰用高度与天空对话,河把想说的话变成了浪花,山选择沉默作为自己的语言……它们都找到了正确的方式表达自己,世界如此和谐。

任务一:它(们)表达自己的正确方式是怎样的?它(们)是如何找到这种方式的?……选择合适的对象(可从材料中选,也可在材料外选),展开联想和想象,写一篇童话或寓言。

任务二:你找到表达自己的正确方式了吗?你是如何寻找的?写一篇记叙性文章。可描述你用正确的方式表达自己的经历,也可记叙你寻找的过程……

任务三:材料引发了你对"表达自己的方式"怎样的联想与思考?写一篇议论性文章。

要求:① 题目自拟;② 不少于500 字;③ 不出现透露作者身份的信息。

绍兴卷命题有所进步。首先,命题给予考生多种选择,便于考生结合自己特点发挥优势;其次,文体要求不再是模棱两可的"文体不限",而是给出具体的可选择的体例,如"童话""寓言""议论性文章"等;最后,把虚构性写作"童话""寓言"与写实性写作"记叙性文章""议论性文章"进行了区分。但其命题依然停留于向学生提出要求。

(五) 创意表达的评价实施缺乏可操作性

创意表达评价分为过程性评价与终结性评价两大部分。这两种形式的评价均存在操作的模糊性、主观性,评价标准的难以确定等问题。

创意写作的过程性评价在日常学习中进行。教师一般会落实在日常写作训练中,如布置课堂写作、周末写作等写作练习,这些日常训练不乏创意表达,如虚构故事、改写创编等。其评价由专任教师负责,教师凭个人经验或主观印象,判定为“优”“良”“及格”“不及格”等,或给出评语,少数教师也会对学生进行面批。同时,因为教师对创意表达的认识有限,更受应试写作影响,一线教师并不鼓励学生进行创意表达。

创意表达的终结性评价一般在期末大考或者初中毕业生学业水平考试进行。因为命题的“文体不限”或任务的可选择性,这类写作中不乏“创意表达”。这种情况下,评价主体不是教师个人,而是教师评价团队。评价以计分制进行。面对创意表达试题,目前的操作也只能按照“主题”“内容”“结构”“语言”等,区分“一类卷”“二类卷”等不同等第,每一等第有上下浮动的分数区间,但等第之间无法精确地划分出界限。评价中没有依据文体特征提供多套评分标准的情况普遍存在,如某地写作题要求在“文学性写作”“记叙性写作”“议论性写作”三种文体中选择一种,却没有针对这三种文体给出具体的评分细则。“创意表达”评价如何突出其“文学创意”的特质,目前还缺乏合理的可操作性的评价标准。

三、创意表达的教学改进对策

（一）树立创意表达可“学”应“教”意识

2022 年版义教语文课标对“文学阅读与创意表达”任务群关于“创意表达”第四学段的学习要求有“尝试写诗歌、小小说等”,“教学提示”提议“在主题情境中,开展文学阅读和创意表达活动”“鼓励学生在书面创作中,运用多样的形式呈现作品,发挥自己的创造性”。2022 年版义教语文课标的出台,要求广大教师更新教学理念,纠正原有的认识误区。

创意表达承担着培养学生情感表达、审美力、想象力、形象思维与创新思维等诸多功能。我们要从创造性人才培养,从人的健康发展等角度认识创意表达。作为一种写作形式,创意表达是可“教”也可“学”的,而且是“必须教,必须学的”。[①]

① 荣维东,荣天竞. 创意写作与中小学写作课程变革[J]. 江西师范大学学报(哲学社会科学版),2022(1):72-78.

首先,创意表达可“学”。第一,建构清晰的创意表达课程学习目标;第二,确立创意表达学习的具体内容,如遵照课标指示,学习创写“诗歌、小小说”等;第三,要多方构建创意表达途径,如创建文学社团等学习共同体;第四,建立学生创意表达的发布渠道,如创办班刊、校报、公众号等。

其次,创意表达应“教”。第一,教师应转变教学观念,树立创意表达应“教”意识;第二,教师应该学习先进理念,建构创意表达文体知识以及文体教学知识;第三,学习2022年版义教语文课标新理念,运用大单元或者任务群方式,开发创意表达教学内容;第四,吸收先进教学方法,如运用管理学生写作行为的过程写作法,管理创意、构思、写作及反复修改的全部过程①;第五,改进评价手段,注重评价的发展性与科学性。

因此,“创意是可学、可教的”。② 教师要在激发学生写作兴趣、吸收先进教法、实施课堂写作训练等多方面投入热情,这将为创意表达教学提供丰富的理论和实践资源。

(二)整体建构创意表达课程内容

缺乏课程内容就无法落实教学,也就无法整体、有序地推进创意表达教学。教师或许可以吸收借鉴专家编辑的相关课程建设成果,如葛红兵、许道军编写的《创意写作教程》,课程内容由“创意写作原理”“创意写作技巧练习和文体知识”以及“创意写作文体写作训练”三部分组成,其“文体写作”部分,设计的文体有“故事创意”“小说写作”“剧本编创”“自由诗与歌词写作”“非虚构与散文写作”等③,这些文体,中学生完全可以尝试。教师应借鉴创意写作的培育思想与课程标准相关要求,合理开发和设计创意表达课程内容。(见表4-2)

---

① 董蓓菲.美国过程写作法:旨在管理写作行为的作文教学法[J].语文建设,2010(3):71-74.

② 许道军.创意写作研究的学术科目视野及中国经验[J].湘潭大学学报(哲学社会科学版),2020(2):144-149.

③ 葛红兵,许道军.创意写作教程[M].北京:高等教育出版社,2019(5):95.

表 4-2　七至九年级创意表达课程内容建构

年级	课程目标	课程内容	“文学阅读与创意表达”任务群
七年级	初步养成良好语感；初步感受美，发现美，学习表现美；学习联想、想象，发展直觉思维、形象思维	初步学习基本的文学表现手法，如联想、想象、对比、衬托等；学写小诗、童话或寓言等文体	1. 利用《皇帝的新装》等童话设计“童话”读创学习任务群； 2. 利用《荷叶 · 母亲》等短诗设计“现代小诗”读创学习任务群
八年级	养成良好语感；初步形成个体语言经验；进一步感受美，发现美，学习表现美；进一步发展形象思维，鼓励创新思维	学习基本的文学表现手法，如托物言志，烘托渲染、象征手法等，学习写作抒情散文、课本剧改编、故事创编等	1. 利用《藤野先生》《回忆我的母亲》等叙事散文设计“叙事散文”读创学习任务群； 2. 利用《背影》《昆明的雨》等抒情散文设计“抒情散文”读创学习任务群
九年级	养成良好语感；形成个体语言经验；感受美，发现美，运用语言文字表现美、创造美，具备健康的审美意识和正确的审美观念；发展形象思维，勇于探索创新	学习基本的文学表现手法，如伏笔照应、隐喻暗喻、冲突矛盾等，学习创写小说、诗歌、戏剧等	1. 诗歌“活动 · 探究”单元，借助《我爱这土地》等课文设计“诗歌”读创学习任务群； 2. 借助《我的叔叔于勒》《变色龙》等课文设计“小说”读创学习任务群； 3. 戏剧“活动 · 探究”单元，借助《枣儿》等课文设计“戏剧”读创学习任务群

教师可以每学期安排一到两个学习专题，合理利用教材中的文学阅读单元，有目的、有计划地开展“文学阅读与创意表达”任务群，进行专门的创意写作教学，学生就会渐渐形成审美、创新思维。

（三）开发创意表达适用文体写作知识

“合宜的能力要有适当的知识来建构”①，开发适用得体的创意表达文体知

---

① 王荣生. 语文科课程论基础[M]. 上海：上海教育出版社，2003.

识,是学生创意表达能力提升的支撑性条件。教师开发创意表达文体写作知识,有如下几条途径。

第一,教师可以通过自上而下的途径开发文体写作知识。教师应将语文课程标准的能力目标具化为明确的知识内容,或将统编版语文教材"写作单元"中的任务要求深入提炼、精心炼制为可操作的方法、策略。

例如,九年级下第六单元"有创意地表达":

> 以《春天的色彩》为题。不少于600字。
>
> 写作提示:
>
> ◎ 题目具有开放性,可以实写,也可以虚写。展开联想和想象,将自己想到的全列出来,然后再从中确定写作重点。
>
> ◎ 从题目看,可以灵活选择文体。如,可以以写景或抒情为主,也可以进行议论,或者虚构一个故事等,要力求有创意。
>
> ◎ 注意表达上的创新,丰富的词语、多样的句式、恰当的修辞等,都可以为文章增色。

"将自己想到的全列出来",是告知学生联想与想象的具体策略;"丰富的词语""多样的句式""恰当的修辞"是提示学生提升语言表现力的方法。

第二,教师可以采用自下而上的途径开发写作知识。教师可以吸收优秀同行的创意表达课例,或从本人或他人的写作经验中提炼文体写作知识。[①] 如王安忆将"创意写作"归纳为三方面,对文字的理解、对情节的安排和对故事的构架。显而易见,王安忆用其作家的专业创作经验表明"情节"与"故事"是小说文体的核心要素。

第三,教师可以通过"移植"途径开发写作知识。教师可以从其他学习领域

① 邓彤.文学写作课应该教什么?[J].中学语文教学,2014(3):32-36.

中借鉴移植，以帮助学生形成创意写作能力。如，音乐领域中的“变奏”，美术里的“留白”都可以成为创意表达中的诗歌、散文等文体的写作知识。

第四，教师可以通过学习吸收的途径开发写作知识。教师可以从专业作家的创作谈、创意写作领域里的教学专家的论著中提取适合中学生创意写作的文体写作知识。如，美国作家斯蒂芬·金在其《写作这回事》中指出，“一部小说最核心的三个部分是叙事、描写、对话”，“叙事就是把故事从 A 点推到 B 点，最终推到 C 点；描写就是把读者带入现场；对话就是通过语言让人物有生命力”。[①] 这些见解是优秀作家的经验之谈。语文教师可以选择适合中学生学习的文体写作知识运用到课堂上。

（四）改进创意表达命题技术

改进创意性写作命题方式。改进命题中主要在“写什么”提出要求的设计传统，而应该致力于“怎么写”为学生具体指明路径或方法。

一份来自《美国语文》的“短篇小说”写作任务命题设计[②]，或能给予创意表达命题有效启示。

> 命题：用一个背景、一个简短的情节和几个人物写出一篇能成功吸引读者注意力的短篇小说。
>
> 写作技巧重点：创造一种气氛。背景纳入的细节应该能表达一种特别的气氛，要有一种时间感和空间感。
>
> 故事中的范例：楼下图书馆的大钟敲了两下。它那沉闷的重击听起来仿佛是警告地敲在她卧室的门上似的。两点了！她答应了妈妈早些起来……
>
> 在这段文章里，作者利用“沉闷”和“警告”这些词创造出了一种肃穆的

---

① 斯蒂芬·金. 写作这回事：创作生涯回忆录[M]. 张坤，译. 北京：人民文学出版社，2020：141.

② 马浩岚编译. 美国语文[M]. 北京：同心出版社，2004：651-652.

气氛。那句惊叹“两点了!”则在这气氛中加了一点惊骇。选择生动的细节为你的故事创造出一种气氛。

腹稿:我想表达什么中心?谁是我的读者?然后决定你的故事中的叙述性因素:情节、人物、背景、主题、叙述者的视角。

写稿:开头描述背景创造气氛。利用生动的语言使你的背景和气氛引人入胜。然后引入人物和矛盾,要使矛盾达到高潮和解决部分。

修改:运用增强故事效果的方法。如,使情节和矛盾更清楚,多次修改以使自己对故事感到满意。

该命题有如下特点:① 创写目的明确,文体要求具体;② 呈现“短篇小说”关键性写作知识;③ 突出训练的重点,并强化这个重点要素;④ 范例的功能具体、清晰,针对性强;⑤ 读写一体化设计,阅读美国女作家伊迪斯·沃顿的短篇小说《四月沐浴》(节选),“文学聚焦”栏目是“情节因素”,作者有技巧地处理情节因素,阐述、矛盾、上升活动、高潮、解决、结局,来引起读者的好奇心、惊讶和共鸣。命题者正是把这些“技巧”嵌入了“写稿”环节。

创意表达教学今后努力的方向是:第一,创意表达命题要具体,不能含糊;第二,要出示具体文体的关键性写作知识;第三,每一项写作都要单项训练重点,不能面面俱到;第四,在新课改背景下,“文学阅读与创意表达”任务群的设计目标要具体明确,读写任务要深入细化。

(五) 提升创意表达评价标准的科学性

设计科学严密的创意表达评价标准是顺利实施评价的前提。评价研究,从不存在一劳永逸,对创意表达的评价尤其如此。

首先,针对过程性评价,由专任教师负责,评价实施应该以发展性评价为原则。针对学生的日常写作,其评价方式不妨采用面批、详批,以捕捉亮点为主;评价规则,宜采用等第制;评价主体,不妨采用教师主导的同伴互评互改形式;评价结果呈现，应该为学生创设更多的作品发布平台，如班级群、公众号、校刊，甚至班刊、学习园地等，侧重表现性评价以此激励学生。

其次，针对终结性评价，实施主体是教师评价团队，评价实施应该以科学、公平、客观、可操作为原则。第一，评价标准应科学，能实施量化评价，如尝试借鉴比格斯创立的 SOLO 分类评价理论及其创意写作要素量表。第二，评价标准应细化、客观，避免区间模糊、不利于操作，如面对创意表达命题，应该精确地区分维度和层级，维度可以从文本的纵横两个向度进行，层级可以分为三级、四级不等，评价维度越具体，评分效度就越高。第三，组建评价团队，应该对评价主体实施专业培训。第四，量身定制评价标准。不同的创意表达命题应该有其独特的评分标准，只适用于“这”一命题，应为创意表达命题打造独特的量身定制的评价标准。

创意表达已成为初中学业质量测试写作命题中的重要题型之一。以浙江省为例，2023 年浙江省语文中考创意表达命题比率显著增加。（见表 4-3）

表 4-3　2023 年浙江省初中学业质量检测创意表达命题

地市	类别	创意表达命题
杭州	微写作	诗歌需要想象，能从看似无关的事物中找到共同点，从而产生新奇的效果，譬如下面两首诗。 请从“彩虹”“气球”“仙人掌”“落叶”中选择一个作为标题，尝试写一首小诗，不超过 6 行。（4 分） 沙海 樊忠慰 这无法游泳的海 只能以驼铃解渴每一粒沙 都是渴死的水 蝴蝶 · 豌豆花 郭风 一只蝴蝶从竹篱外了飞来， 豌豆花问蝴蝶， 你是一朵飞起来的花吗？
温州	大作文	 根据要求写作。（60 分） 无论怎么小心，我们似乎都难以避免犯错。左边三本书都与“犯错”有关，它们的封面内容，引发了你怎样的联想与思考？选择以下一个任务进行写作。 【任务二】发挥联想与想象，进行文学创作

(续表)

地市	类别	创意表达命题
绍兴	大作文	阅读材料,任选一个任务,根据要求写作。(60 分) 从前,万物总是大声说话,闹哄哄的谁也听不清说的是什么。后来,花学会了用香气说话,树把思想写在了叶脉上,鹰用高度与天空对话,河把想说的话变成了浪花,山选择沉默作为自己的语言……它们都找到了正确的方式表达自己,世界如此和谐。 任务一:它(们)表达自己的正确方式是怎样的?它(们)是如何找到这种方式的?……选择合适的对象(可从材料中选,也可在材料外选),展开联想和想象,写一篇童话或寓言
金华	大作文	 行,思,坐,忆,皆可成文。(50 分) 这幅图,唤起了你怎样的回忆?或引发了你怎样的思考?或激发了你怎样的创意想象?请自选角度,自拟题目,自选文体,写一篇文章。你可以叙述经历,可以发表见解,还可以进行文学创作

以上命题涉及的文体有"诗歌""童话""寓言"等,不同的文体应有不同的体式要求,命题者应该给不同创意表达题目制定出科学规范的评分标准。

第二节　为文学写作开辟一席之地

——以一次校园情景剧的辅导尝试为例

最近读到《语文建设》上贡如云老师写的题为《请给文学写作一席之地》的文章,贡老师在结尾处表达了自己的忧虑:当文学写作已经远离时代,远离课堂,我们有理由担心,学生的文学精神终将荒芜,汉语文教学的文化基因终将变异。① 深陷题海埋头应试的师生,无暇顾及"文学写作"这一美丽而辽阔的领域,

① 贡如云.请给文学写作一席之地[J].语文建设,2015(8):24-25.

任其荒芜。悲哉!

文学写作在中学语文课程与教学中长期缺失是不争之事实。这种现象的形成,存在多方面因素,有的出自观念层面,有的来自政策层面。在此,本书无暇批判文学写作缺失的历史成因,也不愿置喙文学写作缺失对学生心灵成长的不利影响。愿借此机会,与诸君分享自己在文学写作教学的实践和探索,愿以自己的朴素行动回应贡如云老师的呼吁:文学写作,在中学课堂可以留有一席之地。

多年前,笔者曾带领学生尝试各类文学体裁的学习与创写,涉及短诗、散文诗、各类散文、小说、童话、寓言以及剧本。这是一个美丽而愉快的教学过程。本文就以一次创写"校园情景剧"并成功汇演为例,谈谈文学写作存在于中学课堂的可能性与可行性。

一、一次剧本创演的成功体验

(一) 就近取材

学校有"青茗"文学社,文学爱好者可自愿报名参加,现有成员 36 名。笔者曾任文学社指导老师,每两周进行一次教学活动,时间为 90 分钟,课程自创,场所固定,课时保证。

期中考试后,"青茗"文学社接到通知,要求每个社团在学校元旦文艺汇演中承担一个节目。元旦文艺汇演,通常是有文艺特长的孩子的舞台,大多数孩子只能当观众。然而,笔者希望文学社的每一位成员都能品尝到参与乐趣。要让人人参与,莫过于集体创演。经过集体讨论,同学们自愿成立合作学习小组,进行剧本创写。

"少年志愿者"活动是学校德育特色之一。每逢学校开展各类活动,节日演出,校级交流,运动会或者艺术节,日常管理,均有少年志愿者的身影,佩戴红绶带、红袖章,服务于各个岗位,已成为学校一道亮丽风景线。教师引导学生取材校园生活,就"少年志愿者"话题,尝试创作校园情景剧。

(二) 精准指导

写作教学离不开合宜的写作知识。写作是实践性很强的学习行为,没有课堂上学习的活动,学生难以形成写作能力;没有恰当的知识指引,同样无法形成写作能力。我们知道写作知识的不可或缺,问题的关键还在于写作中,学生需要怎样的知识,这些知识以何种方式呈现,这就需要教师选取恰当的剧本写作知识,进行精准指导。

不是每个人都可以写剧本,这需要学习恰当的剧本写作知识。必须懂得剧本的基本知识和理论,必须明白剧本写作的常识和规则。校园情景剧,是由学生扮演剧中人物,借助舞台来呈现他们在校园中会遇到的问题,反映当代青少年风貌的一种表演形式,本质上属于话剧。校园情景剧的剧情源于学生的实际生活,融入话剧的知识、原理和舞台剧的表演技巧。

学情初探阶段,笔者看到初稿,发现学生把剧本写成了小说。通过打比方让学生明白剧本类似一个屏幕,作者所要呈现的是屏幕上能被观众直接看到、感受到的内容。教学层次上,在写作知识的选取和呈现时,第一要提供"校园情景剧"写作所需的精确知识,包括剧本构成,人物对白,道具、舞台和场次安排等;第二要组织观看课本剧、校园剧,让学生对剧本创作形成一个直观印象。教学重点是最主要、最核心的剧本写作知识,即设计角色冲突,包括角色和角色之间的冲突,角色和自身价值观的冲突等。引导创作小组集体商量、试演,设置矛盾、解决矛盾,进而再设置矛盾,直至剧终。

(三) 分工协作

按照个人特长,文学社 36 位同学自主分成四个大组:第一,创作组,负责剧本创作;第二,修改评定组,负责对剧本进行修改,使之成为能够上台演出的成熟文本;第三,表演组,利用自创剧本,对白磨合,进行舞台表演;第四,道具准备组,热心为舞台剧的表演提供道具布置舞台。

主体间的相互配合与互助是“合作型”实践活动的基本要求,应组间同质,组内异质,角色互补,分工合作。教师通过精心安排让学生在情境中扮演一定的角色,教给学生言语交际的知识和活动组织的方法,安排程序合理,让每一位学生在活动中获得崭新的体验。

(四)成功体验

元旦的文艺汇演,人人参与,这部名为《少年志愿者》的舞台剧,因为素材取自学生生活,在全校的文艺演出中引起观众的惊奇与喝彩,演出非常成功,大放光彩。它让参与其中的每一位同学获得快乐体验与成功感受。学生通过这一校园情景剧的创写和演出活动,获得的素质提升,绝不仅是写作能力。

二、文学写作的可能性与可行性分析

(一)从外围条件分析开辟文学写作空间的可能性

“可能性”分析,从某种意义上来说是一种“条件”分析。分析各项条件对最终结果的达成度;当各项条件不具备时,可能性自然无法变成现实性。

从教育管理部门来看,2014 年教育部通过《教育部关于全面深化课程改革落实立德树人根本任务的意见》,《意见》要求“修订课程方案和课程标准。依据学生发展核心素养体系,进一步明确各学段、各学科具体的育人目标和任务,完善高校和中小学课程教学有关标准”,其中学生的“语文核心素养”之一,乃“语言建构与运用”,这是语文学科核心素养的基础;而“审美鉴赏与创造”需要文学思维的培养,文学写作的持续训练方能达成。

从课程标准的角度来看,2022 年版义教语文课标对七至九年级学段的写作要求,从写作内容、文体、修改、次数乃至字数等有比较明确的规定,其中“表达力求有创意”“运用联想和想象,丰富表达的内容”等项指向文学写作。

从教材层面来看,此次教育部修订教材,写作板块的改进是一大亮点。以目前的写作任务和安排来看,统编版语文教材有不少任务指向文学写作,如“发挥联想和现象”“学写游记”“学写人物小传”“学写故事”等。

社会对学生的文学写作持何种态度,有何期待?我们发现各级媒体,如期刊,各级各类文化事业团体,如图书馆、文学院等,每年都会组织举办各级各类活动,包括征文比赛,其中写作文体方面大都要求学生书写文学性作品,如新概念作文大赛、圣陶杯作文大赛等。

写作主体——学生,又如何看待文学写作?笔者曾做过专门调研,学生层面,包括小学高年级段以及初中生在内,相比普通文写作,其实他们更喜欢写虚构性作品。平时的周记随笔,如果老师没有强调写作要求,会发现交上来的作品中,虚构作品总是占有一定比重。学生想象力丰富,当感觉现实素材单调重复时,他们更渴望写虚构性内容。

把目光聚焦到教师自身,发现文学写作教学的薄弱点在教师。正如余映潮老师所言:作文教学弱,弱在教师这一边,备课不精致,提炼不到位,指导不得力。这早已不是什么秘密。王荣生曾经痛心疾首批判“在中国中小学的语文课里,几乎没有写作教学”,存在“长期地、大规模地”出现教师缺教现象。两位专家所批评的是“教学文体”“普通文”的写作教学,其实恐怕教师指导文学写作的难度更大,更加力不从心。

以上盘点实现文学写作所需的环境和条件,我们发现外围环境正在得到改进或者局部已经改善,教材层面已经修订改版,而作为写作主体的学生也并不抗拒文学写作。各项条件对比分析(当然,事实远非那么简单)发现,导致文学写作无法实现的最大障碍可能在于教师自身。写作是一项后天习得的技能,对于大多数学生而言,主要依赖于语文课堂。我们很难想象一个不会弹琴的人去教学生弹琴,一个不会画画的人去教弟子画画,一个不会写作的语文教师又怎能教会学生写文章。尤其是文学写作,尚存很多“不可教”的因素,文学写作在中学课堂受搁浅和被荒废,其原因可想而知了。

教师如能提升自身的文学素养,重视训练自身的写作能力,尝试文学写作,想尽一切办法创设文学写作空间，笔者以为，中学课堂文学写作的缺失现状定会得到扭转和改进。

（二）从策略层面分析开辟文学写作空间的可行性

要权衡文学写作是否可行，首先要考虑教师自身需要做出哪些努力，采取哪些措施，如何激发学生。结合笔者日常文学写作教学方面的一些做法，提出如下几个方面的策略与措施，以自身的实践与探索证明开辟文学写作空间的“可行性”。

1. 更新观念，学习先进理论

首先，教师要学习先进的写作理论知识，致力于文学写作教学，提炼方法策略和经验模式，用以改进自己的教学实践。目前，国内有一大批语文写作教学研究方面的专家学者，如邓彤博士致力于微型写作探索，荣维东博士提出交际语境写作，魏小娜倡导真实写作，叶黎明博士开展写作内容研究，周子房博士对写作支架进行研究等，他们的研究成果均可助力中学课堂的文学写作教学。“他山之石，可以攻玉”，西方对文学写作、故事写作等有持续研究，译介到国内的成果也很多，美国的杰里·克里弗《小说写作教程》、斯蒂芬·金《写作这回事》、魏姬·厄克特《教会学生写作》、多萝西娅·布兰德《成为作家》等，均可为我所学。著名特级教师，如肖培东、黄厚江、王君、曹勇军等，他们从不偏废文学写作，语文教师应多阅读他们的著作，汲取教学思想和教学智慧。“作文教学，弱在教师”，教师既要正视这一点，也要明白，目前“文学写作”田野荒芜，致力开垦翻耕，定能收获满园芬芳。

其次，教师要对文学写作有正确的认识。写作实践活动应遵循写作固有的本质属性，有灵性也需要理性。目前的写作教学过于偏重分数，部分教师一味看重分数，“应试文”受到追捧。把写作课变成纯粹的技能操练课，这种做法，违背写作本质，背弃真正的写作教学旨趣，更与文学写作的要求背道而驰。

最后，教师要对文学写作教学有基本的定位。笔者以为，初中的文学写作教学,应定位于传授一般的写作技能,训练一般的文学文体,掌握常规文体的写法,规范学生书面语的表达。文学写作,并不是要把学生培养成未来作家,而是出于培养适应未来生活与社会发展的“关键能力”的需要。这是初中写作教学的基本定位。让学生关注生活,丰富积累;在过程指导中让学生完成写作任务,形成个人写作经验,写出自我感受、自我体验和自我思考。

2. 把自身角色调准到教练位置

围棋教练,善下棋;篆刻师傅,刀工强;汽车教练,车技好。郎平、刘国梁首先是一流的运动员才有可能成为一流的教练。世界上绝不存在一个不懂打球的外行可以上场训练球员!语文教师要“有能力指导”学生写作,成为学生写作过程中的教练。这里所谓“有能力”有三层含义:第一,知识层面,教师应掌握必要的文学写作知识和写作教学策略;第二,技能层面,教师要有写作实践经验,以写作教写作;第三,过程层面,教师在学生写作的过程中,既要当教练,善于训练,也要甘当陪练,陪学生一起写。

教师如没有掌握必要的写作知识,绝无写作课堂上对学生“传道”“授业”“解惑”以至“示范”的可能。汪曾祺回忆沈从文教写作时说:“沈先生教创作还有一种方法,我以为是行之有效的,学生写了一个作品,他除了写很长的读后感之外,还会介绍你看一些与你这个作品写法相近似的中外名家的作品。……学生看看别人是怎样写的,自己是怎样写的,对比借鉴,是会有长进的。这些书都是沈先生找来,带给学生的。因此他每次上课,走进教室时总要夹着一大摞书。”一位教师上课,他自己写得比说得多!他给学生的作业写读后感,有时候读后感超过了学生的作文长度,学生能不动容?

在写作教学中,教师靠什么去调动、激发和指导学生?不是靠知识讲解,也不是靠方法传授,更不是依靠简单反复的写作训练,最有效的是靠教师鲜活的写作体验和丰富的写作经验,让学生喜欢写作,感受写作,认识写作,学习写作。教师自己的实践行动最具说服力,对学生的指点也是最得当的。当学生感到无所适从时,教师一句点拨“如果我去写,我可能……”,也许能让学生“拨开乌云见日头”。教师拥有写作经验,即能一边示范写作一边说出自己的思维过程,实质上等于教师“口头作文”+“技巧点拨”,能让学生获得很大启发。

教师要胜任对学生进行写作指导,教师不仅应提笔写作,还要会写善写,提高自身“写”的技能,获得切身写作体验。打铁还需自身硬,为练就真功夫,教师必须尝试各类文体的写作,体验写作过程,掌握各类文体的写作知识。会写的教师还要会教,把自己的写作经验、教学智慧加以课堂呈现和利用。应该认识到:为了更好地教,教师要能写、善写、乐写。要求写作教师拥有一定的写作经验与能力,是世界各国对语文教师专业素养所达成的一个共识。

3. 设计多条通道,开拓写作空间

长期以来,笔者利用周末,放手让学生写随笔,帮助学生培养写作习惯。周末随笔,没有固定的写作要求,一般是结合教学进度,随机安排写作内容。文学写作,既可以结合课文,做一些读写结合的尝试;也可以利用时机,创设写作活动。如学习《孤独的牧羊人》后,适逢周末,笔者布置学生为牧羊人与“我”的第二次相见设计情境与对话。如,适逢清明,笔者组织班级学生为家族先辈写小传。首先,让学生接触阅读一组名家小传,让学生了解掌握“小传”的写作知识;其次,精选写作对象,细化写作任务,要求学生清明期间写作“一篇家族中有影响力的长辈或先辈的小传”,这就限定了学生写作的范围和人选;再次,专门挑选清明之前布置该项任务,清明时节,慎终追远,本就具备追念先人的气氛和条件;最后,“双向奔赴”,学生向家中长辈了解、收集往事,家长主动帮孩子提供素材。此次写作,我们收获了大量鲜活生动的好文章。

另外,还可以利用学校文学社平台指导学生进行文学写作。多年来,笔者担任学校文学社指导老师,利用这个不可多得的写作平台聚集许多文学爱好者。我们有时赏析品评美文,有时组织室外观察,大多数课时是尝试各类文学性作品的写作——虚构故事、童话寓言、小传短诗、剧本和校歌创作。前文所述校园情景剧的创作,即是成功的文学写作教学案例。经过多年的探索与实践,已产生拓展性课程“写作工作坊”。

此处要重点说明的是,有效的写作时间对学生至关重要。在教师的关注和期望之下,在一个有效的单位时间里,学生能更顺利地完成写作任务。给学生所需的时间来进行写作准备,包括构思、起草和修改。专门的时间安排,给学生传递一个明确的信息:写作不仅仅是完成写一篇文章任务,写作的每一个环节都很重要。

4. 构筑写作动力系统,开辟作品发布平台与空间

潘新和教授分析了发表作品对学生产生的正向影响:"这种发表的意识,言语表现,言语上的自我实现现象,要先于写作的行为技能深深根植于学生大脑。""如果作文教学从一开始就不断地强化学生的发表欲,这对于他们写作上的成材必将大有助益。""发表,是言语学习的成功教育,它给人高峰体验,它会影响人的一生。一旦习作成为指向发表的写作,成为学生自我表现和个性发展的主要形式与方式,学生通过文章的发表,源源不断地获得写作动力和能源,写作教育就将形成一种良性发展的内在机制。"①这些分析告诉我们,教师重视为学生的作品寻找发表渠道,等于为学生的写作找到了发动机!

在国内,管建刚老师在指导学生作品发布方面做出努力并获得巨大成功。管老师出版的著作《魔法作文营》《不做教书匠》《我的作文教学革命》《一线教师》等,在教育界引起广泛关注。管建刚老师从自身偶然发表的一篇作品,获得写作动力,催生他写成一个系列,然后他把这种成功体验,转化为教学智慧:"'十二个月'的发表,让我亲身体验了发表对于写作、写作成长的重要性。没有'发表',不会有今天的管建刚。发表,让我不知疲倦、乐此不疲地写啊写。作文和发表的关系,是婚姻关系,是血缘关系。哪个作文写得好的人,不发表?跟发表割裂的作文教学,那是破坏婚姻、割断血缘的作文教学。作文就是'用笔说话','说话',要有人'听'的。由此,我寻找'发表'的平台,创办了《班级作文周报》,依托《班级作文周报》,构建了作文动力系统。"②笔者学习管建刚老师的做

---

① 潘新和. 语文:表现与存在[M]. 福州:福建人民出版社,2023:925.

② 管建刚. 主张,从自身的确证中来[N]. 中国教育报,2016-04-13(10).

法，也为我的学生寻找发布作品的各类平台：借助自媒体，如微信朋友圈、家长群；为学生积累的好作品制作班级作品集；帮助学生寻找发表作品的渠道，鼓励他们参加各类征文比赛。历年来，学生的文学作品，发表在《读者》《作文通讯》《新作文》以及获各类奖项的，不计其数。

开拓文学写作，每一位语文教师都可以进行，关键是行动起来，带领学生，设计任务，捕捉灵感，从一次演出开始，从一首短诗开始，从一篇短文开始，让我们的课堂，向着文学，向着远方，向春草更深处迈进。

第三节　课例：让读者看到写作者看到的景物

一、实地观察

春天的一个下午，阳光明媚，笔者带领学生来到湖州市市民广场。该广场位于湖州市市政府附近，地方开阔，环境优美，文化设施齐全，是湖州市民休憩聚会的好地方。市民广场的最北面，是气派的市政府大楼，广场中间有一条笔直的大道通往南边的母亲河——苕溪。大道两边是湖州历史名人园、博物馆、图书馆、大剧院等建筑。大道的尽头，是湖州建城始祖春申君的塑像。春申君塑像高高耸立，向南面朝母亲河。

我们的队伍首先来到春申君塑像脚下，笔者引导学生选定立足点，朝南远望苕溪以及水中小洲，而后收回视线，向北眺望市政府大楼。在引导学生感受景物特点的基础上，让学生口头表达观感。

随后，过索桥，穿小径，队伍来到春申君塑像西侧公园的一处水上舞台。站在水上舞台的中央，东望春申君塑像与苕溪中的小洲，北望市政府大楼，横看成岭侧成峰，眼前所见大有不同。而后，引导口头表达不同角度所见景致的特点。

为了加深印象,笔者带领队伍返回春申君塑像脚下,然后走到春申君塑像东边的亭子里观察。站在亭中,西望春申君塑像,看到原本需要仰望的塑像与我们拉远了距离,夕阳照射下的水面,波光粼粼。而这一切,是站在左侧中央舞台时所不能发现的。

二、课堂研讨

(一) 体会要领

师:同学们,今天的室外课,我们最主要的目的是什么?

生:学习观察。

师:来到高高的春申君塑像脚下,我们是怎样观察的?

生:按顺序。分别向南、北、东、西四个方向观察。

师:对。大家回忆一下。当我们站立在春申君塑像的脚下,面对四个方向,先后看见了哪些景物?

生:塑像的南面还是广场,广场尽头是苕溪,再望远处,就是水中央的小洲了。

师:好。很清晰。再往另外的方向呢?

生:春申君塑像的北面是很高的市政府大楼,东面是一座小亭子,西面是水上舞台。

师:这位同学表述得很清晰。大家应该发现了:当我们站定一个地方,进行不同方向的观察,会观察到不同的景物。这个发现对你写作文有怎样的启示?

生:在我写作文的时候,我应该交代清楚自己站在哪里,视线朝哪个方向,我看到了什么。那样我的作文就会让别人看得明白。

师(微笑,表扬):这位同学说到了写作文的一个重要问题,就是你发言中提到的"别人"。假如老师读你的作文,那么老师就是你说的那个"别人";假如你的同桌读到你的作文，那么同桌就是那个“别人”。大家想一想，你的作文是写给自己看的，还是写给“别人”看的？

生（插嘴）：写给老师看的。

师：这样说也可以，是写给老师看的。这没错。但老师不是你永远的读者，更不是唯一的读者，对吧？大概除了日记之外，我们写文章，应该都是写给“别人”看。刚才这位同学说的“别人”，就是你的读者。假如某一天，我们在座的同学中，某位同学成了作家，那他就会拥有自己的读者群。大家有没有自己很喜欢的作家，或者你是哪位作家的忠实读者？

生：我以前好喜欢杨红樱阿姨写的故事。

生：我很喜欢曹文轩，现在也还在读。

生：我喜欢郭敬明。

师：看来我们都有自己熟悉甚至喜爱的作家。现在，我们自己也要提起笔来写文章。大家想想吧，如果你的文章写得毫无头绪，你的读者读到这篇文章，一定如同坠入云雾里，看得很“糊涂”。刚才前面一位同学说“交代清楚自己站在哪里，视线朝哪个方向，我看到了什么，那样我的作文就会让别人看得明白”，同学能有这样的认识真的很了不起。大家再回忆一下，除了站在春申君塑像脚下进行定点观察之外，我们的脚步有没有移动？

生：我们围绕春申君塑像，先到左边的水上舞台，最后到右边的小亭子。

师：对。当我们站定一个地方，朝不同方向看，会看到不同景物。当我们移动步伐，在作文里叫作“行踪”，随着我们行踪的转移，大家会发现景物也发生了变化。

生：看同一景物，就是看春申君塑像，我来到左边和后来转到右边，看到的是不一样的。

师：这就叫“横看成岭侧成峰”，这样的观察结果，对你的写作有什么启示吗？

生（思考）：就是在我写作文的时候，同样要把自己的行踪交代清楚。我走到哪里,朝哪个方向看,看到了什么,应该写清楚。

师:大家以前有这样考虑过吗?

生(摇头)

师:为什么要把自己的行踪、视线交代清楚?

生:交代清楚了,不仅自己看着清楚,别人也就知道我到了哪里,我看到什么了。

师:对,这就是写作文的时候,要带着读者上路啊。一位写作者,最应该思考的是怎样让你的眼前所见呈现为读者的眼前所见。为了更好地领略这样写作的妙处,下面我们来看一篇范文。

(PPT 出示:刘鹗《老残游记》之《大明湖》)

(二) 赏读范文

范文展示,教师范读:

到了铁公祠前,朝南一望,只见对面千佛山上,梵宇僧楼,与那苍松翠柏,高下相间,红的火红,白的雪白,青的靛青,绿的碧绿,更有那一株半株的丹枫夹在里面,仿佛宋人赵千里的一幅大画,做了一架数十里长的屏风。

正在叹赏不绝,忽听一声渔唱,低头看去,谁知那明湖业已澄净的同镜子一般。那千佛山的倒影映在湖里,显得明明白白,那楼台树木,格外光彩,觉得比上头的一个千佛山还要好看,还要清楚。

这湖的南岸,上去便是街市,却有一层芦苇,密密遮住。现在正是开花的时候,一片白花映着带水气的斜阳,好似一条粉红绒毯,做了上下两个山的垫子,实在奇绝。

老残心里想道:"如此佳景,为何没有甚么游人?"看了一会儿,回转身来,看那大门里面楹柱上有副对联,写的是"四面荷花三面柳,一城山色半城湖”。

暗暗点头道：“真正不错！”进了大门，正面便是铁公享堂，朝东便是一个荷池。绕着曲折的回廊，到了荷池东面，就是个圆门。圆门东边有三间旧房，有个破匾，上题“古水仙祠”四个字。祠前一副破旧对联，写的是“一盏寒泉荐秋菊，三更画船穿藕花”。

师：听了《大明湖》，有什么感受？大伙儿畅所欲言。

生1：作者写得很清楚。老残先到哪里再到哪里，他眼睛看哪里，看到了什么。这些都很清楚。

生2：我也觉得游踪交代得很清楚，但是什么是上下两座山？大明湖怎么有两座山？这里我不太明白。

师（微笑）：有没有同学帮忙解决这个疑惑。

生：老残先朝南一望，望见了对面的千佛山。后又低头看去，看到了千佛山在大明湖里的倒影。所以说有上下两座山了。

师（摘录原句，引导学生再读文本）：刚才我们在室外，站在春申君塑像脚下，南望苕溪水，大家看到了什么？

生：水中有一个小洲。

师：今天惠风和畅，天空中飘荡着风筝，苕溪水波光粼粼，水中应该没有很清晰的景物倒影。如果我们的苕溪水波平浪静，也如同大明湖一般“澄净”，大家想象一下，可能会出现什么情景？

生：也许也会有倒影，如树影、洲上铁塔的倒影等。我以前和爸爸妈妈乘船游西湖，看到过西湖里湖心亭的倒影。

师：大家再读此句“谁知那明湖业已澄净的同镜子一般。那千佛山的倒影映在湖里，显得明明白白，那楼台树木，格外光彩，觉得比上头的一个千佛山还要好看，还要清楚”，从中你读到刘鹗笔下的秋天的大明湖有怎样的特点啊？

生：波平如镜。

师：刚才两位同学都提到刘鹗写得很清楚。那是你作为读者的身份，就是作为刘鹗先生的读者，说出了你作为“读者”的这种“很清楚”的阅读体会。现在，大家身份转换一下，假设你是刘鹗，作为作者，如何才能让你的读者感到你写的《大明湖》很清楚，大明湖很澄净，景物很美？

生1：就是要有顺序。写的时候要把顺序交代清楚，还有视线，朝哪个方向看，也要写清楚。那样，作者看到的景物就会很清晰。刘鹗先写南望千佛山，再写低头看到千佛山的倒影，而后视线放平，看到千佛山脚下的一层芦苇，并与水中芦苇的倒影构成上下两座山的垫子。顺序很清楚。也就是老师刚才讲的把“行踪”交代清楚，读者阅读的时候，也就会清楚。

生2：刘鹗站的地点写得很清楚，还有他朝什么方向看，“朝南一望”“低头看去”，观察的角度也很清楚。这让我们读起来就像看到了一样。

师(微笑)：身临其境。对吧？刘鹗明确交代自己站定的那个点——“到了铁公祠前”，又清晰交代自己的观察视角“朝南一望”，他望到的是“对面千佛山上”的景色。后面段落，移步换景，行踪交代很清楚，就能带领我们这些湖州的小读者，跟随刘鹗免费游了一趟济南的大明湖啦。(组织学生齐读《大明湖》，加深印象)

(三) 评议习作

(师 PPT 出示写作要求)

写一个片段：

① 可以以此次实地观察为写作内容；

② 也可以写自己印象最深的一次游历。

同时，教师提供修改依据并评议修改。(教师用 PPT 显示修改依据)

① 是否确定了观察点；

② 是否有明确的视角；

③ 是否把自己的行踪交代清楚。

最佳效果：能带领你的“读者”看到你所看到的景物。

学生当堂完成习作，教师组织集体评议。

师（请顾同学朗读自己作品）：我们先来看看顾同学写的片段，根据评价依据，大家评议一下，顾同学这个片段有没有达到写作要求。

顾同学朗读作品。

春申君塑像下面是个大公园。公园中，许多孩子手持线板，在放风筝。他们抬起头，仰望着天空的风筝，手臂一拉一伸，提防风筝掉下来。还有几个孩子，在爸爸妈妈的帮助下，边放边跑，希望借助跑动的速度，让风筝飞上天。公园很热闹。

抬头望去，空中分布着数十只风筝，有的简直只剩下一个黑点，有的却离地面很近，似乎跳起来就能够到。风筝的颜色形状不一，有一种黑色的蝙蝠风筝似乎最易起飞，一会儿工夫就到半空了，看起来三角风筝就很不容易，总是歪歪扭扭随时要跌下来的样子。

塑像的前边，便是闻名湖州的母亲河——苕溪。苕溪宽阔的水面中央，有一处小洲，洲上白鹭翩然飞翔。水面在太阳的照耀下波光粼粼，格外秀丽。

塑像的左右两侧，密布植被，春天，枝头一片繁盛，许多人在树下照相。

塑像的身后，就是湖州市历史名人园。名人园的尽头，就是市政府大楼。大楼呈“Π”型，是一个气派的对称性建筑，它看起来应该和春申君塑像等高。就这样，建城始祖春申君与市政府大楼在母亲河畔遥相呼应。

生 1：我感到他站定脚步，没有走动。

生 2：就是刚才我们第一步的任务。站在春申君像下面，从“春申君像下面——抬头望去——塑像前边——塑像左右——塑像身后”，写得很清楚。

师：符合今天的写作要求吗？

生：对照老师的三点要求，顾同学都做到了。他所看到的，也就是我看到的。我认为符合写作要求。

师(表扬顾同学)：下面我们来阅读卢同学的习作。请卢同学亮出大作。

卢同学朗读作品。

站在少年宫旁的过道上向南北两面望去，市政府大楼和春申君塑像把少年宫夹在空中。向南一路走去，过了马路，站在春申君的塑像下，向上望去，春申君高大的身躯俨然耸立着。向南看，一条长长的巨龙蜿蜒流过，岸边的水草绿得发亮，一座小洲像一座小山丘，盘踞在碧水之中，衬托出苕溪水，这位湖州人民的母亲的伟大、宽阔。

低下身子，对着水面痴望，水面上闪耀着粼粼波光，太阳把河水照得愈发清澈，愈发美丽。一群鸽子在湖面上掠过，为美丽的苕溪水平添了几份动态美。小洲上，鸽子成群，有点像“鸟的天堂”。喳喳的鸟声伴随着徐徐清风，让人心旷神怡。

仰望蓝天白云，成片的风筝在天空翱翔，五颜六色，让宁静的天空多了一丝点缀。几只调皮的风筝在春申君塑像边飘舞，仿佛是在与春申君做游戏。

向北遥望，市政府大楼的高大尽收眼中，多了一份巍峨，多了一份气魄。市政府大楼和少年宫好像一对父子，缓缓向我们走来。

生(大笑)

师(笑)：“市政府大楼和少年宫好像一对父子，缓缓向我们走来”，这个句子显然有些问题了。哪一位同学帮他修改一下。

生：不如改为“市政府大楼和少年宫好像一对父子，静静地站在那里”。

师：为什么作此改动？

生：因为少年宫和市政府大楼，是建筑物，站在那里比较符合常理。又因为少年宫建筑规模比市政府大楼小了许多，所以，像“一对父子”这样比喻，是合理的。

师：卢同学，你以为同学改得如何？

卢同学点头。

师：谢谢这位同学。我们对照三点评价，看看卢同学的习作，有没有达到写作要求。

生：老师，我刚才听到，感觉第一句就有问题。他怎么能“站在少年宫旁的过道上向南北两面望去”？

师：的确，这句话让我们觉得卢同学的大脑能支配眼睛同时朝两个不同方向望。

卢同学有些羞愧。

生：还有“市政府大楼和春申君塑像把少年宫夹在空中”？这话也不对。

师：这句话应该是少年宫坐落在市政府大楼与春申君塑像的中间，对吧？还有没有其他问题？欢迎同学提出修改意见。

生：好像没有了。

师：看来，第一自然段问题最大。最后一段也需要修改。其余段落，还是不错的。不过还有一句，需要老师帮你指出来，“仰望蓝天白云，成片的风筝在天空翱翔”，大家想想，“成片的风筝”是怎样的？

学生皆笑。

师：当然，我作为卢同学的读者，能理解这句话，就是天空中风筝很多，对吧。我们现在总结一下，卢同学的习作有哪些方面需要修改？

卢同学发言：第一段，最后一句话，还有就是“成片的风筝”那句。

卢同学当堂修改。展示第一段：

站在春申君的塑像下，我向上望去，春申君高大的身躯俨然耸立着。向南看,一条长长的巨龙蜿蜒流过,岸边的水草绿得发亮,一座小洲像一座小山丘,盘踞在碧水之中,衬托出苕溪水,这位湖州人民的母亲的伟大、宽阔。

师:由于时间所限,我们再看一篇习作。有请吴同学。

吴同学朗读习作。

踏上鼓浪屿的环岛轮渡,在船上欣赏鼓浪屿的美景。最引人注目的,就是鼓浪屿的最高点日光岩。平视过去,高大的岩石下有爱国英雄郑成功的石像。来到岛上,我站在日光岩的脚下,抬头仰视,高大的岩石在阳光的照射下熠熠生辉,郑成功那英雄的气魄也深深地映在我的脑海中了。

登上日光岩,首先映入我眼帘的,是厦门沿海的高楼大厦。转过身俯视,密密麻麻的四方建筑以及拥挤的人群,这拥挤的人群与西方风格的建筑群构成了一道独特的风景,也验证了厦门的华丽。

离开日光岩,来到海边,只见小山坡上有一颗闪闪发光的明珠,山下有一位壮士保卫着厦门岛的安全。

乘船离开了鼓浪屿,回到酒店。打开窗户,抬头仰望,我依然能看到那颗闪亮的明珠。

师:大家评议一下。

生1:我觉得很清楚。

生2:让我感到郑成功的石像很高大。

生3:他的行踪交代得很清楚。看到的景物也很清楚。

师:有没有达到写作要求?我们有三条评判标准:观察点、视角、行踪。

生:“来到岛上,我站在日光岩的脚下”,这是他起先站的地方。接着他“平视”“仰视”,看到石像与岩石,还有他的行踪。都是符合写作要求的。

师:在课堂上,展示这三位同学的写作片段。三位同学有两位达到写作要求。另外的习作,可以以此为例,请同组同学评议,有问题的当堂修改。

生(相互评议并修改习作)

师(检查同学修改情况并总结):今天的写作课,最主要的写作目的是能带领你的“读者”看到你所看到的景物。同学们修改得很不错。今天的课就到这里,下课。

三、名师课例品评

本次教学,由两大活动板块构成:现场考察和课堂研讨。

先看“现场考察”。带学生走出校园,让学生看看外面的世界外面的风景,令很多教师心向往之,因此,看到马老师这个课例,我的第一反应就是钦佩——钦佩马老师的勇气,更钦佩她的智慧。

我自己曾经有过这样一段教学经历。某年春天的一个周六下午,为了指导学生写作说明文,我带文学社学生 20 多人去一家工艺品厂参观风筝制作。到了风筝制作车间,所见到的一切都出乎意料:一堆工人围坐在中间的大桌子边上紧张地劳作,材料、成品和半成品散落在四周墙根,说不上杂乱,却无法看清头绪。学生有些茫然,幸好车间主任来了,他是行家里手,说起来头头是道,但即便是我,也无法把他说的制作流程跟眼前所见一一对应起来,学生的感受可想而知。在我带学生走出校园的同一时间,有位物理老师在校园内开设了“风筝的制作”讲座,没去参观的学生大都去听讲了。周一,学生题为“风筝的制作”作文交上来,批阅中发现,听讲座的学生个个写得流程清楚,原理解说明白,方法使用得当,而被我带到现场的平日里的写作高手,则大失水准,相形见绌。这事给了我一个教训:现场考察需要精心组织,否则效果没法保证。

“现场考察”是做了周密设计的。先到哪儿后到哪儿,看什么,怎么看,心里早有预案;让学生口头表达观察所见,帮助学生准备写作内容;让学生体会该怎么看才能看到更多的精彩,把“行踪”“立足点”“视角”“移步换景”等必要的写作知识渗透在看似不经意的点拨之中。从教学流程来观察,“现场考察”只是铺垫,“课堂研讨”才是核心。但铺垫并不意味着不重要,恰恰相反,正是这课堂外的功夫,奠定了课内成功的基础。

再看“课堂研讨”。体会要领、赏析范文、品议习作,三大步骤环环相扣。步骤一旨在引导学生回顾、升华观察所得,着重体会景物写作要领。步骤二呈现名家表达范本,供学生借鉴模仿。这两大步骤将有序观察导向有序表达,学生的体验与名家的示范两相参照,双管齐下,学生的领悟自是非同一般。特别值得称道的是步骤三,评议时学生既是作者,又是读者,作者得到了读者的反馈,读者又审视着作者的表达,在此过程中学生的“读者意识”油然而生,这样的效果远胜过教师一人念经似的反复叨叨。

据教师自己介绍,本堂课有 81% 的学生达成了能“带领‘读者’看到你所看到的景物”的目标,相信此言不虚。梳理整个课例,我以为有两点经验尤其值得同行借鉴:一是作文要全程指导,写作前引发写作动机,搜集写作素材,写作后评议修改,缺一不可;二是“写作练习可以没有教师,可不能没有读者”。

第四节　课例:一位专栏作家的准备

一、期待与沉浸

(一) 期待

师:这节课同学们需要担任多种角色。首先是学生;而当你要与同学探讨之时,你就是学习同伴;当你执笔为文,那你就是作者;当你倾听同学作品,你也许就变成读者。今天,我们的角色要随时变化。老师期待产生一个奇迹,在一节课,一段不是很长的时间里,完成一篇至少像样的作品。

（二）沉浸

师：生活中最大的不幸，莫过于失去所爱的人。今年3月2日，我父亲突发心肌梗死，送往湖州市第一人民医院急救。深夜，病情加剧，连夜送至浙江省第二医院抢救。当120急救车带着尖锐的呼啸声开出的一刹那，老师觉得自己的心脏好像被一种强大的外力扯出胸膛。这种剧痛，平生绝无体验（师扶胸）。站在医院的大门口，我和我的侄女几乎同时伸出手，两人相对而泣。（教师深呼吸，调整情绪。）

二、任务与示范

（一）出示任务

师：我们同学，也许亲人很健全，也许很幸福。但是或许也面临着亲人即将离开，可能离开，或者已经离开的事实。

有没有？有经历过的同学请举手。也许有，也许没有，也许你也曾目睹过别人的经历。

（个别同学举手）

师：今天我们这堂写作课是让大家成为一位写作者，为报纸专栏写一篇文章。为此，课前老师特意联系了《湖州日报》副刊编辑徐老师，徐老师愿意专门向我们在座的同学约稿，为《湖州日报》副刊“清明心语”栏目写稿。大家在这节课上产生的作品，可以向徐老师投稿，老师也可以给你推荐。

我们湖州地区自古以来都是文脉昌盛之地，徐老师相信我们在座的同学中一定会产生一位未来的作家。

（学生有的稍有议论，有的陷入沉思）

（教师分发学案）

表 4-4 利用下列技巧可以帮助你取得预期效果

写作技巧 1	描述你的体验时,重点在于创造一个能在你的读者脑海中凸显出来的印象
写作技巧 2	为了达到创造主要印象的目的,使用能对你的印象做出贡献的细节
写作技巧 3	保持人物原话。真实的对话常常能感动读者
写作技巧 4	有效利用一些强化手段

师:我们的写作任务是:报社向您约稿,请向日报副刊"清明心语"栏目投稿。请选定写作对象,选取一个对你有重大意义的事件或者时刻,写下你对它的记忆。大家把老师提示点拨的写作技巧大声地读两遍,可以读给你的同桌听,也可以自己读两遍,有疑问的地方请举手。

生 1:什么是强化手段?

师:这个问题提得好。等一下老师会有解答,会有示范。

生 2:老师,"创造一个能在你的读者脑海中凸显出来的印象",是什么意思?

师:这句话同学们不理解吗?就是你描写的对象,他的形象,话语、动作等能出现在读者的脑海里,能在眼前浮现出来。这是写作所要达到的比较高的境界了,就是达到逼真的写作效果。肯定有些方法能让读者领会你的意图,对不对?学案里老师为大家提供了哪些方法?

生 3:描写对象要注意细节,为什么保持人物原话?

师:真实的对话。是的,这很重要。我们有些对话往往是同学臆想的,借助人物说一大通。我批阅同学的作文,经常会有同学写爸爸义正言辞地对"我"说一大堆话,其实生活中的爸爸可能并不会这么讲话。我们同学会把自己所说的话强加在爸爸身上,借助爸爸的嘴说出来。但这些都不是人物的原话。你的读者读到这样的文章,会觉得很不真实,对不对?写好人物语言是很难的,要是写人物原话,就可能达到逼真的效果。再看看学案,大家还有什么问题吗?

生 4:刻画人物形象要知道这个人是怎样的?

师：要在读者面前浮现出你所刻画的人物，这才是作家。

作家一定是一个感觉器官相当敏锐的人。你是作家，要把你的感觉很准确地传递给你的读者，此时此境你感受到了什么？你要用你的语言把它传递出去。那么，为了帮大家完成“清明心语”栏目征稿的任务，老师请大家心里先确定一个写作对象。刚才同学们觉得家人都很健全，似乎没有找到可以抒写的对象。我们可以把对象稍微扩大一点，并不局限于我们挚爱的亲人，我们的邻居、亲友、前辈、师友都可以。

大家可以先和同桌小声地交流一下，你心中有没有这样的一位书写对象。

（二）教师示范

师：在这里，老师和大家分享一个小的生活片段。愿不愿意听？

生：愿意。

师：在老师和大家差不多年龄的时候，那年我读高二。周六半天在家，周日下午返校。我骑自行车到我就读的高中。那天，整理好我的书包后，看看时间还宽裕，我就到外公家去了一趟。因为舅舅家在拆房子，所以我去看看他们。外公家离我家很近，我是在外公家长大的。那时家家户户似乎都要面临这件事情，为改善居住环境，拆去旧房子，建造二层楼房。舅舅家要拆房子，所以外公就搬到他们老屋对面的小房子去住。外公坐在一个很矮的小凳子上，外面阳光明媚，空气中烟尘斗乱，但是外公穿着一件很厚的棉袄。小孩子都是没心没肺的，看完外公我就去看外面拆房子。我站在门槛上，扶着门框，看外面搬东西、堆东西，一片忙乱的景象。外公在我身后叫了一声：“阿利，帮我去买碗小馄饨吧。”我所在的乡村是没有小馄饨的，我要骑车去升山集镇买，大约需要 15 分钟。外公从兜里摸出一枚硬币给我，我去里屋找了一个铝制的饭盒，骑上自行车，“嗖嗖嗖”轻快地买回了小馄饨，递给了外公。之后，我就去学校读书了。这件事我至今不敢触碰的原因是：等到下个周末我回家的时候，外公已经走了。马老师喜欢写作，曾经写过很多的忆旧文章，家里的爸爸妈妈，爷爷奶奶，外公其他的事情也写过，但是这件事情我不敢写。其实我现在回想起来,这个饭盒又凉又薄,或许我递给外公的时候,这碗小馄饨早就已经凉了,但我当时真的没有注意这些东西。(因为)不懂。人到中年,现在回想起来,我真的觉得自己做得太不够了。

如果是你,你家里的亲人——一位重病的人叫你买什么食物,你或许还会为他做什么?

生:还可以把馄饨热一热,问候一下病情。

师:你是个善良的好孩子。

师:如果是你,你会怎么做?

生:……

师:现在想来,除了这碗小馄饨,我还可以买点其他外公喜欢的东西,或者至少看着他吃完,问他好不好吃,还要不要?我外公让我买小馄饨,我就真的只买了一碗小馄饨,并且递给外公时,都凉了。

三、构思、起草与评价

(一) 构思

师:让我们就刚才老师回忆的这件往事,一起来完成构思卡。我们的写作对象应该是谁?

生:外公。

(教师板书)

师:我们记叙的事件应该是什么?

生:买一碗小馄饨。

师:有哪些细节?

生:铝制饭盒。

师:我强调了铝制饭盒的什么特性?

生:薄、凉。

师：埋藏在心底三十年，我内心深处是一种怎样的感情？

生：愧疚。

生：后悔……

写作构思卡：

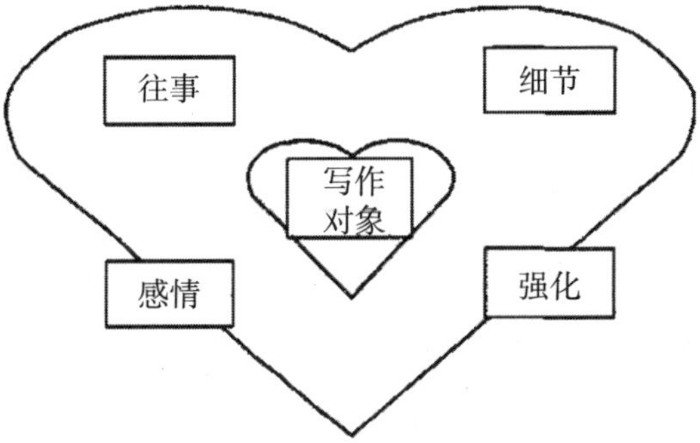

师：两位同学说出了我内心没有说出的话，我觉得自己做得非常不够。我们说一切从事艺术领域的人内心一定是极其敏锐的，画家是这样的，雕塑家是这样的，音乐家也是这样的。你要把你当时的体验传递给读者，这一切肯定都是从心而出的，从内心长出来的东西才能感染人。

师：刚才这位女生问"什么是强化手段"，现在老师为你解答。我们在写作的时候，会有一些需要处理的小技巧。特别是在很关键、很重要的时刻，我们尤其要在语言的细微之处把心中的电波准确地传达出来。这就需要强化！我们所觉察到的强化手段有很多。就马老师刚刚举的这个例子而言，这里的强化手段，是我准确地运用了我的触觉。所以，强化的手段之一是？

生：自己的感官。

师：是的。你写作的时候，可以把你的感觉尽可能地丰富，尽可能地细微，除了触觉和视觉，你还可以用听觉、嗅觉。

除了强化感觉，还有一个我们常用的手段，就是反复去写。还有什么是我们可以做到的？

生：采用修辞，除了反复，还可以是对比、夸张等。

师：还可以用有力的语言直接抒发。比如《最后一课》中小弗朗士在课堂上的心理活动：天哪,如果可以把这条分词用法从头到尾准确地说出来,那么什么代价我都愿意付出。这里是不是一种内心的呼告？这就是直接抒发的手段。强化手段其实大家都学过。

现在,让我们完成这张写作构思卡。可以和同学讨论一下。

(同学完成写作构思卡)

(二) 起草与评价

师：大家可以小声和同学探讨一下,或者,先把写作构思卡填好,选择对象,选定事件,用什么细节,怎么加以强化。老师觉得并不一定要拘泥于怎么开头,直接把最主要的核心素材写出来即可,因为这是我们的写作准备,在栏目里写成一个草稿即可。

(学生小声讨论,继而埋头写作)

师：发现我们班写手很多,都写得一大片一大片的,个个都是小作家。

(十五分钟后)

师：我们请几位同学把他们所写的素材与大家分享。大家也可以提出修改意见。有使用精确的细节吗？有使用合适的强化手段吗？是否准确地把他的感情传达出来了？

生1：我在家乡读书的时候,父母常年外出打工。有一年父母过年前几天都没有回来,直到大年三十那天还没有回来。我的爷爷在大年三十那天,花了两张一元的纸币给我买了一杯酸奶。由于看到爷爷的那双手,和他拿出的纸币不多,我的印象特别深刻。

后来,我离开了家乡,到浙江来读书。自那以后我就很少回去,直到爷爷去世之前,基本上很少回家乡。偶尔回去一趟,也就两三天时间。我记得有一次回到家乡,那是倒数第三次见到爷爷,爷爷给我两包吃的东西,我把那两包东西留了下来,一直保存着,后来带到了浙江。

有一次,爷爷种地晕倒了,被送进了医院,我回过家乡看爷爷。在那以后,爷爷不听家人的劝阻,还是去地里干活,不幸因脑溢血去世了。我在爷爷去世那天回到了家乡,见到了爷爷最后一面。爷爷握着我的手,我触摸到了他那双粗糙的手。可那时的我不太懂事,带着一脸的反感,还咬着嘴唇。

师:就你的发言来说,我们要给你掌声。(掌声)就写作而言,还有需要改进的地方,先请我们的同学给点意见。

生:细节描写不到位。

师:你觉得什么细节不到位?

生:比如,他提到爷爷的手,却没有细致刻画爷爷的手。

师:是的,你听得很仔细。这位男生发言的时候眼泪汪汪,投入感情很深。老师也给你提两个意见:第一,家乡在哪里?爷爷给你两包食物,是什么食物?和爷爷临终前的握别是重大时刻,应该有精细的描绘,周围的气氛如何?触觉如何?你有什么感受?这些就是写作中最需要用力的地方,可以借助"强化"手段,浓墨重彩地强化这些细节。谢谢你的发言,我们再请一位同学来分享。

生2:奶奶带我上幼儿园的时候,不管我要吃什么,奶奶都会给我买。奶奶用一个半面有花纹的塑料袋装钱,付钱的时候,要把塑料袋一层一层地打开,可是里面并没有百元大钞,叠在里面的只有10元、20元的纸币,以及为数不多的零钱,奶奶就从那几张纸币中抽出一张给摊贩。

师:这位同学的描写能力很强,奶奶把钱叠得很好,用塑料纸袋放得很好,再抽出钱给小贩的动作描写都很精细。

师:今天由于时间所限,我们得说一声再见了。一个星期后,马老师期待在日报上看到我们同学的大作。如果不能每篇都发表的话,那我们也可以做一期清明节的专刊,在自己班级做一个墙报,那也挺有意义的。我会联系你们的语文老师,检阅大家的作品。今天我们做的只是一个写作准备,一份素材,还需要大家继续修改。今天教大家的方法是很有效的,以后还可以经常用。

第五章　思辨性写作课程的构建与实施

第一节　思辨性写作的内涵、实践误区及教学建议

我国基础教育阶段对学生思辨能力的培养不够重视，一定程度上导致学生思考与表达层面的逻辑缺失。核心素养导向下的语文课程改革，“思辨性阅读与表达”任务群成为语文课程内容的重要板块，借此提升学生的思辨能力，这也是目前中学写作课堂一个亟需深入研究的重要课题。

一、思辨性写作的概念内涵及价值阐释

（一）思辨性写作的概念内涵

1. 思辨

“思辨”一词，最早可追溯至两千多年前，《礼记·中庸》首次提出“慎思”“明辨”。“慎思”指谨慎全面地思考，“明辨”指明确地剖析、分辨以得到准确的判断。《辞海》和《现代汉语词典》都把“思辨”释为“思考辨析”，其中《辞海》对“思辨”解释还有：第一，思考辨析，如思辨能力；第二，见“思辨哲学”。《现代汉语词典》“思辨”义项还有：第一，哲学上运用逻辑推导而进行纯理论、纯概念的

思考;第二,思考辨析。

西方,“思辨”一词出自希腊文“theorem”,指“观察”或“看”。古希腊哲学中,“思辨”是一种特殊的认识世界的方式,是“智者”基于自己的认知和兴趣对主、客观世界进行的思考和辨析。西方把“思辨”理解为“尊严、逻辑和道理”,能产生“知识、学术和思想”的思维,指向信仰的形成。[①] 可见,思辨的主体应自觉地进行分析与论证、权衡与判断,基于证据与理性形成结论。

生活中,有些人把“思辨”理解为“思维”,这其实是一个认识误区。“思辨”和“思维”内涵不同。“思维”指人类的认知和心理活动,包括直觉思维、形象思维、逻辑思维、辩证思维和创造思维等。“思辨”的内涵比“思维”窄,指一种更细致、更精密、更审慎、更高阶的思维状态,学界认为如“记忆、理解、运用”等属低阶思维,而“分析、评价、创造”属高阶思维。写作教学视域下,“思辨”并非一般意义的“思维”,而是指比较、分析、抽象、概括、推理、判断和发现等,思辨以促进思考为目的,主要对思考进行分析和评估。

2. 思辨性写作

思辨性写作,即学生运用“思辨”思维方式,依据一定的逻辑顺序,面对写作材料、社会现象或文艺作品发表自己的观点与主张、进行品评议论的一种写作方式。2022年版义教语文课标设“思辨性阅读与表达”学习任务群,思辨性表达有“口头表达”与“书面表达”之分,思辨性写作当属后者,课标要求“负责任、有中心、有条理、重证据地表达,培养理性思维和理性精神”。[②]

(二)思辨性写作的价值

第一,思辨性写作是语文课程内容的重要组成部分。思辨性写作主要指向核心素养“思维能力”中的“逻辑思维和辩证思维”,对接课程总目标第7条“乐

---

① 杜威.我们如何思维[M].伍中友,译.北京:新华出版社,2014:3-5.

② 中华人民共和国教育部.义务教育语文课程标准(2022年版),29.

于探索,初步掌握比较、分析、概括、推理等思维方法,辩证地思考问题,有理有据、负责任地表达自己的观点,养成实事求是、崇尚真知的态度”。[①] 具体来说,指向四方面:第一,思维方法,有比较、分析、概括、推理等;第二,思维类型,有形象思维、辩证思维、创造思维等;第三,思维品质,指思维的灵活性、深刻性、创新性等;第四,理性精神,指有理有据、负责任地表达自己的观点,养成实事求是、崇尚真知的态度等。教师可以对照要求对学生进行有针对性的分项训练。(见图 5-1)

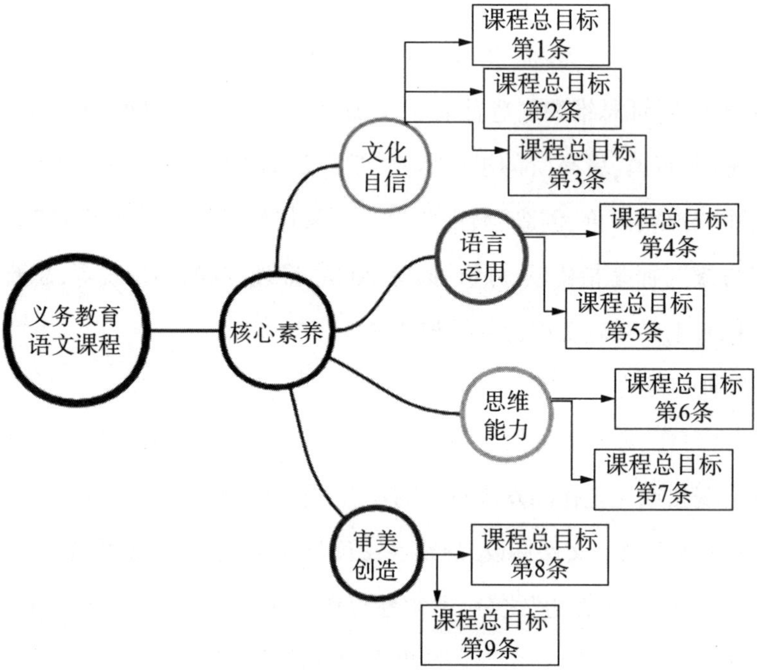

图 5-1　核心素养与课程总目标的内在关系

第二,思辨性写作是提升学生核心素养的重要途径。学生的思辨能力如果能依托一定的载体来培养,“其最好的载体就是议论文写作”。[②] 学生作为写作

① 中华人民共和国教育部. 义务教育语文课程标准(2022 年版),29.

② 钟万春. 运用思维导图,培养哲理思辨——谈高考时评类作文的有效策略[J]. 语文建设,2018(2Z):41-43.

主体，明确写作学习目标，了解写作学习任务，端正写作学习态度，有助于提升写作的效度。在思辨性写作学习中，学生面对纷繁复杂的写作素材，要形成自己的认识，表达自己的观点。这是一个大脑高速运转的状态，审题拟题，提炼观点，论证观点，这是一个逻辑训练和思维能力得到强化的重要过程，学生在这种实践活动中逐渐形成“有条理、重证据”的表达，其理性思维可得到很好的提升。

二、思辨性写作教学实践的误区

1. 思辨性写作教学目标定位失当

首先，思辨性写作教学目标失当。思辨性写作教学目标应明确而具体，目标设计是一项系统工程，其框架由课程标准、课程总目标、学段目标、学期目标、单元目标、课文目标与课时目标等构成。教师在制定教学目标时应清晰而分明，指导学生在循序渐进的学习、积累和表达中，形成“求实崇真”的理性精神。以统编版语文教材九年级上册第二单元《观点要明确》为例，这是基础教育阶段首次以单元写作形式出现的思辨性写作任务。“写作实践”栏目中，设有三个任务：

① 以“好奇”为话题，选定其中一个观点，围绕观点列出提纲，体现论证思路；

② 在第一题基础上，写一段议论性文字；

③ 青少年应该如何对待时下流行的各种电子游戏？对此谈谈自己的看法，自拟题目，写一篇议论性文章，不少于600字。

教学实践中，教师可能会随意对待这三个有一定“梯度”“层次”的教学任务，一般不顾及任务的先后，也不考虑首次进行思辨性写作的课程意义。如，一位教师为此订立的目标是“第一，以鲜明的态度和立场看待事物，并能提出自己的观点；第二，认真思考生活和社会现象，有针对性地提出观点；第三，学会提炼观点,完成习作,提高思辨能力”,这一教学目标,内容空泛,缺乏可操作性;并且该教师只选择任务中的第三项进行写作训练。

其次,思辨性写作教学目标缺乏连贯性和整体性,不利于引导学生掌握科学的思辨方法。统编版语文教材九年级上册安排第二单元和第五单元两个思辨性“读写”单元,第二单元初识议论文,写作要求是“观点要明确”;第五单元加以强化,把握观点,分析材料,单元写作除了片段写作外,还重点安排了立论文与驳论文的写作学习。这两个单元,有着极强的关联度与整体性,单元导语要求也强调其内容的层次性。在实际教学中,教师一般只会按部就班,把两个单元分别放在期中考试之前与后完成教学任务,这种单打独斗式的教学实施,不仅消解了学生对思辨性文本类型的整体认识把握,弱化了对思辨性写作文体知识的掌握,也没有明确“体会”提升思辨能力的具体方法,难以让学生在分析、推理、验证等思维活动中提升思维能力。

2. 思辨性写作知识开发不足

首先,思辨性写作的文体知识模糊。从教材层面分析,思辨性写作主要集中于九年级,教材安排“观点要明确”“议论要言之有据”和“论证要合理”三个单元,可以看出教材中的思辨性写作的文体知识远不足支撑学生的学习需求。教材编者对以往写作教材中正确合宜的写作知识没有很好地进行梳理、总结和继承。另外,我国语文学科中对于文体分类问题一直没有得到解决,甚至于中高考写作的要求是“不限文体”,写作教学中文体意识的贫弱,一定程度上限制了思辨性写作的教学效果。

其次,思辨性写作的教学知识存在结构性缺陷。目前思辨性写作教学主要以归纳为主,例证法和引证法为主要的论证方法。思辨性写作教学通行的做法是教学生通过搜寻新颖典型的实例和权威的话语,用归纳推理的办法证明论点。有专家提出“演绎推理的论证方法在基础教育中是缺乏训练的,这不能不说是一个结构性缺陷”。[1]

① 叶黎明.写作教学内容新论[M].上海:上海教育出版社,2012:124.

最后，思辨性写作的基础训练缺失。在语文教学课堂上，学生缺失思辨性写作的基础训练，具体表现在词汇积累不足、句式学习缺失以及段落规范训练不足。第一，缺乏词汇积累，思辨性写作需要进行遣词训练，如一些理性词汇、句段之间的过渡词语等，都可在课堂上让学生去品味与吸纳，对表示事理或逻辑关系的标志词也应该进行积累与学习运用。第二，缺乏必要的句式学习，规范的句式学习和训练是思辨性写作的必要之举，这种学习在基础教育的课堂上，难见踪影。第三，缺乏思辨性写作的段落训练，规范严整、结构清晰的段落，能给学生以良好的示范，可惜这种学习在语文课堂上得不到应有的重视。

3. 思辨性写作过程指导缺失

第一，思辨性写作教学活动设计单一。思辨性写作的课堂活动灵活性不强，无法有效激活学生的理性思维。从课堂实践来看，教师在思辨性写作课设计的活动多是审题指导、猜题押分、小组讨论等群体性活动。这种应试型、模式化学习，容易造成学生在集体活动中盲从或失语，进而导致学生的理性思维和理性精神得不到激发。思辨性写作过程指导可采用论辩法、讨论法、列提纲、画思维导图等方式展示，让学生在思维"可视化"中调整学习活动，提高学习效能感。

第二，情境设计欠缺，束缚学生的思维方法。情境是"新课标"中的高频词，教师可根据单元主题和日常生活，为学生创设具体可感的教学情境，让学生的思维与智慧在情境中得以发展。在单元写作中，教材提供的写作命题比较陈旧。

如九年级上册第三单元"议论要言之有据"写作实践共有三个任务：

> ① 要求学生开辟"素材库"，积累典型事例、统计数据、名言警句等；② 以《谈诚信》为题，写一篇议论文，不少于600字；③ 就《岳阳楼记》中的"忧乐观"，结合自己的看法，写一篇议论文，600字。

这些写作任务，多为封闭性的任务，缺乏情境设计，其要求与学生的生活相去甚远，因而难以让学生获得有效的学习成果。

第三,写作教学支架创设不足,抑制了学生的思维品质。如九年级上册第三单元“写作实践”任务2:

> 孔子说:“人而无信,不知其可也。”(《论语·为政》)诚信,自古就是一种美德。欺诈、造假等不讲诚信的现象历来为人们所深恶痛绝。请以《谈诚信》为题,写一篇议论文。不少于600字。
>
> 教学提示:1. 关于“诚信”,可说的角度很多,要深入思考,多方挖掘,选定一个角度,形成一个鲜明的观点。2. 关于“诚信”的材料很多,注意围绕自己确定的观点,选取恰当的材料。

教材呈现的写作实践,任务陈旧,提示空泛,缺乏适宜的写作支架。从教学实践来看,教师缺乏学法指导,其基本格式就是“观点+事例”,观点出自权威人物的言论;事例是叠加的,由各处搜索而来,这样的议论文,其论证过程基本等于“举实例”。这种罔顾思辨性写作的类型和内容特点的做法,难以让学生经历发现、辨析、求证等思维过程,容易抑制学生思维品质的发展。

4. 思辨性写作评价方式陈旧

首先,评价主体单一。思辨性写作评价以教师为中心,同学、家长、其他社会人士等很少能作为评价人员参与其中。这种单一主体的评价方式无法让学生获取多样的评价信息,因而限制了评价的促学功能。

其次,思辨性写作评价以终结性评价为重心,难以发挥评价的调控功能。在日常教学中,教师多采用大作文批阅,写“评语”和“百分制”的方式评价学生的写作;在期中、期末大考中,以50分制评价,基本采用终结性评价。这种方式,由于难以展示学生的分析、推理、联想等过程,因此难以衡量学生的思维发展程度。从学生层面来看,学生难以从简单的分数中反思学习的不足及改进方向,从而导致评价难以有效发挥其应有的调控功能。

三、思辨性写作的教学改进建议

（一）准确定位思辨性写作的教学目标

思辨性写作的目标应以“培养理性思维和理性精神”为宗旨。思辨性写作目标的设计要清晰具体，要为学生思辨能力的发展指明方向。目标设计要有梯度、循序渐进，使学生的核心素养获得稳步提升。

目标之一，提升学生的逻辑思维。逻辑思维需要学生运用概念、判断、推理等思维类型反映事物本质与规律。思辨性写作的首要前提是讲逻辑，学生要接触、了解和掌握“求同思维”“求异思维”“顺向思维”“逆向思维”“扩散思维”“聚合思维”等思维方式，才能更好地发现问题、独立思考，做到思维连贯而有层次，写作思路更加严密，论证有力。

目标之二，提升学生的辩证思维。辩证思维需要学生理解客观事物辩证发展过程及其规律性。面对各种复杂问题，学生能够运用已有知识进行思考、分析和推理，用联系、发展、全面的辩证观点看待事物。学生要学会横向思考，一分为二地思考；要持有发展观点，理解事物是有变化发展的；要用矛盾对立统一的观点看事物，矛盾的复杂性决定了事物的两面性或多面性；正确认识事物发展的原因、状态和趋势，理解内因和外因的关系，理解量变质变的规律；懂得发挥主观能动性，透过现象认识本质。在思辨性写作中要使学生初步具备辩证思维，学习分析和判断，懂得运用论据来证明观点，学习对观点进行多元角度、多层面、多维度和多种联系思考。

目标之三，提升学生的创造思维。创造思维需要学生开拓认识新领域，开创认识新成果。创造思维以感知、记忆、思考、联想、理解等能力为基础，以综合性、探索性和求新性为特征，需要付出艰苦的脑力劳动，要打破常规，破旧立新。也需要学生进行自我反思，做到关于思考的再思考，特别包括对自我思考的再思考，目的就是要找到正确的思想和知识。

(二) 选择适切的思辨性写作教学内容

1. 重构思辨性写作教学内容

根据任务主题,重构教学内容。教师应对思辨性写作教学内容进行统筹规划,让学生的思辨能力在序列化教学中有序提升。

以下梳理呈现统编版教材九年级上下册中所有的写作任务。(见表 5-1)总体来看,思辨性写作教材任务要求有诸多不尽如人意之处。第一,思辨性写作的基础训练不够充分,教材缺乏关于思辨性写作所需的句式、段落等训练;第二,逻辑思维培养不力,不仅在于教材安排的逻辑思维清晰的课文或范文比较少,也在于教材安排的写作任务中,关于思辨性写作的教学支架设计不充足,逻辑性、示范性不够,导致写作有难度;第三,思辨性写作知识不足,除九年级上有“观点”“论据”“论证”等要求之外,关于思辨性写作的知识,严重不足;第四,思辨性写作的形态不够多元,传统的封闭性命题居多,没有言说对象,缺乏说服性写作、论辩性写作等。

表 5-1 统编版语文教材九年级思辨性写作

册次	类型	任务要求
九上	小练笔	1. 自主欣赏六首现代诗,任选一首,写一段赏析文字与同学分享; 2. 学习课文《敬业与乐业》,就文中作者关于“木匠”与“政治家”的价值判断,写一段议论性文字,表明自己的看法
	单元写作	第二单元　观点要明确:1. 围绕“好奇”,提炼观点、列写提纲,写一段议论性文字;2. 对于“电子游戏”,青少年应该如何看待,写一篇议论性文章,不少于 600 字; 第三单元　议论要言之有据:1. 以《谈诚信》为题,写一篇议论文,不少于 600 字;2. 就《岳阳楼记》中的“忧乐观”,结合自己的看法,写一篇议论文,600 字; 第四单元　学习缩写:从学过的议论性文章里选择一篇,进行缩写; 第五单元　论证要合理:1. 论证“做学问不要盲从或迷信,要有怀疑精神”这一观点,200 字;2. 围绕话题“知足常乐”,写一篇议论文,600 字;3. 对“近朱者赤,近墨者黑”这句俗话,写一篇驳论文,600 字

（续表）

册次	类型	任务要求
	名著导读	阅读《艾青诗选》，选择其中一首，就诗作写法发表议论，谈谈看法； 阅读《水浒传》，就这部小说的结构、人物刻画、语言等方面的特点，写一段赏析文字
	综合性学习	《君子自强不息》，以“自强不息”为话题，撰写演讲稿，组织演讲活动
九下	小练笔	1. 学习课文《孔乙己》，课外阅读鲁迅小说，讨论《鲁迅笔下的看客形象》；2. 学习孟子类比说理，写一段话，说明一个道理；3. 运用《山水画的意境》中有关“意境”论述，选择一首古诗词进行赏析；4. 阅读《天下第一楼》全剧，选择常贵、卢孟实、修鼎新三个人物形象中一人，写人物分析，300 字；5. 阅读《出师表》，搜集诸葛亮相关故事，以《千古诸葛我评说》为题写一段文字，表达对诸葛亮的看法
	单元写作	第一单元　学习扩写：1. 将一句话扩写成一段话，总结对诗歌的认识；2. 根据材料，扩写成一篇议论性文章，题目自拟，不少于 600 字。 第六单元　有创意地表达：1. 选择一篇有创意的文章，推荐给同学阅读，写一则简短的推荐语，300 字左右

基于思辨性写作教学内容，建构结构化文体知识。教师应合理设计思辨性写作课程，重构课程内容，石修银提出“七年级，以训练观点的严谨为目的；八年级，以训练论证的严谨为目的；九年级，以训练说理为目的”[①]，总体来看，目标清晰，有层次有梯度，值得提倡。

2. 重视思辨性写作基本功训练

教师需要对初次接触思辨性写作的中学生进行遣词训练，引导学生积累一些理性词汇，也可以积累吸纳一些句段之间的过渡词汇。这些词汇不仅要学习、吸收，更须品析与运用，如“与此相反”“由此可见”“究其原因”“从现实看”“从长远看”等。[②] 如，“当然”一词，是对某些行为的确认，也是对自己论述的补充；

---

① 石修银. 说理性写作：教学理念转向与教师作为——基于西村克己“逻辑思考力”的借鉴[J]. 语文建设，2022(15)：76-80.

② 刘可翔. 思辨从语段训练开始[J]. 中学语文教学，2018(8)：37-40.

如“诚然”,表示尊重对方,在承认某种事实的基础上引起下文的转折;又如,“狭义上”“广义上”,是对概念界定的思辨。从不同层面论述问题,体现思维的严谨和深刻,是值得学生学习的思辨性表达。

教师需要对初次接触思辨性写作的中学生进行句式训练。进行思辨性写作,需要掌握一些基本句式,如表达观点的句式,一般是判断句,让学生学习用肯定句表达观点。还应该掌握一些复杂句式。所谓复杂句式,是指一定数量、意义相关,且结构上具有逻辑关联的分句的组合。一个思辨性段落,如果没有复杂句子,其表达是浅表的、短促的。运用复杂句式是写好思辨性文字的一大法宝,须格外重视。

教师需要对初次接触思辨性写作的中学生进行段落练习。坚持进行思辨性文字的段落训练,要学会提炼段首句,学会对段落中的核心概念进行界定与阐述,学会分析阐述核心概念。写好一个规范严整的段落,是思辨性写作的根基。让学生保持并增强思辨性写作的良好感觉,这是教学有效的必需路径和必然结果。与其他复杂技巧一样,思辨性写作也有很多基础知识,在学习写作的过程中必须将之内化,并通过思考加以运用。

(三) 实施思辨性写作过程指导

思辨性写作学习需要经过一段时间的专业训练。多数教师可能以为,自己向学生展示了“学什么”,学生就会自然而然地知道“怎么学”,这是一个认识误区。

第一,教学活动安排要灵活,突出变通性。教师既要对教学活动做整体规划,也要对任务要素做灵活处理。如,尽管教材安排了“小练笔”进行思辨性写作的练习,但写作次数并不多,内容不广,教师可以将“小练笔”加以拓展和深度设计,尽可能多层次多层面进行拓展训练。再如,“单元写作”中的写作任务基本属于封闭性写作,选题陈旧,缺乏交际意识,教师可以就“主题”“对象”对原有选题进行变通处理,使之变成真实写作,既避免了任务的低水平重复,又保证了活动安排的整体性和逻辑性。

第二,教学支架设计要适切,突出有效性。对于中学生来说学习思辨性写作有一定难度,教师要准确摸查学情,准备多重支架。首先,面对材料题,学生从材料中准确提炼观点,是一个难点,教师可以从关键词、关键句等角度,引导学生捕捉命题要义,从而提取观点。其次,文章的思路,要体现一定的逻辑性,教师可以提供思维导图,或用列提纲等可视化方式为学生提供适宜的写作支架。再次,教师应提供适切的例文支架,条件允许的情况下,可适当推荐学生阅读浅显的哲学著作和思辨色彩较浓的文本,给学生一个鲜明深刻的印象。最后,教师也应为学生创设情境支架,创设真实而富有意义的活动情境,能够提高学生发现问题与解决问题的能力。

(四) 改进思辨性写作的评价方式

首先,改变评价主体的单一性。为了促进学生学习的积极性,学生也应成为评价主体。为增进评价的诊断促学功能,师生可共同制定多维度的评价标准,同时还可以采取自评与他评的方式,让学生全方位了解自己学习的长处与不足,为后续提高学习效率奠定基础。

其次,教师应重视过程性评价。及时捕捉学生的动态学习水平,对学生的写作过程给予关注,重视思辨性写作的修改与完善。改正每次写作评价给予一个分数就完成的习惯,从方式上加以改进,可以尝试面批、互批,也可以组织班级交流。同时教师应及时把掌握的信息反馈给学生,以便学生根据评价信息及时调整自己的学习活动。

思辨性写作的教学实施,有一定的难度,同时对于学生的核心素养提升发展意义重大,必须高度重视。同时,教师也应该主动学习,自我提升,吸收思辨性学习的先进教学理念。首先要梳理、盘点和学习近现代写作教学的经验和著作,如陈望道的《作文法讲义》、夏丏尊、叶圣陶《国文百八课》;其次,放眼世界,吸收借鉴欧美思辨性写作教学研究成果,如理查德·保罗博士的批判性思维系列研究成果;或者学习日本西村克己著作《逻辑思考力》,该著作目前在国内已印刷17次,为今天基础教育说理性写作教学提供了很好的借鉴。

第二节 “活动·探究”单元“教—学—评”一体的设计与实现

——以演讲“活动·探究”单元教学为例

所谓“教—学—评”一体,就是教学、学习与评价都围绕共同目标展开[①],它由目标导向的“学—教”一致、“教—评”一致和“评—学”一致组成。[②] 2022年版义教语文课标在“前言”中提出应注重实现“教—学—评”一致性,明确“为什么教”“教什么”“怎么教”及“教到什么程度”;在“教学评价建议”中要求,教师应树立“教—学—评”一体化意识,科学选择评价方式,合理使用评价工具。[③]

“活动·探究”单元是统编版语文教材一种创新性的组元类别,它以任务为引导、活动为主体、探究为路径,形成了一个丰富多元的动态系统。[④] 然而,多数教师忽视“活动·探究”单元的编写意图和创新特色,在教学上与普通单元一样进行单篇教学,且对学生实践活动缺少指导,其存在的主要问题有“教学定位不准,重阅读、轻写作,忽视活动探究”“教学目标不具体、不可评”“阅读、写作与实践活动彼此割裂”“重教学、轻评价”“评价与目标不匹配”等。

“活动·探究”单元是统编版语文教材的编写创举,教师应着重研究,探索

① 崔允漷,夏雪梅.“教—学—评一致性”:意义与含义,4-6.

② 崔允漷,雷浩.教—学—评一致性三因素理论模型的建构,15-22.

③ 中华人民共和国教育部.义务教育语文课程标准(2022版),48.

④ 陈家尧.“活动·探究”单元的教学思考[J].中学语文教学,2019(8):9-12.

其“教—学—评”一体的实现。本文以教材八年级下演讲“活动·探究”单元学习为例,从学生视角出发探索“为什么学”“学什么”“怎么学”以及“学得怎么样”,并据此阐述“活动·探究”单元的“教—学—评”一体的设计与实现(见图5-2),以促进新课程标准的落地,帮助学生在真实情境、问题和活动探究中发展语文核心素养。

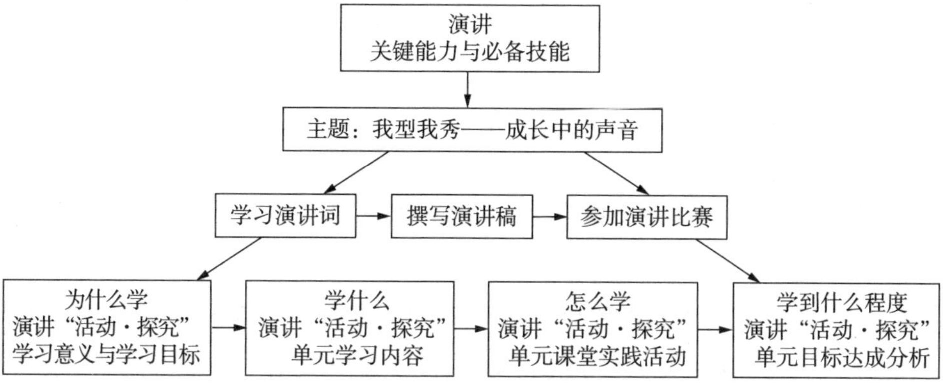

图5-2　演讲“活动·探究”单元“教—学—评”一体实施路径图

一、演讲“活动·探究”学习意义与学习目标

(一)演讲“活动·探究”学习意义

统编版语文教材共安排四个“活动·探究”单元,从文体类型上看有“新闻”“演讲”“诗歌”和“戏剧”。“活动·探究”单元使学生的学习从平面走向立体,从静态走向动态,在综合性、实践性较强的语文活动中习得语言文字运用规律,促进学生核心素养全面提升。其学习意义有:首先,“活动·探究”单元改变了学生获取知识的方式,整合单元文本,使学生在活动中自主发现、整理、构建知识;其次,“活动·探究”单元走向结构化的知识建构,实现了文本类型化知识的掌握;最后,“活动·探究”单元有利于培养学生合作能力和综合实践能力。“将语文学习与实践活动整合为一个整体,将过去被视为课外的语文实践活动,变身

为语文课堂学习的主体。”①

演讲,是指在公众场合,以有声语言为主要手段,以体态语言为辅助手段,针对某个具体问题,鲜明、完整地发表自己的见解和主张,阐明事理或抒发情感,进行宣传鼓动的一种交际活动。② 演讲“活动·探究”以“学习演讲词”“撰写演讲稿”“举办演讲比赛”这三大任务为轴心,形成一个较为完整的综合性学习体系。这是一个以任务为先导,以活动为主体的动态体系,演讲词阅读是前提基础,演讲词写作是语用关键,演讲实践是其能力综合体现。

(二)演讲“活动·探究”学习目标

目标是学生学习结果的预期。根据课程标准学段要求、单元语文要素、演讲活动特点及学生学习情况制定单元学习目标。演讲“活动·探究”单元编选了《最后一次讲演》《应有格物致知精神》等一组演讲词。《最后一次讲演》属于即兴演讲,闻一多面对在场特务的捣乱痛斥其“无耻”“卑劣”,慷慨激昂的语言中蕴藏着一个“威武不能屈”灵魂。学习这篇演讲词,学生能感受到演讲者的激情和鲜明的立场,感知即兴演讲的现场感,学习句式、词汇运用等语言技巧。《应有格物致知精神》提出学习自然科学应有格物致知精神。作为一名科学家,丁肇中的演讲逻辑性强,学生可以学习如何有条理、有层次地表达自己的观点。《我一生中的重要抉择》用幽默谦虚的话语分享观点,表明自己人生中的重要抉择,可以学习作者幽默风趣的语言表达。《庆祝奥林匹克运动复兴25周年》突出了奥林匹克精神与青少年和谐发展的关系,语言庄重典雅,学生可以学习演讲语言的典雅性,感受思想的深刻性。四篇演讲稿都指向具体的言说对象,其内容主题分别体现“战斗”“探索”“分享”等,让学生在思维、审美、文化、思想品德、人格修养等方面得到熏陶和提升。单元学习目标如下。(见表5-2)

① 王涧.“活动·探究”单元的顶层设计和教学实施[J].语文学习,2017(11):15-18.

② 邱海洁.部编教材八年级下册活动探究单元教学目标与课标的关系——以演讲活动探究单元为例[J].延边教育学院学报,2019(4):143-148.

表 5-2　演讲“活动·探究”单元学习目标

目标类别	单元学习目标
阅读目标	1. 通读全文,完成“演讲基本信息表”,重点树立演讲词的对象意识; 2. 学习演讲词,把握演讲观点,感受演讲风格,获取有益启示,基本掌握演讲词的主要特点; 3. 朗读重点段落与词句,感知演讲词的风格特点,赏析演讲词言语形式,掌握演讲词增强感染力和说服力的语言技巧; 4. 理清作者的演讲思路和结构,形成思维导图,提升思维能力
写作目标	1. 学习撰写演讲稿,学习有观点、有条理、重证据地表达; 2. 学习用思维导图建立思路框架,重视演讲稿条理性,提升思维能力; 3. 学习和迁移本单元演讲词语言运用技巧,增添演讲稿语言感染力
演讲目标	1. 积极参与“我型我秀”演讲主题活动; 2. 乐于交流分享,在“演讲—聆听—评议”的综合活动中提高在公开场合的表达能力,在交流分享中学会尊重他人,并提升自信

二、演讲“活动·探究”单元学习内容

(一) 学习演讲词

1. 把握演讲稿文体知识

(1) 学习演讲词的基本要素

通读单元群文,梳理关键信息,初步把握了解本单元所有演讲词的主要内容、重点段落;梳理其写作要素,包括话题、对象等,理清演讲与主题、听众与演讲目的之间的关系。填写“演讲基本要素清单”。

(2) 把握演讲词的观点

整体学习本单元演讲词,把握演讲词的观点。学习四篇演讲词的创作宗旨,挖掘其育人价值,整体领悟演讲词蕴含的思想和情怀,得到有益的启示。

2. 学习演讲词逻辑思路

演讲词正文部分结构和思路,是初学演讲者需要领会和掌握的重要学习

内容。八年级学生作为初级演讲者,应了解和学习演讲词正文展开的思路和顺序。

3. 欣赏演讲词的语言特点

欣赏演讲词的语言特点,如“慷慨激昂”“幽默”“有感染力”等,品读赏析演讲词修辞、句式、用词和人称等。通过“摘录—比较—品析”方式,对四篇演讲词的语言进行品味赏析。

(二) 学习撰写演讲稿

1. 了解演讲稿写作要素

演讲是一种典型的社会交际行为。一次完整的交际包括言语行为的交际双方、言语行为的交际目的、言语交际的环境,包括语境、话语等交际要素。我们可以简化为:说者、听者、语境、语言工具具体运用的过程和结果。① 演讲稿写作,借鉴交际语境写作理论,提取出话题、听众、角色、目的、体式和语言等写作要素。(见表5-3)

表5-3 演讲稿写作要素

写作要素	话题	听众	角色	目的	体式	语言
内容要点	根据演讲主题,选择合适话题,寻找听众感兴趣的话题	分析演讲场合听众特点和心理需求,用易于理解和接受的方式来选择和组织演讲的内容	明确自己身份,理清演说者与演说对象之间关系,以一种适合情境、贴合受众的话语方式进行写作和演讲	明确写作目的,聚焦写作内容,取舍写作素材	基本结构要完整,要有标题、称呼语、开场白、正文和结束语等	语言表达要有现场感,要契合情境主题和身份对象

2. 学习写好开头与过渡语

撰写演讲稿时要注意写好开头,以吸引听众的关注。要学习使用称呼语或

---

① 岑运强.交际语言学[M].北京:中国人民大学出版社,2015:52.

问候语,拉近与听众的距离,增强演讲的现场感,顺利引出演讲话题。演讲稿也要注意写好过渡语。过渡语有承上启下的作用,还可以揭示上下观点段落之间的结构安排,有利于听众明确演讲者的演讲思路,更好地与演讲者共情。演讲稿中常用的过渡语如下。(见表 5-4)

表 5-4　演讲稿中过渡语使用示例

类型	示　　例
表明序列顺序	首先、其次;然后、再次;第一、第二;从前、如今、最近……
突出重要观点	首先、最关键的是、最重要的是……
表示并列	是……也是……;一面……一面……;既……也……
对比/转折	虽然……但是……;无论如何……都……;然而……;并非……
语义递进	不仅……而且……;不但……而且……;此外,再者……
阐释关系	举例来说、比如、从本质上说……
语义收缩	综上所述、总而言之、总之、最后……

3. 学习修改演讲稿

学生应学会对照评价标准。在写作过程中,学生的修改是即时的、动态的,可边发现边修改,也可集中修改。修改反思是一种高阶思维,学生不仅要学习对照评价标准自我评价与修改,也要学习对照评价标准合作评价与修改。

(三) 学习公开演讲

1. 了解演讲赛事的流程和规则

演讲"活动·探究"比赛大致由"情境创设""赛前准备""组内预赛""班级比赛"和"优胜评选"等构成。(见图 5-3)参赛者先参加小组竞争,小组胜出后再参加班级演讲赛。

图 5-3　班级演讲比赛流程

2. 学习运用公开演讲的有声语言

学生参加演讲比赛,呈现有声语言的表现艺术。具体要做到普通话准确清晰,情绪饱满,音量适中,学习正确调节演讲的语调、语速、节奏与停顿,使演讲富有表现力与感染力。

3. 学习运用公开演讲的态势语言

态势语言,是通过人体某一部分形态变化来交流思想、表达情感的一种辅助性言语表现方式。演讲时适当增加态势语言以配合口语表达,能起到传情达意、感染听众的作用。演讲者应学习态势语言的正确使用,包括眼神与笑容、手势与站姿、仪态与风度等,也要注意服饰得体。

三、演讲"活动·探究"单元课堂实践活动

(一) 学习演讲词

1. 朗读、梳理与品悟,把握演讲词的要素与观点

首先,整体阅读单元群文,重点学习《最后一次讲演》《应有格物致知精神》

两文。梳理关键信息，填写表格。教师课堂示范填写《最后一次讲演》的基本要素，学生合作填写《应有格物致知精神》演讲基本要素。后两篇课文，实现学习迁移运用，自主学习。(见表5-5)

表5-5　演讲基本要素清单

演讲稿	话题	听众	角色	目的	体式	语言
最后一次讲演	围绕李公朴先生在昆明遇害	在场的群众与国民党特务	爱国志士	揭露国民党反动派的罪行	即兴讲演	慷慨激昂；大义凛然
应有格物致知精神						
我一生中的重要抉择						
庆祝奥林匹克运动复兴25周年						

其次，整体阅读单元群文，通过朗读与品悟、师生对话、品读重点段落、课堂示范、合作学习等方式，把握演讲词的主旨。把握演讲词的观点，提炼四篇演讲词的创作主旨，挖掘其育人价值，让学生整体领悟演讲词蕴含的思想和情怀，得到有益的启示。(见表5-6)

表5-6　演讲“活动·探究”单元课文主题探究

课文	观点	主题
最后一次讲演		痛斥敌人，赞扬李公朴，号召青年学生，表达自我牺牲的气概和精神
应有格物致知精神	应有格物致知精神	
我一生中的重要抉择		
庆祝奥林匹克运动复兴25周年		

2. 绘制思维导图，整理演讲词的逻辑思路

整体阅读演讲“活动·探究”单元四篇演讲词，开展合作学习。合作绘制演

讲词的思维导图(见图5-4),修改完善思维导图。交流思维导图,领悟演讲词写作的思路框架。

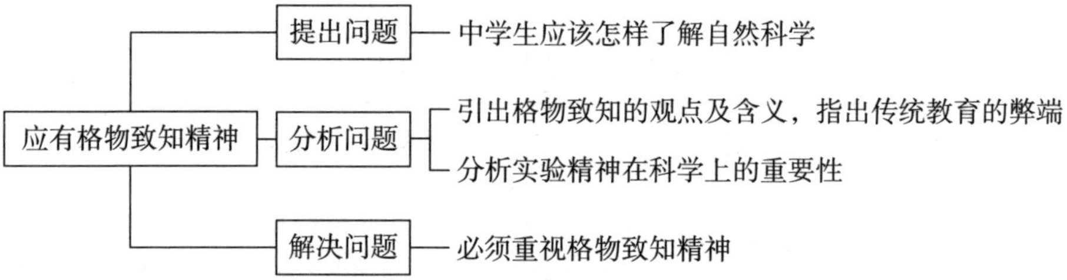

图5-4　教师示范:《应有格物致知精神》演讲词思维导图

3. 朗读、模拟演讲,欣赏演讲词的语言特点

选取演讲“活动·探究”单元重点段落,欣赏演讲词的语言特点。通过课堂模拟演讲,重点段落朗读等活动形式,感悟演讲风格。选择重点语段,精选角度,进行赏析品味。以《最后一次讲演》为例(见表5-7),闻一多先生的这篇即兴讲演,整体演讲风格可称得上慷慨激昂、态度鲜明。

表5-7　《最后一次讲演》演讲词语句赏析

欣赏角度	摘录语句	赏析语句
短句	今天,这里有没有特务?你站出来!是好汉的站出来!你出来讲!	句式短小,语气急促,非常有力。表达了内心的愤怒,强烈地激起群众对反动派的义愤和同仇敌忾的决心
修辞	无耻啊!无耻啊!(热烈地鼓掌)这是某集团的无耻,恰是李先生的光荣!李先生在昆明被暗杀,是李先生留给昆明的光荣!也是昆明人的光荣!	几个“无耻”的反复一个比一个语气强,从斥责到控诉,情感才能够从愤怒发展到仇恨,使演讲者以及听众的情绪达到高潮
人称	你们杀死一个李公朴,会有千百万个李公朴站起来!你们将失去千百万的人民!你们看着我们人少,没有力量?告诉你们,我们的力量大得很,强得很!看今天来的这些人,都是我们的人,都是我们的力量!	变换人称,有力地配合演讲者的思想感情表达。第二人称“你们”的使用,集中在对特务的谴责上,将特务与自己和听众区分开

（续表）

欣赏角度	摘录语句	赏析语句
副词	所以他们制造恐怖,其实是他们自己在恐怖啊!	“其实”表达一种肯定态度,增强语气。演讲者从特务打扰会场的行为看出他们内心的恐慌,进而揭露他们的本质

（二）撰写演讲稿

1. 审题与研讨

首先,启发审视写作任务。真实情境可以引导学生主动体验、感受与思考,积累写作素材,产生真实的表达欲望,增强语言学习热情。

湖州市文明办、团市委、市教育局等部门联合举办2023年湖州市“新时代好少年”标兵推选工作。为使这项工作得到顺利推行,湖州市第＊中学德育处负责人决定在校级层面进行公开竞选,请你结合自己的品德、学习与特长等条件,积极参与。具体要求如下:

1. 推举方式:自荐或推荐
2. 参与方式:撰写竞选演讲稿,说明自己的竞选理由和优势
3. 时间要求:进行约3分钟的公开演讲

请同学们积极参与,自拟题目,精心构思演讲的主题、听众、角色、格式等。撰写初稿,不少于600字。

其次,开展合作学习。第一步,讨论:① 为什么要发表演讲?② 针对哪些听众?听众有怎样的特点?③ 演讲在怎样的场合进行?④ 演讲者会因为听众的特点,而注意措辞或演讲语气吗?第二步,确定撰写演讲稿的写作要素:话题、听众、角色、目的、体式、语言等。第三步,设计演讲稿开头、问候语,注意演讲

的现场感。第四步,绘制演讲稿的思维导图。

2. 运用写作支架,撰写演讲稿

(1) 提升演讲现场感

准备活动:学生可以搜集、观看经典演讲视频,关注、品味演讲细节,比如演讲者的神情、仪态、站位、语气、语调等,音量、音速要得体合宜,提高自己的现场表现力。

模拟演讲:借助同伴团队试演讲,为自己提出修正意见;在家试讲,并录制视频观看,根据评分标准进行自我评价、调整,从眼神、体态、用语等方面改进,完善自己的演讲。

提升现场感技巧1:眼神,注视听众,可以和听众有眼神互动。

提升现场感技巧2:称呼,称呼同学与老师时,语气、神情、眼神、手势等与之同步。

提升现场感技巧3:站位,演讲时,站位要合适,不能离听众太远。

提升现场感技巧4:态势,演讲时仪态大方、表情沉着,要用一定的态势语言。

(2) 增加语言感染力

竞选类演讲需要锤炼语言,提升语言感染力,得到听众认可,为你投上一票。要用恳切的语言打动听众,用自信有力、有号召力的话语折服听众,幽默生动的语言吸引听众,用诚恳且有鼓动性的语言赢得听众的信任为你投票。

语言技巧1:重述,用不同的方法重复同一个观点。

语言技巧2:重复,用同样的话重复同一个观点。

语言技巧3:并列,重复语法结构。

语言技巧4:反问,反问属于无疑而问,意在激发感情;注意在句式、用词上锤炼语言。

语言技巧5：举例，以自己为例，现身说法，更能折服听众。

(3) 利用评定细则，即时反思与修改

学生在写作过程中应随时进行修改。学习借助评价标准，准确把握自己要达到的程度。(见表5-8)

表5-8　演讲“活动·探究”单元演讲稿评价标准

项目	等第			
	优等	良好	及格	不及格
观点鲜明，紧扣主题	观点鲜明，观点的呈现清晰醒目；紧扣演讲主题	观点比较鲜明，观点呈现比较清晰；能围绕主题撰写演讲稿	能在教师的指导下提出观点；能正面呈现观点；能在教师的指导下围绕主题完成演讲稿	不能在教师的指导下提出观点；不能正面呈现观点；不能在教师的指导下围绕主题撰写演讲稿
条理清晰，构思得当	演讲稿中心突出，各部分内容明确，有一定的逻辑，能运用思维导图构思，思路框架清晰	演讲稿中心比较突出，话题集中，不转移；各部分内容比较明确，思路框架比较清晰	能在教师的指导下，围绕中心撰写演讲稿；能在教师的指导下构思演讲稿，不偏题	不能在教师的指导下围绕中心撰写演讲稿；不能在教师的指导下构思演讲稿，演讲稿内容偏离题目主旨
观点与素材的一致性	根据观点组织写作素材，素材有代表性，有新意，观点与素材匹配度高	能根据观点选择素材，素材较有代表性，有一定的新意，观点能与素材适配	能在教师的指导下根据观点选择素材；能在教师的指导下选择合适的素材，观点与素材保持一致性	不能在教师的指导下根据观点选择素材；不能在教师的指导下选择素材，观点与素材不一致
开头、结尾和过渡语	正确使用称呼语，拉近与听众的距离；能借助一定情境或话题恰当切入主题；能恰当使用过渡语，起承转合自如；结尾有鼓动性，呼应前文	能比较正确地使用称呼语；能唤起听众注意力；能顺利切入主题；能使用一些过渡语；结尾能与前文呼应，有一定的鼓动性	能在教师的指导下使用称呼语；能在教师的指导下切入主题；能在教师的指导下使用过渡语；能在教师的指导下，注意前后呼应，自然结尾	不能在教师的指导下使用称呼语；不能在教师的指导下顺利切入主题；不能在教师的指导下使用过渡语；不能在教师的指导下，完成该演讲稿的写作

(续表)

项目	等第			
	优等	良好	及格	不及格
语言流畅,富有气势	字数达标,语言符合校园师生的用语习惯;句式富有变化,修辞丰富,语言具有感染力;能正确运用人称,激发听众的情绪;能正确使用恰当的词汇,提升语言表现力	字数达标,语言符合校园师生的用语习惯;能比较正确地使用句式或修辞,语言有一定的感染力;能注意使用人称或用词,语言有一定的表现力	字数基本达标;能在教师的指导下,运用一定句式,语言基本通顺;能在教师的指导下使用一些人称或词汇表情达意	未能达到字数标准;语言不够通顺;不能清楚地表情达意

(三)参加竞选演讲

1. 演讲预备

首先,通过观看演讲视频,欣赏演讲者现场演讲活动,关注演讲者神情、仪态、站位、语气、语调等方面的临场表现,整理形成“优秀演讲修炼手册”,提高自己的现场表现力。其次,预备演讲,利用已完成的演讲稿,进行预演,注意语气、语调、重音、节奏的配合等,演讲既要“讲”,还要“演”。不仅要提升“讲”的技巧,还要注意“演”的表现,如体态语的运用、临场的情绪调整、对突发情况的应变等。

2. 熟悉程序

首先,组织程序完善。① 举办小组选拔赛。每小组选拔1—2名同学参加全班比赛;② 推选评委,设置奖项,制定评选细则;③ 举办班级演讲比赛。其次,小组选拔。根据演讲内容和演讲技巧运用的综合表现,每组推荐1—2名优秀同学参加班级的演讲比赛。参赛同学在小组内反复演练,根据小组听众的反应,选取合适的建议修改演讲稿,提高演讲技巧。其他同学根据小组意见,继续修改自己的演讲稿,加强演讲练习,并录制演讲视频,提交至语文老师处。再次,推选主持人,撰写串场词，安排演讲顺序。推选评委，评委根据演讲的特点制定恰当的评分标准和评选方法。可以从演讲词质量和演讲现场表现两个方面制定评分标准。演讲词的评价标准可以参照第二课段的评价标准。最后，现场演讲。演讲现场表现可以从演讲者的姿态表情、语音语素、肢体语言和演讲语气等方面设置评分标准。

3. 参加演讲比赛

竞选演讲：是为了得到某一职位(荣誉)而进行的演讲。

竞选演讲稿的基本结构：① 标题；② 称谓；③ 正文(开场白—主体—结语)。

竞选演讲稿的程序性思路：① 简单介绍自己的情况，开门见山说出要竞选的荣誉；② 阐述自己竞选的理由，可以分几个层面介绍；③ 指出自己优于他人的条件；④ 用简洁的话语表明自己的决心和诉求。

四、演讲“活动·探究”单元目标达成分析

根据学习结果反观教学目标的达成情况，评价单元学习成效。通过分析学生的学习表现和结果，可以看到“教到什么程度”。

(一) 演讲活动评价量表

适切的评价量表可以有效评估学习程度，检验活动成效，及时总结经验。(见表5-9)

表5-9　演讲“活动·探究”单元活动评价量表

维度	等第			
	优秀	良好	合格	不合格
观点与要素	演讲目的明确，观点鲜明，演讲素材围绕主题，体式恰当，语言得体	演讲目的比较明确，能呈现观点，素材不脱离主题，体式比较恰当，语言比较得体	能在教师的指导下，使演讲有一定的目的，不偏题，体式基本恰当，语言基本得体	演讲目的不明确，没有正面呈现观点，演讲素材不能围绕主题，体式不恰当，语言不得体

(续表)

维度	等第			
	优秀	良好	合格	不合格
条理	开头自然,过渡语使用正确,中心明确,条理清晰,结尾有鼓动性、感染力	开头比较自然,能使用过渡语,演讲有一定的条理,结尾有一定的鼓动性、感染力	能在教师的帮助下进行演讲,有一定的顺序,不偏题	不能在教师的帮助下进行演讲,语无伦次,偏离主题
现场感	能吸引听众,对现场听众进行问候与交流,眼神不躲闪,自如得体	能对现场听众进行问候与交流,眼神比较自然	能在教师的帮助下对现场听众进行问候与交流,眼神不够自然	不能在教师的帮助下对现场听众进行问候与交流,眼神不自然
有声语言	现场演讲能脱稿,普通话流利准确,语调抑扬顿挫,口齿清楚,神态自然,情绪饱满,声音响亮	现场演讲基本脱稿,普通话基本准确,口齿比较清楚,声音比较响亮	现场演讲偶尔读稿,普通话不够准确,口齿不够清楚,声音不够响亮	现场演讲全部读稿,普通话不准确,口齿不清楚,声音不响亮
态势语言	仪态大方,体态端正,肢体语言恰当,服装整齐,自信从容	仪态比较大方,体态端正,不摇晃,肢体语言比较恰当,服装整齐	能在教师的鼓励下进行演讲,体态不够端正,整体不够大方	不能在教师的鼓励下进行演讲,身体摇晃,扭捏不自信

(二)学习目标达成度评估

教师以学生的现场演讲作为“活动·探究”单元的学习成果,借助量表进行评估,检验学习目标达成度。下面以某一学生的演讲为例,分析、评价演讲“活动·探究”单元教学目标达成情况。

湖州市某中学“学习标兵”竞选演说

尊敬的老师,亲爱的同学们:

大家好!

我是807班的谢 * *,我在班级担任的职务是班长。今天站在这个演讲台上,参加＊＊中学标兵竞选。我要竞选的是“自立自强”标兵。此时此刻,心中无限荣幸和激动,同时也非常感谢老师和同学对我的信任。我一定不负众望,尽我所能努力争取!

在班里,我担任班长一职,是老师的好帮手。我每天带领班干部管理班级,维持早读和中午的纪律。对政教处的“五星”考评,我十分重视,每天检查同学仪容仪表,管理技能课的排队和秩序,班里有任何一点动静,我都会及时处理或者立马向老师报告。因此,我们班,不仅课堂气氛很好,而且班级集体荣誉感超强,更加令我欣慰的是,我赢得了同学的爱戴和信任。我们班同学亲切地称呼我为“老班”,我们同学的作文里,也多次写到我。

在学习上,我非常努力。每次考试,我都是保持班级第一二名。这不仅出自我个人的上进心,我班干部职务也促使我要成为同学的榜样。在这里,也非常感谢老师们对我的表扬和鼓励,使我有了更大的动力。

我来自织里,我的家离学校比其他同学都远。为了更好地学习,我远离亲爱的父母,来到一位老师家借宿读书。而这一点,也就是我今天,要站在演讲台上竞选“自立自强”标兵的根本原因。我们大家,每天都会在父母亲切的关怀下,享有家庭的温馨。而我,必须要把我想家的情绪控制起来,做我的自主练习。起先,非常地不适应,有时候还躲在被窝里偷偷哭泣。虽然,我是一个男生,但是在这之前我从来没有远离父母独自在外留宿。即使是今天,我对那段战胜自己想家的心情,还是记忆犹新。此时此刻,我要站在这里,大声说:我,战胜了自己!谢谢,谢谢大家。在这里,也十分感谢这位老师对我的生活和学习的照顾。

我的兴趣爱好也十分广泛,绘画、体育、奥数……在小学时期也拿过很多奖项:奥数一等奖,市绘画二等奖,等等。我还是一个德智体美劳全面发展的优秀青少年,去年为了参加学校的运动会,我每天放学后,自己到操场训练,终于取得不俗的成绩,为班级增加了可贵的三分。

同学们,曾经的困难,已经过去;将来会面临更多的挑战。你和我,都一样,都会遇到磨难。泰戈尔说:“只有经历地狱般的磨炼,才能炼出创造天堂的力量;只有流过血的手指,才能弹出世间的绝唱。”今天,我站在这里,就是为了向大家说一句:我行!我一定行!我不仅要用我的声音表现我自己,更要用我的行动表现我自己!谢谢大家。

对照现场演讲评价标准,该学生的竞选演讲能正面鲜明地表达自己的观点,表明自己参与竞选的决心;同时围绕观点陈述自己多方面的竞选优势,突出自己“自立自强”方面的参选条件;演讲开头自然,过渡衔接顺畅,结尾有一定的鼓动性;演讲声音响亮,充满自信;身着校服,体现出积极、健康、向上的校园风貌。

第三节　创设真实语境,优化教学设计
——以说服性写作为例

传统写作教学,重视“记叙文”“说明文”和“议论文”三大文体。所谓“议论文”是包含了阐明事理类文章和说服类、论辩类等各类文章的综合文类。① 我国写作教学,应试痕迹较浓厚,中学生日常所练习的议论文,脱离真实文体写作,基本属于缺乏读者意识、忽略真实语境的封闭性写作。随着新一轮课程改革的深化,教师写作教学思想观念得到较大的改进,开始重视写作中的读者意识,写作教学从过去的只重视写作结果慢慢演进为重视交际语境写作。

① 叶黎明.说服类文本写作:边界、特征与知识[J].中学语文教学,2016(9):31-37.

一、说服性写作的概念内涵

说服性写作指的是说服读者赞同某个观点或认可某事的语篇类型。在中小学的写作教学中，说服性写作教学应该占有一席之地。说服性写作是日常学习、生活中的一种常用文体。一般人在真实的生活中都会有表达诉求、陈述自己看法的需求。作者首先提出观点、建议、要求，要有逻辑地组织理由，从而使对方接受自己的观点或意见，达成表达目的。这种通过写作以理服人的能力，需要在中小学写作教学中进行培养，同时也有助于塑造客观讲理的思维习惯和理性话语能力。

说服性写作的目的是说服他人接受观点或采取行动。说服性写作是表达意见，讨论、分析和评价一个问题，而读者却是视情形而定、反应不一的。对于同意的读者，作者觉得受到认可与鼓舞；对于中立的或摇摆的读者，作者应力图争取其接受；而对于反对的读者，作者要尽量扭转或改变其看法。因此，说服性文章的作者要根据读者的反应与态度，采取相应的语气或文章体式。

二、说服性写作中的真实情境创设

2022 年版义教语文课标颁布，课程理念之一即“增强课程实施的情境性和实践性，促进学习方式变革”。[①] 写作并不是写作者个体自我封闭式的表达，而是基于特定语境的书面交流。但凡篇章都是语境要素共同作用的产物，是语境孕育出来的结果，写作即在语境中对话。因此，在写作教学的实施过程中，教师应创设真实的生活情境，引导学生面对具体的言说对象，针对特定的写作任务，在真实或拟真任务情境下沟通与交流。我们设计的具有真实情境的写作任务如下：

---

① 中华人民共和国教育部. 义务教育语文课程标准（2022 年版），3.

借阅图书是每一位中学生求知探索,开启自主阅读的前提。但学校图书馆常年不开放,形同虚设,同学们几乎没有机会到图书馆自由地阅览和借阅。请你写一封建议信,向学校管理部门提出合理化建议,建议向各年级同学开放图书馆,设置固定借阅时间,改进学校图书馆的服务职能,满足同学阅读需求。

我们对这一真实写作任务进行语境分析,分别从题目、作者、读者、写作背景、写作目的、文体和产生的积极影响等几方面入手,有利于保证写作的针对性、适切性和文章的交际功能。(见表5-10)

表5-10　说服性写作语境要素

语境要素	具体内容
作品题目	关于开放学校图书馆的建议书
作者角色	希望开放学校图书馆的学生
读者角色	校长(学校相关行政领导)
写作背景	对于学校图书馆无法满足学生借阅需求的合理化诉求
写作目的	向学习管理部门提出改进学校图书馆服务职能的合理化建议
文体形式	书信
积极影响	利用书信的形式反映不合理的事情,以期改善学校服务部门相关职能,提升学生学习和阅读的获得感

三、说服性写作教学设计

教师积极开展说服性写作教学实践,创设写作情境,呈现写作任务,引导学生具体分析语境要素，并为学生提供写作支架，激活学生的写作思路。现借助《学写建议信》课例，阐述自己的思考与实践。

《学写建议信》优化设计

一、情境与任务

写一封建议信。向学校管理部门提出合理化建议，建议向各年级同学开放图书馆，设置固定借阅时间，改进学校图书馆的服务职能，满足同学阅读需求。字数500字以上。注意用语得体。

二、学习目标、学习重点与难点

学习目标：① 向有关部门提合理化建议，学会根据对象提出观点；② 有理有据地阐述自己的观点，陈述理由要讲条理、有逻辑；③ 根据特定的对象，学习使用合适得体的措辞；④ 格式规范，语言简洁明白。

学习重点：① 向有关部门提合理化建议，学会根据对象提出观点；② 有理有据地阐述自己的观点，陈述理由要讲条理、有逻辑。

学习难点：① 有理有据地阐述自己的观点，陈述理由要讲条理、有逻辑；② 根据特定的对象，学习使用合适得体的措辞；有针对性地说服对方。

三、学情分析

通过日常观察与个别访谈，发现大多数八年级同学没写过建议信，不明白建议信的写法和注意事项。写作困难主要集中在阐述理由缺乏条理；不会根据特定的对象，使用合适得体的措辞；缺少文体意识，不懂章法，不会基于读者立场展开劝说。

四、教学准备

① 创设情境，唤起学生的写作需求；② 设计利用预习单，让学生初步感知建议信的文体特征和结构；③ 设计教学活动，提供写作支架，引导学生基于读者立场选择说理材料，选择合适的口吻陈述建议。

五、教学过程

(一) 引入写作情境

1. 教学导入:面对整本书阅读任务,同学们大多是从书店购书,也有部分同学向他人借阅。学校图书馆的读者服务功能基本没有发挥作用,对此现象,请同学们谈一谈自己的看法。

2. 出示任务情境

借阅图书是每一位中学生求知探索,开启自主阅读的前提。但学校图书馆常年不开放,形同虚设,同学们几乎没有机会到图书馆自由地阅览和借阅。请你写一封建议信,向学校管理部门提出合理化建议,建议向各年级同学开放图书馆,设置固定借阅时间,改进学校图书馆的服务职能,满足同学阅读需求。

(二) 明确写作任务

1. 文体形式:书信

2. 阅读对象:学校校长或相关领导

3. 写作题目:关于开放学校图书馆的建议书

4. 作者角色:希望开放学校图书馆的学生

5. 写作出发点:向学校管理部门提出改进学校图书馆服务职能的合理化建议

6. 产生影响:利用书信的形式反映不合理的事情,以期改善学校服务部门相关职能,提升学生学习和阅读的获得感

7. 字数要求:500字以上

带上具体任务,提升写作动力。以上信息,要让每一位同学明白并确认。

(三) 进行头脑风暴

1. 小组合作,头脑风暴。讨论“学校图书馆”应该具备的功能,目前存在的问题;讨论同学阅读的现状与存在的问题;讨论同学对于学校图书馆提

升服务的期待……

同学们在讨论过程中派代表记录，出示各小组的讨论结果。

第 1 组：……

第 2 组：……

……

2. 整理各小组发言，并将理由归类。可按照“存在问题”“提升服务”“学生诉求”等维度梳理同学的发言或理由。

（四）修改学生病文

1. 病文寻因。利用学习单呈现建议信，讨论分析有何问题。

建议信

尊敬的校长：

同学们需要向学校图书馆借书，但是学校图书馆常年关闭，形同虚设。请问，这个图书馆还有存在的必要吗？所以请你考虑大家的要求，开放图书馆。

学生：＊＊＊

2023 年＊月＊日

师生阅读该“建议信”并讨论，列出存在的问题：① 语气口吻不适当，建议信本来应该表达合理化建议，但这封信的口吻读起来类似质问；② 没有具体陈述并展示理由；③ 标题信息不完整，标题应该是“关于……的建议信”；④ 内容不完整，建议信应该包含陈述现象、提出建议—分析影响、阐述理由—综合考虑、重申建议—提出建议、提出期望等内容。

2. 口头修改建议信，分别对标题、自己的观点、陈述的理由、措辞等进行修改与充实。并作初步交流。

（五）设计写作支架

师生明确：写建议信，因为面对的是具体的对象，当然需要有读者意识。我们要考虑对方的感受,要注意措辞得体。但老师从大家的发言中,发现大家对自己要陈述的理由,还没有完全考虑清楚,同学的发言缺乏条理,没有逻辑,同时,只考虑同学需求,不考虑对方的现状与问题。

借助结构图,从我们的写作目的(开放图书馆,满足学生借阅需求)出发,也从对方的现实问题出发,整理思路框架,梳理理由,完善信息。

学生动笔阐述理由,完成建议信的写作。

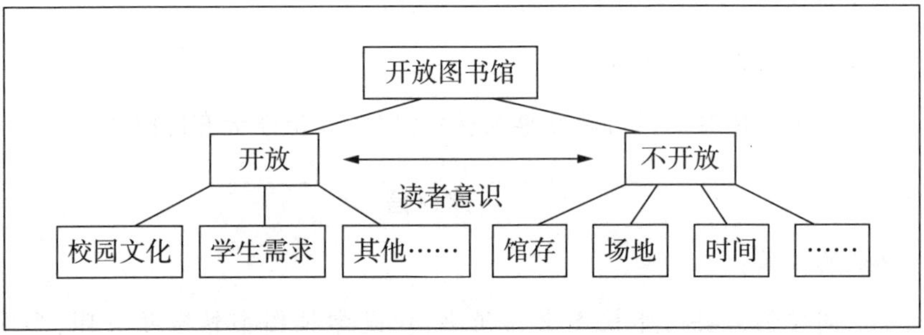

(六)评价修改与展示

1. 每位同学都对自己的理由阐述部分进行修改,小组内汇总,组成理由素材库,再从素材库中选择所需,完善信件其他部分,形成作文初稿。

2. 对照评价量表,进行修改。评价操作由自评、互评和师评三个层面组成;评价等第按照星级等第进行,分别为五星、四星、三星(其中达不到三星要求要重写)。评价结束后,要对照评价要素,进行修改完善。

评价要素	评价等第(自评)	评价等第(互评)	评价等第(师评)
1. 你的观点是否通过事实来展示?			
2. 你提出的理由充分吗?你陈述理由时是否按照一定的逻辑进行组织?			
3. 你提出的建议具备可操作性吗?			

（续表）

评价要素	评价等第（自评）	评价等第（互评）	评价等第（师评）
4. 你是否有读者意识，能站在对方的角度思考问题？			
5. 你的态度是否诚恳？对方容易接受这封建议信吗？			
总评（五星、四星、三星）			

3. 修改、交流与递交。① 学生作品展示交流；② 选定一位同学，模拟校长或其他领导，聆听同学们的建议信，并提出修改意见；③ 继续完善建议信，投入学校信箱或者当面呈交给校长，希望得到一个回应。

四、说服性写作的教学优化措施

（一）明确写作目的

对写作目的类型的阐释，最为著名的是安东尼·海恩斯。安东尼·海恩斯列出 102 种写作目的：为了做广告，为了引起注意，为了表达支持，为了幽默，为了道歉，为了控诉，为了应用某物……[①]显而易见，建议信的写作目的是表达合理建议。

“合理”，就是基于客观事实，明白准确地加以陈述。提建议态度要平和，说理要充分。建议信不是个人情绪的宣泄，更不是集体的情绪化叫嚣。在课堂讨论环节，教师给出教学支架，引导学生基于一定的逻辑，把杂乱的意见和思考进行分类梳理，使之更明晰、条理，更易被接受。有效的任务写作教学需要打开“写作目的”这一抽象的学术概念，将笼统的“目的”具体化、明确化，从中开发内

① 海恩斯. 作文教学的 100 个绝招[M]. 杨海洲，杜铁清，译. 北京：教育科学出版社，2009：9.

涵丰富、操作性强的若干策略知识,有效引导学生开展写作学习。①

(二) 设计写作情境

说服性写作需要教师设计情境,并引导学生进入写作情境,充分调动生活经验,理解写作的目的。以在校学生的身份,给学校行政领导提出合理化建议,学生就容易依据情境产生一种代入感,此次写作任务的基本要素就得到了清晰的呈现:作者身份(在校学生)、读者对象(校长或相关领导)、写作目的(为学校图书馆未能满足同学借阅需求而提出合理化建议),面对具体的言说对象,从“开放”与“不开放”两种态度的对比剖析中,陈述利害关系、产生的影响及相关建议等角度加以分析。设计不同的写作情境,往往能够有效引导学生进入写作学习状态。

(三) 强化读者意识

撰写说服性文章,要重视读者意识。教师在组织教学的时候,需要让学生明白或者说重视言说对象的态度,需要考虑对方的身份、地位、知识、爱好等因素,选择恰当的方式促成对方接受自己的意见或建议。以《孙权劝学》为例,孙权的劝说,以进为退,方法得当。面对吕蒙“军中多务”的托词,孙权以“孤岂欲卿治经为博士邪”反问吕蒙,进而循循善诱,提出“涉猎”“见往事”等低层次要求,堵住吕蒙的退路,最后孙权现身说法,自身示范“孤常读书,自以为大有所益”,把吕蒙顺利引上了读书求知的道路。对于说服性写作,了解与分析读者是有效说服的重要策略之一。好的说服者要预测对方的想法,知道对方的需要、水平、能力、兴趣和态度。我们在课堂上,让一位同学化身校长,聆听同学的建议,正是为了达到站在对方的立场来审视自己的写作,及时调整与修改的目的。

---

① 邓彤.写作目的:亟待开发的任务写作资源[J].中学语文教学,2019(1):32-38.

第六章　跨学科写作课程的构建与实施

第一节　跨学科写作的内涵、教学模式与实施建议

《义务教育课程方案(2022 年版)》要求各门课程用“不少于 10% 的课时设计跨学科主题学习”,这意味着跨学科学习已成为当前基础教育的重要内容。2022 年版义教语文课标对“跨学科学习”任务群建设提出要求,要“拓宽语文学习和运用领域”,“围绕学科学习、社会生活中有意义的话题,展开阅读、梳理、探究、交流等活动”①,同时给出“教学提示”。跨学科写作作为跨学科学习的重要组成部分,正成为当前语文课程改革的热点之一,是学生学习语文,拓展学习领域,进行问题与探究,提升语言运用能力和思维能力的基本方法和有效途径。

一、“跨学科写作”概念解读

(一)“跨学科写作”概念

跨学科写作(Writing Across the Curriculum),亦作“跨课程写作”,是一种联

① 中华人民共和国教育部. 义务教育语文课程标准(2022 年版),34.

结学校课程的写作。跨学科写作,是不同学科教师在“通过写作学习”“通过写作展示知识”理念的指导下,引导学生在各学科中学习的实践活动。[①] 跨学科写作产生的理论基础,有建构主义学习理论、认知心理学、元认知理论及深度学习理论等,其核心要义是“以写促学”“以学促写”。因为写作本身就是学生需要学习的内容与学习的过程,同时也是一种学习的方法。学生写作能力的培养不应仅仅局限在语文学科或者写作课堂,而应该各学科共同协作发展。学生应该通过不同学科的多种形式写作,理解、吸收、加工和运用学科知识,积极建构自身的学科知识体系。

(二)“跨学科写作”概念的产生

跨学科写作,最初诞生于英国,20 世纪 70 年代末兴起于美国高等教育。[②] 后来,跨学科写作深刻地影响到基础教育领域,如《俄亥俄州英语语言艺术课程·九年级语文课程大纲》提出:“学生将能够:① 利用写作过程进行跨学科学习;② 利用写作过程了解、探究并展现对人类价值观念和世界问题的理解;③ 在写作过程中开展合作关系;④ 根据读、听、说、看等内容进行写作;⑤ 运用交际程序,与其他人合作发表一篇作文;⑥ 运用跨学科知识完成写作任务。”[③]其他学科的课程标准也提出了跨学科写作要求,如,美国国家教育和经济中心联合匹兹堡大学研制的《初中学科能力表现标准》列出八项标准,其中一项为“科学的交流”,要求学生进行“技术和创造性写作;以适合目的和对象的形式进行交流”等。[④] 这些课程文件相互衔接,说明跨学科写作进入课程标准,有明确的教学目标和评价标准。

---

① 沈奕辰.美国小学的跨学科写作教学[J].基础教育参考,2017(15):6-9.

② 刘莉华.美国跨课程写作教学改革对中国高等教育改革的启示[J].海外英语,2016(19):17-19.

③ 江苏母语课程教材研究所.当代外国语文课程教材评介[M].南京:江苏教育出版社,2004:81.

④ 美国国家教育和经济中心,匹兹堡大学.美国初中学科能力表现标准[S].上海市教育科学研究院,译.北京:人民教育出版社,2004:99-100.

（三）“跨学科写作”的价值

跨学科写作是发展学生核心素养的有效途径。第一，跨学科写作有利于促进学生更主动、更积极地运用语言。由于提供了不同学科对话的机会，学生会“更积极、更有知识地参与课堂讨论”，有利于学生的语言发展与思维发展。第二，跨学科写作可灵活应用到各个学科，借助写作任务减少信息盲点，促进学生全面而深刻地理解课程内容。第三，跨学科写作有利于提升学生写作信心，改善其写作行为，提高其思维能力。第四，跨学科写作能帮助学生成为批判性的思考者和问题解决者，有利于培养学生的沟通技能。

二、跨学科写作的教学模式

“RAFT”母语写作程式是一种行之有效的跨学科写作教学模式，其实施策略具有很强的实用性与可操作性。①

（一）“RAFT”写作教学模式

“RAFT”写作教学模式是20世纪八九十年代由美国教育学者开发出来的。② 该模式名称由“角色（role）、读者（audience）、方式（format）和主题（topic）”这四个单词的首字母缩略而成。具体包括：

角色：作为写作者，此刻你是什么人？表明写作者身份。

读者：作品是写给谁的？表明读者身份。

方式：采用什么样的文章体式来写？表明写作文体。

---

① 陆平，夏惠贤. 中小学跨学科写作教学的新探索——美国“RAFT”写作教学模式[J]. 上海教育科研，2009(2)：83-85.

② 王芳，武茜. “RAFT”框架下的过程性写作指导范例研究[J]. 英语学习，2020(8)：37-41.

主题和关键动词：写作的主题和所用的关键动词分别是什么？表明写作目的。

“RAFT”写作教学模式是学生在教师的引导下运用所学的学科知识从事写作练习,其中的“角色”要素,可以让学生承担起某一角色,强化他们作为有话要说的特定写作者的角色体验。“读者”要素,又可以助力学生用某一视角,运用学科知识,择取适宜的写作方式,向特定的读者对象,组织、阐释和表达自己的观点,传递和表现自己的某种情感、态度。“RAFT”写作教学模式的开发及其在各学科教学中的运用,可促进学生巩固和深化对各学科知识的理解,加强学生对写作者角色、对象、内容与文体样式等的理解和体验,有利于促进他们的语言文字表达能力,促进其想象力、创造力的发展。

(二)“RAFT”写作教学的一般流程

“RAFT”写作教学模式运用于教学实施时,从讲解写作要点到指导完成并分享作品,到学生能主动写作,教师应精心设计与组织每一个步骤。一般流程有：

1. 提示要素

写作之前教师应清楚地告诉学生需要考虑四个关键因素：角色、读者、方式、主题;教师一般会用图表或板书出示要素。这就有利于学生构思。

2. 出示范文

明确要素之后,教师也会向学生出示范文。利用范文,师生共同讨论写作的关键因素,这有利于学生明了写法。

3. 思考讨论

教师采用“出声思考”等方式,向学生示范“RAFT”写作过程。学生在教师的引导下可以围绕话题,运用“头脑风暴法”进行思维碰撞、思考与讨论,记下对于本次写作的建议。

4. 小组合作

以组间同质、组内异质的方法进行分组，以小组为单位围绕写作主题，展开思想交流，开展合作学习，共同完成写作任务。

5. 修改评议

教师在小组间巡视指导；各组进行评议、修改，各个小组在全班范围内分享所完成的作品。

6. 自主写作

等到学生对此类写作比较娴熟的时候，可以尝试迁移运用。教师引导学生根据本学科当前的写作主题，自主拟出“RAFT”作业进行练习。

（三）“RAFT”写作教学策略

1. 学科协同训练

“RAFT”写作教学模式并不只在母语教学中运用，而被广泛地应用到科学、社会、历史、地理甚至数学学科，具有很强的学科通用性。各个科目的教师都可结合自己所教学科的特点和教学实际情景来应用“RAFT”写作模式，其根本目的是训练学生的思维能力和想象能力。

2. 灵活安排时间

“RAFT”写作教学模式被安排在各学科的课堂教学实践中，写作的时间长短由教师自由掌握。在一堂课中，教师可以根据教学需要安排在任何时段进行“RAFT”写作：在课堂起始阶段安排可以“导入”新课；在课堂中间安排可以“承前启后”；在课程快要结束的时候进行有助于检验课堂教学效果。

3. 提示写作思路

“RAFT”写作教学模式为学生学习写作指明了一条“出路”。从本质上来说，确定和组合“角色、读者、方式、主题”四要素的过程，就是构思作文的过程。学生首先通过想象设定自己为某一“角色”入境体验，再调动自己的生活经验和所学知识围绕着某一“主题”，运用逻辑思维能力进行有效的选材和组材，然后根据作品“读者”对象的性质和特点选择最恰当的“方式”来表达自我。“RAFT”写作教学模式不是简单地教写作,而是着重教思维方式。

4. 使用写作评价量规

写作评价中最常用的方法就是教师开发和使用量规。“RAFT”写作教学模式需要运用量规对作文进行评价,为学生提供写作指南。教师不应该把评价看作写作教学的最后一项任务,而是要把评价看作一个持续发展的循环中的一部分。

“RAFT”写作评价与反馈量规一般有准确性、观点、重点、技术细节、基准五项评价指标,并分别配上比较详细的操作要点。采用等第制。“RAFT”写作评价与反馈量规针对性、可操作性强,表述简洁明了。

三、跨学科写作的教学实施建议

跨学科写作作为学习任务群中实施难度和要求较高的部分,其教学实施在一线教学实践还处于探索阶段。

(一) 多维度开展跨学科写作,拓宽实施路径

2022 年版义教语文课标在第四学段指出:“组建文学艺术社团,开展相关文化活动,参与社区文化活动与文化建设”,“在环境、安全、人口、资源、公共卫生等方面,选择感兴趣的社会热点问题”,“结合数学、物理、化学、生物学等学科学习”,分别从社会、校内以及学科等不同途径提出跨学科学习的实施建议。

1. 联结学校内外,开展跨学科写作

跨学科写作应凸显学生写作学习的综合性与实践性。教师应该组织引导学生在真实情境下运用多学科知识解决实际问题,应该联结学校内外资源,拓宽学习和运用领域。

近年来各地方兴未艾的研学旅行，是开展跨学科写作的有效途径。① 如某校组织带领八年级学生参与研学旅行，任务要求是认识黄石国家矿山公园，研学时间为半天。首先由年级组商量设计方案(见图6-1)，由各科教师提供研学相关资料，讲解研学相关知识，教授学生识图和绘图技巧，布置安排研学任务。经过严密的线路设计，学生不仅参观了"亚洲第一采坑"，还从不同学科角度深入了解该地的自然、经济、社会等现状，并结合跨学科知识、方法和思维，为黄石国家矿山公园编制区域发展方案。从流程图我们看到涉及跨学科写作的有"制作矿山发展历史时间轴""汇总环境政策""采集记录研学资料""编写区域发展方案"等，均强调知识、工具、方法的应用。

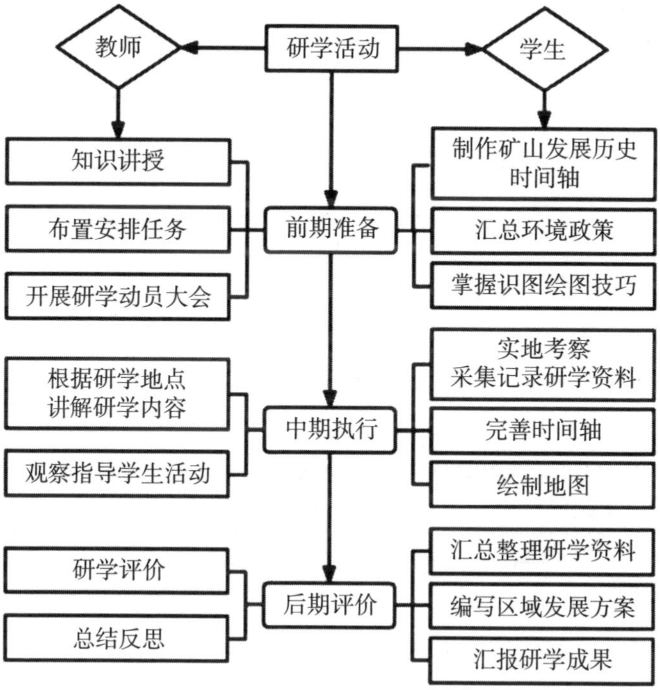

图6-1　跨学科学习研学旅行方案设计

① 袁也，吴福忠，林峰. 基于跨学科主题学习的地理研学旅行案例设计[J]. 地理教学，2023(11)：60-64.

借助研学旅行方式进行跨学科写作,有利于提高学生运用不同学科的知识和方法解决实际问题的能力,培养学生从不同学科角度思考问题的意识和习惯,提高学生综合思维能力、语言运用能力以及合作探究能力。

2. 联结课堂内外,开展跨学科写作

设计校内活动是跨学科写作开展实施的另一条有效途径。每所学校都会结合本校办学特色与办学传统,创建一些主题活动,如队会活动,安全文明等教育方面的活动;或开辟戏剧节、阅读节、音乐会等艺体方面的第二课堂。跨学科写作如能融入以上活动,联合课堂内外设计适合校区进行的项目活动,应该是一种积极有益的尝试。

如,某校结合学校的科学周活动,请学生参与设计跨学科学习《海底两万里》"科学与幻想"主题展项目。通过设计真实情境,围绕"科学与幻想"学习主题组成相互关联的学习任务。① 设置"冒险之旅""海底生物""神奇发明"和"镜像人生"四个展区,完成具有内在逻辑关联的八个学习任务。(见表 6-1)

表 6-1 《海底两万里》"科学与幻想"主题展项目任务

展区名称	具体任务
冒险之旅	绘制旅行航线
	重构冒险故事
海底生物	绘制思维导图,按照界、门、纲、目、科、属、种的原则将书中提到的海底生物进行分类
	制作二维码名片,为最感兴趣的一种动植物制作名片,用图文并茂的方式说明它的特点
神奇发明	选择《海底两万里》中的一项发明,介绍它的科学原理
	结合所学知识,合理想象,为尼摩船长设计一项发明

① 郑萍,徐幸良.《海底两万里》跨学科学习项目化设计与实施[J].语文建设,2023(11):30-34.

（续表）

展区名称	具体任务
镜像人生	结合欧洲历史，分析尼摩船长的形象，探究作者与他的相似点
	阅读凡尔纳的其他小说，感受他的人文情怀，并为他写一则简介

该课例中，所有任务共同指向“科学与幻想”学习主题，联结课堂内外，借助语文、科学、美术等学科知识，其中“重构故事”“说明特点”“介绍原理”“人物简介”等写作活动统领整个项目活动，强调了跨学科写作的情境性、实践性和综合性。

3. 联结多门学科，开展跨学科写作

跨学科写作的操作难点在于主持者需要根据两个及以上学科的特点，重构教学内容，需要在教学的各个环节适时融入多学科思想并设计科学合理的写作任务。如跨学科学习课例《惠崇春江晚景·其一》。（见图 6-2）教师在学生分组学习并充分讨论的基础上，策划跨学科学习方案，每一项学习活动都渗透相应的写作活动。① 一首小诗的学习活动可以拓展出丰富的学习空间，教师需要整合劳技、气象、生物、美术、美食文章以及科学常识，需要教师将诸多学科融入其中，真正引发学生的深度学习。

又如，跨学科主题学习历史学科课例设计（见表 6-2）②，该跨学科主题学习活动主要由历史学科角度发起。不仅与教科书单元主题密切关联，其设计的多项跨学科写作，如“解说词”“日记”“说明书”等，不仅有利于学生代入角色，充分发挥历史想象力，还涉及语文、科技、政治、历史、地理以及艺术等多个学科的知识。

---

① 邓彤. 跨学科写作教学的路径与策略［J］. 中学语文教学，2023（3）：37-43.

② 唐朋，赵亚夫. 历史“跨学科主题学习”的经验、特点及实施策略［J］. 天津师范大学学报（基础教育版），2023（3）：48-52.

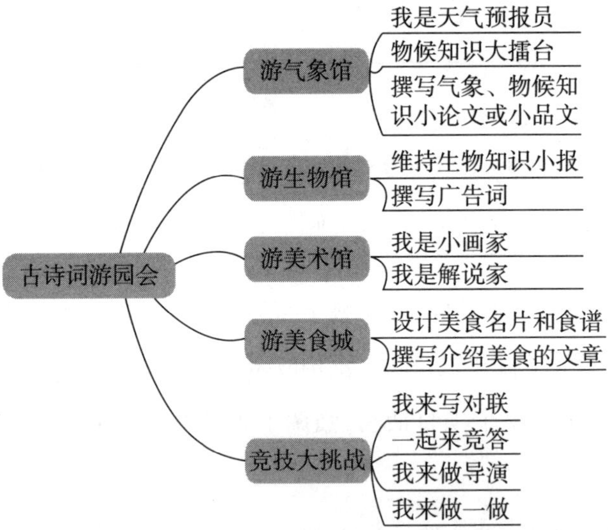

图 6-2　《惠崇春江晚景·其一》跨学科学习方案

表 6-2　历史跨学科学习活动设计示例

单元主题	跨学科主题学习
中国境内早期人类与文明的起源	半坡人的日常生活
早期国家与社会变革	司母戊鼎解说词
统一多民族国家的建立和巩固	张骞出使西域日记
政权分立与民族交融	孝文帝改革说明书

跨学科写作,意味着让母语写作成为各学科教学活动的常态。各学科都要用一定的学时对学生进行写作训练,促进学生的知识内化,提高学生对该科知识的感受力和领悟力,提升其分析理解能力。各学科学习都离不开写作,其他学科教师只是借助写作实施教学,并不承担培养写作能力之责;语文教师则肩负发展学生写作能力、为各学科学习助力的义务。因此,我们虽强调跨学科写作需要多学科通力合作齐头并进,但语文作为基础学科,毋庸置疑是跨学科写作中的中流砥柱。

(二) 构建跨科学写作共同体,协作共赢互相赋能

1. 组建跨学科写作教研团队

跨学科写作过程中,教师是学习的主导。跨学科写作强调学科融合,需要打破学科与年级的局限,实现跨领域、跨学段的交流协作。不同学科背景的教师实现深度合作与教学研究,共同设计跨学科学习项目,共同承担跨学科写作的实施,共同指导实施过程,共同设计评价量规,评估学习结果。教研团队可以由学科教师、课程专家和教育研究者组成,开展协作教学,设计高效的跨学科整合项目,强化教师跨学科教学的意识与实践经验,提升教师的专业素养。管理部门或学校管理者也应采取多元化校本研修方式,通过建立专业学习共同体,促进知识共享、经验交流与成果展示活动,加强教师跨学科整合课程的教学反思与创新实践。

如,跨学科学习课例“杜甫的诗歌创作与人生轨迹”,该学习专题需要与地理、历史学科进行跨界融合。① 以诗人杜甫最具有突破点的地理轨迹为切入点,从“度陇入蜀”“定居草堂”,到“滞留夔州”“漂泊荆湘”“病逝耒阳”,如此以历史事件的发展、地理空间的延伸,形象地凸显杜甫心灵的丰盈,探求其人格的高度,借以引导学生对杜诗的理解走向深层境界,进而完成跨学科写作任务。在该课例中,相关学科教师组成专题小组,进行深度的合作与研修,设计整合科学的结构化的素材资料呈现在学生面前,能让学生完整了解杜甫的人生经历,欣赏领悟其诗歌创作达到的境界与高度,同时以杜甫为个案深度了解“安史之乱”的背景与过程,领略杜甫所到之处的地理知识。

各学科教师应该通力合作,着力解决写作过程中对难点问题的指导、评价量规的开发等瓶颈问题。另外,从设计思路来看,教师应倾向于考虑基于两个或两个以上学科知识,同时要让学生去理解学科知识背后的意义及体现的学科核心

---

① 管然荣,杨毅.语文跨学科学习的认知与实施[J].中学语文教学,2022(2):14-17.

素养。推动学科之间的联动写作,是一种教学革新行动,需要各学科教师通力合作,形成一个教学共同体,对学生的学习指导形成一种合力。

2. 建立跨学科写作学习小组

跨学科写作过程中,学生是学习的主体。跨学科写作属于真实写作,旨在培养学生在不同领域,根据不同对象,自由表达交流的能力。跨学科写作学习涉及众多学科、各类文体及多种表达方式,如果简单沿用传统写作教学方式,学生很难独立完成写作任务。学生迫切需要一个具有极大包容性(能够融合众多学习元素)又具有高自由度(可以自由选择)的学习共同体,帮助他们自主合作开展跨学科写作。

如,跨学科学习《活板》一课①,通过领域间的内容统整,实现"跨学科学习"的学科延伸,主要由"科学与思想"单元人文内容和"技术与实践"选文人文内容两方面构成。其模拟主题为"宋代'活板'文物陆地发掘工作",有"设计发掘计划书""设计发掘说明书""设计发掘安全保证书""设计文物保护承诺书"等,进而"结合撰写的文物发掘报告","召开发布会"等一系列活动,需要学生组建团队,协作完成。学生在广阔的学习和生活情境中学语文,用语文,提高了交流沟通、团队协作和实践创新的能力。

构建跨学科学习共同体,可以尝试由不同年级、不同学科、不同学校或不同区域的学生组成,也可以尝试线上线下相结合的方式积极构建学习共同体。同时面对特定情境中的真实任务写作,学生可以根据自己的兴趣爱好,针对各人所感兴趣的问题或领域,选择自己擅长的内容及表达方式,开展合作学习。

(三) 树立问题意识,创设主题写作任务

跨学科写作面临的首要问题是海量的学科知识与学生有限的学习时间、学

① 郎镝. 语文跨学科学习的"四个延伸"——以统编教材七年级下册《活板》一课为例[J]. 语文建设, 2022(9):23-27.

习条件之间的矛盾,因此需要整合课程内容,提炼学习主题,发现真实问题。只有确定了有价值、有意义的问题,才能明确学习方向,聚焦学习目标,并开展有质量、有深度的学习。设计贴近学生生活并能够引导学生深入探究的问题,进而将其转化成学生感兴趣的问题或者任务,这是开展跨学科写作的逻辑起点。

1. 指向真实问题

跨学科写作指向真实问题。这些问题应在时代背景、日常生活、学生学习的现实中产生。跨学科写作应体现真实探究。探究是跨学科写作的重要学习方式,学习的过程就是问题探究的过程。真实问题要具有探究价值,学生既是问题的最真切的探究者,也是探究成果最真实的分享者,探究问题的过程就是学生自我求解的过程。

2. 基于教材设计

教师要有整合意识,要有单元整体教学意识,要关注语文教材主题与其他学科相关联的内容,要有敏锐的跨界意识,善于进行跨学科写作的任务整合。在整合学习情境、内容及资源的基础上,以核心素养为纲,以语文实践为线,加强与其他学科的沟通和交流,善于发现其他学科中可以开发和整合的写作素材和资源,探寻不同学科教材中的相通点,进行跨学科写作任务群的整合设计。

3. 拓宽写作文类

在跨学科写作活动中,因写作情境与目的不同,对应的文类也会不同,常见的写作文类包括记叙类、信息类、观点类等。具体而言,跨学科写作的文类非常丰富,可以是研究任务记录、实验报告、研究报告、电子邮件、信件、便签、流程单、说明书、宣传语以及广告,等等。形式多样的书面表达实践,不断丰富着学生的写作经验;并且这些写作实践都与生活密切对接,未来均可以迁移到现实场景中帮助学生继续学习或工作。

(四) 建立评估标准,实施多元评价

评估任务成效是跨学科写作实践的最后一环。

1. 评价主体多元

教师作为评价主体,始终参与跨学科写作的评价,包括设计评价方案,确定评价内容与评价方法,并最终实施评价。学生也是评价主体,在跨学科写作中,学生的评价主要有两种方式,学生自评和学生互评,体现"学为中心"的基本理念。跨学科写作评价还应该邀请相关学科教师、家长以及社会人士参与,如读书会、艺术节或教育戏剧表演,可以邀请家长参与评价;"社区垃圾分类""策划跳蚤集市"等环保项目,可邀请社区干部对学生的计划进行评价。

2. 过程性评价与总结性评价相结合

跨学科写作的开展和实施都需要一定的时间和空间,评价应注意过程性评价与总结性评价相结合。评价一般以量表或量规的方式呈现,明确评价指标、等级水平及具体表现。教师开展过程性评价,要对学生的过程性表现与阶段性成果进行评价,注重对学生写作过程的反馈。教师实施总结性评价,主要面向的是学生的终期成果,使用的评价工具也应与终期成果相匹配。

第二节 探索"有过程的真实写作"

——以八年级下册"学写游记"单元整体教学为例

2022年版义教语文课标明确了学科核心素养内涵,提出了课程内容要以"学习任务群组织与呈现"的要求①,并注意体现学习的"情境性"和"过程性"。新课标视域下的写作教学,不仅要重视写作结果,也要凸显写作教学过程,且要让学生在真实情境中体验写作,在具体的主题任务中达到知识转化、思维提升和表达交流的目的。

---

① 中华人民共和国教育部.义务教育语文课程标准(2022年版),19.

当前,教师把写作教学“简化”为“布置任务”与“讲评习作”两个环节。在“布置任务”时,教师一般对命题要求进行分析,接着出示范文并讲解,学生“得令”后进行模仿或迁移;在“讲评习作”时,教师实行整体批阅,一般使用百分制判分,判分基本参照中考作文评价标准。写作教学中存在“轻过程”现象,教师以提要求代替“写法”指导;写作教学应试痕迹较浓,教师一般用中考真题进行应试性操练,割裂书面表达与写作对象的联系,导致学生的表达欲望不强。针对存在的问题,本节将以“有过程的真实写作”为教学理念,以八年级下册“学写游记”单元整体教学为例,为提高写作教学质量提供新路径。

一、“有过程的真实写作”的内涵与特征

（一）“有过程的真实写作”的内涵

1. 真实写作

真实写作是一种有真实写作目的、真实写作情境、真实写作任务和真实写作课程设置的学习实践。“真实写作目的”是指学生写作应指向真实的交际任务,针对特定的读者对象。“真实写作情境”是指学生应面对由自然生活情境、物理情境和文化实践情境构成的真实或拟真的写作情境①,应在积极的认知参与和问题解决中完成写作。“真实写作任务”是指写作任务源自真实或模拟真实情境,具有一定的复杂性、目的性和意义性。“真实写作课程设置”是指对语文课程资源进行深度整合而成的具有多元形态的写作课程。真实写作主要以“情境认知理论”为基础,从写作目的来看,是指向交际语境的写作;从写作功能来看,强调通过写作来学习;从写作能力来看,更关注“合乎逻辑的理性表达”。② 真实写作是基于真实生活情境的“动态的、生成的、改造的、探究的”的写作过程,以

---

① 魏小娜. 语文科真实写作教学研究[D]. 重庆：西南大学,2009：67-68.

② 魏小娜. 真实写作：基本理念和实践启示[J]. 小学语文,2018(1)：1-2.

情境认知理论、真实性评价理论和整体语言理论为理论基础。[①]

2. 过程写作

写作是综合性较强、难度较高的一项学习实践活动。《义务教育语文课程标准(2011年版)》提出“写作教学应抓住取材、立意、构思、起草、加工等环节,指导学生在写作实践中学会写作”[②];《义务教育语文课程标准(2022年版)》提出,“参加文学体验活动,能聚焦活动过程中发现的问题;能记录探究过程,归纳概括自己的发现,条理清晰地呈现问题解决的过程,并汇集学习成果”。[③] 两版课程标准都强调要重视写作学习结果的形成过程。郑桂华推出“以事实证明观点”“了解描写的奥妙”等课例进行“过程写作”的教学尝试。[④] 曹勇军开辟“中美写作对话”专栏,其“写作课堂里的计划、过程与激情”一讲对“过程写作”进行专题探讨。[⑤] 黄厚江提出“让学生在写作中学会写作”的教学主张。[⑥] 邓彤著《写作教学密码》,第三章突出强调写作的“过程指导”。[⑦] 研究者与优秀教师从研究和实践两个层面的积极探索,有效地推动了语文课程标准关于“过程写作”要求的落实。

国外写作教学重视过程写作。20世纪70年代,美国提出“过程写作”理念。美国教师贾特·艾米格出版《十二年级的写作过程》,首次倡导“过程写作”。写作教学专家唐纳德·默里发表《教写作:要作为过程,而不是作为产品》,助推了“过程写作法”在美国中小学作文教学实践中的发展。[⑧] 1996年,“过程写作法”因其“关注不同写作活动都涉及的过程步骤,如写计划、草稿、编辑和发表”[⑨],首

---

① 魏小娜. 语文科真实写作教学研究,67-68.

② 中华人民共和国教育部. 义务教育语文课程标准(2011年版),16.

③ 中华人民共和国教育部. 义务教育语文课程标准(2022年版),43.

④ 郑桂华. 作文教学过程化指导的思考与尝试[J]. 中学语文教学,2012(6):33-36.

⑤ 曹勇军,傅丹灵. 中美写作教学对话十五讲[M]. 上海:上海教育出版社,2018:75-85.

⑥ 黄厚江. 从此爱上作文课[M]. 桂林:漓江出版社,2015:52-72.

⑦ 邓彤. 写作教学密码[M]. 上海:华东师范大学出版社,2018:39-48.

⑧ 荣维东. 写作课程范式研究[D]. 上海:华东师范大学,2010:68-69.

⑨ 董蓓菲. 美国过程写作法——关注学生学习历程的教学法[J]. 小学语文教师,2021(12):78-81.

次被写入美国国家课程标准《英语语言艺术标准》。近年来,“过程写作法”在英国、加拿大、澳大利亚等教育发达国家有深入的发展,成为国际写作教学的一大流派。

中外对“过程”内涵的理解同中有异,双方都强调学生学习写作是经历诸多环节的实践过程,教师应对学生写作给予过程管控并提供支持。不同之处在于西方所倡导的“过程写作”既强调“过程性”也强调“交互性”,认为写作是作者与读者双方通过书面语言进行信息传递、交流的交际活动。近年来我国写作教学也逐渐重视写作中的交互性,强调写作目的、读者意识等核心要素。

3. 有过程的真实写作

“有过程的真实写作”作为一种写作教学理念,旨在使学生经历真实的写作学习,在真实或拟真的学习情境中,通过合作探究、共同体验、阅读与写作等实践活动,经历知识产生的过程、多种形式对话以及多种思维沉思和显现的过程,在问题解决及新知建构中凝聚写作成果,提升思维与审美,发展核心素养。

“有过程的真实写作”本质上是基于真实生活情境的、动态的、生成的、探究的实用性写作。其内涵包括:第一,从目的上看,是指向真实交际的写作,基于真实生活,针对特定场合、读者对象与交际目的。第二,从内容上看,是面对真实任务的写作,学生需要面对具体任务,学习文体知识,运用多方面的学科知识和合宜的写作知识,运用一定的思维能力,积极参与写作实践。第三,从方式上看,主要体现为个体独立构思与写作成文,但面对综合性、复杂性较高的写作任务时,仍须团队协作、合作解决。第四,从评价上看,是注重过程的动态评价,生活的丰富性导致写作的生成性,写作评价应该以动态的形成性评价为主。第五,从宗旨来看,“有过程的真实写作”最终促成写作学习的发生,促进学生语用能力的提升。

(二)“有过程的真实写作”的特征

1. 情境性

情境是与写作者当前活动产生关联或交互作用的环境。任何写作都是有具体情境的。写作可以看作具体任务情境驱动下的语篇建构和交流。2022年版义教语文课标中提到的“情境”，概括而言主要有三种：一是文学作品描述的情境，二是与现实生活相关联的情境，三是教与学的情境。“有过程的真实写作”中的情境性是指学生在与现实生活相关联的情境中，运用所学的写作知识，为解决现实生活中的问题而进行的写作。如以“学写传记”为例，教师可将写作情境设计为：对父母或长辈进行专访。学生向长辈了解长辈或已故亲人的基本信息和过往事迹，选择其中的一位人物，为其立传，让读者能清晰地了解该人物的突出事迹。

2. 过程性

“过程性”，既指学生写作的发生、发展和作品形成的过程(外显过程)，又指学生面对真实写作任务时，大脑进行的分析、比较、综合、创造和反思的思维过程(内隐过程)。“有过程的真实写作”理念中的“过程性”，既指写作教学中“学情探测”“目标定位”“任务设计”“支架搭建”“完成初稿”“交流分享”“修改反思”等步骤的完成过程，又指学生在面对真实写作任务时，通过参与写作活动，完成搜集素材、梳理探究、谋篇构思、交流反思等写作学习任务的过程。这一过程不只是写作任务的延续与完成，也是思维能力和语言运用能力不断提升的过程。

3. 实用性

“有过程的真实写作”中的“实用性”突出强调学生在语文实践活动中能满足交流和沟通的需要，注重“合乎逻辑的理性表达”。文采飞扬、生动优美的写作能力固然重要，但“逻辑严密、清晰深刻、准确务实”的写作，及“问题思考和任务解决”的能力，更是真实写作所倡导的。未来社会，学生需要面对大量信息处理工作，这种应对生活和工作事务的交际写作能力应引起重视。①

---

① 魏小娜.真实写作：基本理念和实践启示，1-2.

二、“有过程的真实写作”单元整体教学设计

（一）定位写作起点

“写作最关键的核心要素是学生、任务和支架。”①“有过程的真实写作”体现“学为中心”，重视摸查学生的学习起点。教师要准确研判学情，找到学生写作的“最近发展区”。

“学写游记”之前，学生已学过《三峡》《小石潭记》等古代游记，对于游记的基本知识已有一定了解，但依然对游记写作存有畏难情绪，具体表现为：第一，“文体知识”模糊，如混淆游记与“旅游攻略”；第二，“写作知识”匮乏，如不会运用描写手法，不能将写景与抒情相结合等；第三，“写作素材”欠缺，不知道写什么，也不善用写作手法等。根据“有过程的真实写作”理念，教师要针对学生写作存在的问题给出解决方案，如针对“文体知识”模糊，教师要明确“游记”的概念与内涵，厘清游记与其他文体的区别，尤其是游记与“旅游攻略”的区别；针对“写作知识”匮乏，教师要善于组织相关教学活动，在写作实践活动中把“写作知识”转化为写作能力，避免单方面灌输知识；面对“写作素材”欠缺，要因地制宜，补充游览体验；面对“不知道怎么写下去”“没有方法”等问题，教师要设计写作教学支架，及时给予帮助。总之，“有过程的真实写作”理念要求教师知学情、有对策、善组织，确保“所学”有“所教”，“所学”有“所评”，目标清晰、过程严密、知识准确，体现“教—学—评”的一致。

（二）确立写作要素

《辞海》把“游记”释为“以轻快的笔调、生动的描写，记述旅途中的见闻，某地的政治生活、社会生活、风土人情和山川景物、名胜古迹等，并表达作者的思想感

---

① 荣维东. 写作教学的关键要素与基本环节[J]. 语文建设，2018(6)：21-25.

情”。可见,游记不是简单“记游”,游记需要“生动描写”“记述见闻”,并“表达感情”。这与单纯以信息分享为目的的“旅游攻略”是有区别的。游记类型多样,根据写作主体不同,梅新林把历代游记分为诗人游记、哲人游记、才人游记和学人游记四类①;根据写作内容,王立群把历代游记分为文学游记与地学游记两类。② 关于游记写作的核心要素,梅新林认为一篇“标准”的游记“应完整地包含游程、游观、游感三者”③,王立群认为“游踪、景观、情感是游记文体的三大基本要素”。④

与成年作者不同,中学生“学”写游记应根据课标要求和教材编者意图确定其写作学习目标。2022 年版义教语文课标第四学段关于“阅读与表达”的要求是:“多角度观察生活”“写作有真情实感,表达自己对自然、社会、人生的感受、体验和思考”。⑤ 统编版语文教材八年级下第五单元“学写游记”知识短文的要求是:“把游览时的经历和感受写下来”。根据课标要求和教材意图,结合两位学者提出的游记写作“核心要素”,我们认为中学生写游记能扣住“游踪”“景观”和“情思”三大要素展开,能把游踪交代清楚,能选择重点景观进行描绘,并在一定程度上寄寓自己的情感,就算基本达到写作要求。

(三) 创设任务主题

2022 年版义教语文课标强调课程内容应体现结构化、情境化特征,要“以学习任务为载体,整合学习内容、情境、方法和资源等要素,设计语文学习任务群”。⑥ 对于“文学阅读与创意表达”任务群,要求“体会作者通过语言和形象构筑的艺术世界,借鉴其中写作手法,表达自己对自然的观察和思考,抒发自己的

---

① 梅新林,崔小敬. 游记文体之辨[J]. 文学评论,2005(6):39-45.
② 王立群. 游记的文体要素与游记文体的形成[J]. 文学评论,2005(3):155-160.
③ 梅新林,崔小敬. 游记文体之辨,39-45.
④ 王立群. 游记的文体要素与游记文体的形成,155-160.
⑤ 中华人民共和国教育部. 义务教育语文课程标准(2022 年版),15.
⑥ 同上书,2.

情感”。[①] 因此，“学写游记”单元整体教学应凝练学习主题，聚焦游记读写核心内容，在真实任务情境中开展学习活动。

统编版语文教材八年级下第五单元选取《壶口瀑布》《在长江源头各拉丹冬》等四篇游记。单元导读指示“通过记述游览见闻，描摹山水风光，吟咏人文胜迹，抒发作者的情思”。语文要素是“了解游记的特点，把握作者的游踪、写景的角度和方法，揣摩和品味语言，欣赏、积累精彩语句”。四篇游记，内容丰富、写法灵活：《壶口瀑布》观察视角多变，作者以河心为立足点，俯视着重描写龙槽之奇异，仰视凸显河面之雄伟，平视着墨水色之绚丽，写出壶口瀑布景观的丰富多样；《在长江源头各拉丹东》以摄影工作者的角色与读者分享体验；《一滴水经过丽江》构思巧妙，作者将自己化身为一滴水，以水的视角，不受时空限制，全方位地展现了丽江的地理环境、自然风景、历史发展、文物古迹及民风民俗等；《登勃朗峰》兼具“散文与小说”笔法，记述了作者与友人登勃朗峰的经历，上山时描摹山中奇景，下山时叙写奇人异事，读之使人难忘。同时，课后练习部分，建议同学们阅读现当代作家郁达夫、王充闾撰写的游记名篇，吸收和学习选材、构思和语言等方面特点；还要求通过观看纪录片的方式，补充游记写作素材。

综合课程标准与教材要求，把“游记”单元主题设计为“我是小小旅行家”，学习活动主要由“游记阅读”和“游记写作”两大板块构成。通过学习，学生能欣赏优美的山水游记，吸收并掌握游记的文体知识；激起写作欲望，激活内在体验感，建立转化机制，学习撰写游记。

1. 单元学习目标

① 整体阅读本单元课文，理清作者游踪，感知景观特点，体会蕴含的情思；学习和提取游记文体知识与相关写作知识。

② 运用所学的游记文体知识，根据任务要求，记录游览经历；学习围绕“游

---

① 中华人民共和国教育部. 义务教育语文课程标准(2022 年版)，27.

踪”“景观”和“情思”进行整体构思。

③ 学习以景寄情,并挖掘景观中的人文内涵,表达对祖国河山的热爱。

④ 遵照评价标准,学习修改游记;能根据栏目要求,学习投稿,发表游记。

2. 单元学习任务

统编版语文教材八年级下第五单元学习任务设计如下。(见图 6–3)

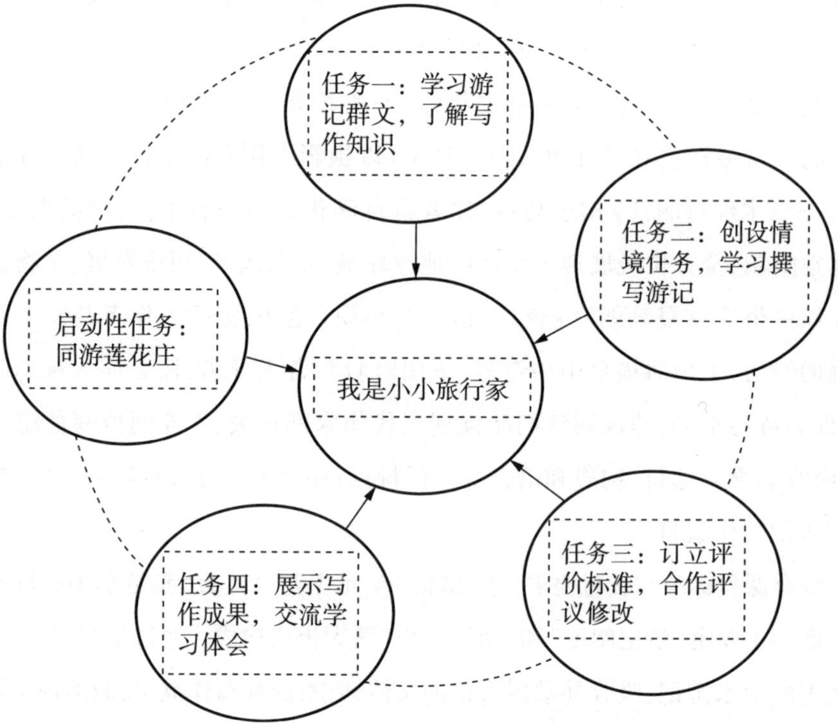

图 6–3 “学写游记”单元整体设计示意图

启动性任务:游览古典园林。自主组建团队,以游客的身份,观览名胜景点莲花庄,注意游览顺序,并选取角度拍摄景观照片。

任务一:学习游记群文,了解写作知识。(2 课时)通读本单元四篇课文,梳理作者游踪,欣赏山水美景,领悟作者情思。概括四篇课文的共同点,给游记下定义。

任务二:创设情境任务,学习撰写游记。(2 课时)创设真实情境,明确写作任务。利用同游莲花庄的路线图，精选园林景观的照片，教师搭建游记写作的支架，明确观察视角、景观特征、情与景的思维联结点。课堂完成写作初稿。

任务三：订立评价标准，合作评议修改。（1 课时）借助“游记写作评价量表”，同组合作，互评、自评与师评，互改、自改与师改，共同完成游记的评价与修改。

任务四：展示写作成果，交流学习体会。（1 课时）继续修改游记，在小组内分享游记作品，交流游记写作体会。每组选出 1—2 篇优秀作品进行班级展示，共同修改完善，尝试投稿。荐读游记，拓展阅读，强化印象，反思与交流。

围绕“我是小小旅行家”单元学习主题，教师共设计一项课外启动性任务和四项课堂学习任务。启动性任务，设计意图是让学生走进古典园林，观览优美风光，留意观览顺序，捕捉景观特点，了解景观文化底蕴，增强体验感，增强学习期待，为写作游记做好素材准备。任务一，是本次学习活动的重点，设计意图是整体学习单元游记，了解游记特点，把握游记写作基本要素，并从中感受游记的多样风格，为“学写游记”做好知识准备。任务二，是本次学习活动的难点，主要围绕游记写作的“游踪”“景观”和“情思”三要素展开。“游踪”的确定，主要依据学生观览园林过程中自主绘制的游览图；“景观”的描绘和“情思”的寄寓是写作难点，由教师根据游记“写困”，针对性地设计写作支架，指点写作技巧，提供文史素材等，在实践活动中实现知识转换，并进行迁移和运用。任务三主要是修改和评价，需要开展合作学习，设计意图是发展学生“分析”“评估”等高阶思维。任务四重在交流学习成果，作品发布与投稿，其设计意图是总结学习活动，强化学习成效。

三、“有过程的真实写作”单元整体教学实施

（一）真实体验

教师设计启动性任务：“自主组建团队，游览名胜景点莲花庄，绘制游览路

线图,选取角度拍摄园林景观照片。”

同学合作绘制游览路线图(见图 6-4),商议后初步确定游览路线为北门—莲花峰—潜园—惊鸿桥—鸥波亭—白苹洲—碑廊—子昂别业—题山楼—梅林—南门,并把“赵孟頫故居”“梅林”和“莲花湖”列为重点景观。

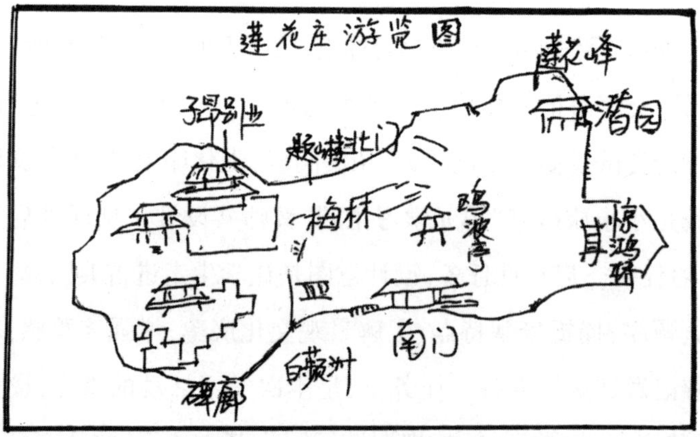

图 6-4 莲花庄游览图

(二) 整体阅读

1. 理其踪

浏览四篇课文题目,解读题目信息,探究共同点。结合单元导语,通读四篇课文,给游记下定义。圈画出文中有关时间、地点和视角转换的关键词句,理清作者游踪。绘制游览路线图。以一篇课文为例,理清作者的游踪,进而尝试绘制游玩路线图。(见图 6-5)

玉龙雪山 ⇨ 驿道 ⇨ 纳西族村庄 ⇨ 丽江坝草甸 ⇨ 落水洞 ⇨ 黑龙潭 ⇩ 四方街前 ⇦ 玉河 ⇦ 四方街 ⇦ 城外果园和田地 ⇦ 丽江坝中 ⇦ 金沙江边

图 6-5 《一滴水经过丽江》的游踪图

2. 赏其景

精读四篇游记，选出自己最喜欢的景观，欣赏其写作手法，并向同学推荐描写生动优美的段落或语句。如《壶口瀑布》一文，梁衡两次参观壶口瀑布，分别是雨季和枯水季，两次观景，视角不同，其“声”“势”“景”也截然不同。（见表6-3）

表6-3　《壶口瀑布》写景段落赏评示例

	雨季 （远观，略写）	枯水季 （近看，详写）
声	半山腰就能听见涛声隐隐如雷、震耳欲聋	隆隆冲去；轰然而下、汩汩如泉、潺潺成溪、哀哀打旋；如丝如缕，像一曲交响乐
势	那沟已被灌得浪沫横溢，但上面的水还是一股劲地冲进去；给人可怕的警觉：仿佛突然就要出现一个洪峰将人吞没	其势如千军万马，互相挤着、撞着，推推搡搡，前呼后拥，撞向石壁，排排黄浪霎时碎成堆堆白雪；凝重、猛烈
景	河谷里雾气弥漫，水浸沟岸，雾罩乱石；到岸上回望，瀑布似一团白烟	平坦如席的大水向龙槽里隆隆冲去，跌得粉碎，碎成点，碎成雾

3. 悟其思

作者会在景观描写中寄寓自己的情思。请找出课文中包含景观特征、人文内涵和作者情思的段落，并品析由景及情的思维联结点。以《壶口瀑布》为例，作者不仅仅是在写黄河水，更是抒写一种哲理，一种百折不挠、自强不息的民族精神。由黄河壶口瀑布的气势磅礴、雄伟壮阔，联想到黄河博大宽厚的品质；由黄河的精神，联想到不屈不挠、勇往直前的民族精神。

总结学习体会，归纳优秀游记的特点，提取游记写作知识。

（三）创设情境

创设写作情境是激发学生写作动力的有效方法。写作是在特定语境下的书面交际，教师应引导学生认识到，写作不仅是写给自己看的，也是用来与读者交流的。教师设计的真实写作情境示例：

湖州是习近平总书记"绿水青山就是金山银山"理念诞生地,中国美丽乡村发源地,绿色发展先行地。湖州湖光山色美不胜收。同学们,成长中的你应拥有一双善于发现美、欣赏美的眼睛。请你用手中的笔,描绘游历家乡美景时的所见、所遇、所感,并化成优美文字,向没有来过湖州的外地朋友展示家乡,展现湖州历史人文之美,湖州自然风光之美。目前,"南太湖号"政府网站开辟"人文"板块,其中"菰城风光"专栏,专门刊登书写湖州风光的游记作品。请同学们积极投稿。

撰写要求:1. 参照"菰城风光"栏目投稿要求撰写游记;2. 注意捕捉旅途中的优美风景、新鲜趣事和文化元素等;3. 字数控制在600—1 000字,可以配图;4. 署名要求,写上学校、班级和个人姓名。

面对真实可信、要求具体的任务,学生可创作,可阅读,可分享转发,觉得远比语文教材中的"静态指令"鲜活灵动,更能够激起写作欲望。

(四) 搭建支架

针对学生游记写作的困难,教师搭建写作支架,给予有针对性的指导。

① 针对学情调查中存在的"写流水账""可读性不强"等问题,教师指导学生利用绘制的浏览图,设计游览路线,增添旅途趣事。如学生参观了赵孟頫故居、陆心源碑等人文景点,可补充赵孟頫生平、赵孟頫与管道升的爱情故事、陆心源碑文内容、书法碑林的图片等资料。发掘素材背后的深意,引导学生发散思维,突破固有认知,发现不一样的风景,从熟悉的风景中获得别样的感受。

② 针对学情调查中存在的"平均用力,不会处理详略""不善描写"等问题,教师应正面指导,给出写作支持,训练描写景物的技巧。(见表6-4)学生重点游览了假山、梅林等自然景观,在此期间的趣味活动主要是"莲花湖"中划船。

表 6-4　游记写作中景物描写技巧

技巧	景物描写技巧
技巧 1	对于山水景观：先确定立足点，在视线范围内选择一个角度，由远及近或由近及远地去描写
技巧 2	对于园林景观：由整体到局部去描写。先整体上把握园林的特色，然后详细描写园林中的植物（一株、一枝、一朵、一瓣），可对植物的形、色、香、味等进行描写；也可虚实结合，发挥想象与联想
技巧 3	对于游览过程中参加过的活动：按照动态活动过程进行描写。需要注意准确运用动词，完整地展现活动过程
技巧 4	对于景物名称：准确说出建筑物名称，知道景点中的植物、动物的名称

③ 针对学生写作“立意不高”“没有感染力”等问题，教师指导学生要借助多种写作方法寄寓情感。莲花庄是著名的江南古典园林，基本达到“无论站在哪个点上，眼前总是一幅完美的图画”，步入莲花庄，学生会陶醉于园中风光水色，会被园林的古典气息折服。教师引导学生移步换景，寄寓情感，增强作品的感染力。

可插叙趣事。莲花庄作为本地区游览胜地，不少学生已有过多次游历体验，可以在写作的过程中，插叙过往经历，寄托一定感情。

可巧用对比。园中亭台楼阁，各有造型；花草树木，彼此掩映。朝暮四季景观各不相同，通过对比，可以很快找到突破点，从而发表自己的见解和思考。

可引用典故。引用描写花草树木的诗词名句，既可以增加文章的人文内涵，也可润色文笔。作为一个古典园林，莲花庄始建于元代，风光旖旎，为一郡之胜，诗人白居易曾于此写下《白蘋洲五亭记》。数百年来，莲花庄以碧水风荷、景色幽绝著称，学生可以借此寄寓情思。

（五）实施评价

教师应根据学生在写作学习中的学习态度、参与程度以及成果呈现等，开展多元评价。

首先，设计评价标准。评价标准要可视化、可操作化。教师把“言之有序”

“言之有文”“言之有情”作为评价维度,分别体现“游踪”“景观”和“情思”等游记写作基本要素。(见表 6–5)

表 6–5 “学写游记”评价标准

写作目标	维度设计	评价指标	评价等级			
			优秀	良好	合格	不合格
学会写游记	言之有序	游踪	能用恰当的词句非常清晰地呈现出游览顺序	能用恰当的词句比较清晰地呈现出游览顺序	能在教师的指导下,用合适的词句呈现出游览顺序	不能用合适的词句呈示出游览顺序
		详略	能突出重点景观,有详有略	能在一定程度上突出重点景观	能在教师的指导下,描写重点景观	平铺直叙,平均用力,没有重点景观
	言之有文	景观	能准确描绘游览过程中所见的景观	能比较准确地描绘游览过程中所见的景观	能在教师的指导下,描述游览过程中所见的景观	不能在教师的指导下,描述游览过程中所见的景观
		语言	能在记叙或描写过程中,运用多种修辞手法,语言生动优美	能在记叙或描写过程中,运用至少一种修辞手法,润色语言	能在教师的指导下,描写景观特点	不能在教师的指导下,描写景观,语言枯燥乏味
	言之有情	人文	能加入丰富精彩的人文掌故,增添游记的情蕴	能较为适当地增添人文掌故,在一定程度上丰富文章的内容	能加入一些人文掌故,增强文章的可读性	未加入人文掌故,文章缺乏可读性
		情思	能在记叙或描写过程中,恰如其分地融入自己的感情与思想	能在记叙或描写过程中,流露自己对景物的情思	能在教师的指导下,在一定程度上体现自己的情思	未能融入自己的情思

其次,实施多元评价。自我评价,学生对照评价标准,进行自评与修改;合作评价,学习小组对照评价标准,相互评价,标注需要修改的内容,评出相应等第,推举出组内优秀游记;教师评价,教师评阅游记,评价游记等第,组织学生分享交流,指导学生投稿。

“有过程的真实写作”评价努力实现评价的动态化和科学化。动态化，指学生可以在写作过程中对照标准即时评价、随时修改，可以在完成初稿后对写作结果进行总结性评价，最终修改完善。科学化，指评价的可视化、可操作化，维度清晰，指标设计有梯度。

本文分析了“有过程的真实写作”的内涵和特征，通过具体案例探索其设计路径和实施策略。在日常教学中，教师尝试“有过程的真实写作”的设计和实施，应做到以下四点，以推动“新课标”的落地。

第一，课程意识是“有过程的真实写作”的探索宗旨，要明确“为什么教”。通过单元整体教学，整合学习内容，提炼学习主题，践行课标要求，促进核心素养的发展。

第二，学情研判是“有过程的真实写作”的起点，要明确“教什么”。写作学习目标的确定、写作难点的呈现、支架的设计，以及写作结果的评价，都以对学生写作学情的精准把控为前提。

第三，程序规范是“有过程的真实写作”的保障，要明确“怎么教”。学习起点确定、主题内容选定、真实任务设计、写作情境创设、支架运用、评价实施以及成果发布，构成一个相互关联的整体。其他文体写作也可基于此程序展开和推进，但依据学生情况，如城乡差异或班级差异等，在操作上应该根据实情而有所变通。

第四，过程扎实是“有过程的真实写作”的实现条件，要明确“教到什么程度”。评价指标要可视，学生可评可改；文体核心要素要落实，“让学生一辈子都不会忘”。①

---

①　郑桂华.如何教好中学作文[M].北京：北京大学音像出版社，2008：47.

第三节　基于学情的“学写传记”教学研讨

统编版语文教材八年级上第二单元的写作任务是“学写传记”。本单元所选课文,前两篇是回忆性散文,后两篇是人物传记节选,选材真实,事件典型,注重细节刻画,初步涉及了小传的文体知识,为单元写作教学奠定了基础。学情调查显示,学生面对传记写作任务存在以下一些困难:

1. 我理解的小传是讲某个人的故事或事件,大概是对人物做过的事的一个记述。但是,一个人有那么多事,该怎么写呢?

2. 小传主要是写事情吗? 我可以和“他”对话吗?

3. 写作小传时,不知不觉间我就从第三人称变成了第一人称。可是,小传难道不应该是真实、客观地写吗?

4. 小传这种文体不能凭空捏造。我总觉得不是每个人都有事迹可以写。生硬叙述,文章会没有重点;写不细致,文章会变成罗列资料。

5. 虽然爸妈给我提供了长辈的许多信息,但我要将一个自己熟悉的人的生平用精练的文字详略得当地写清楚还是有很多困难的。

6. 平凡的人没有什么傲人的事迹,没有什么可以值得写的。

7. 刚开始,我以为小传与普通的写人作文没有什么区别;开始写作后,才发现连称呼都成了问题。写作小传,人物该怎么称呼呢?

以上罗列的学生写作传记遇到的困惑与困难,虽然只是部分,但涉及选材与组材,人称与称呼,如何体现客观性,如何处理真实与虚构以及语体的选用等多方面的难点。然而,教材提供的写作知识与写作支架却极其有限,这就给“教”

与“学”都带来了困难。

先看下面本单元写作专题“写作实践”二：

> 你和家人朝夕相处，但你知道他们的生日、爱好和经历吗？请为你的一位家人写一篇小传。不少于500字。
>
> 写作提示：
>
> 1. 与你要写的家人深入交流，进一步了解他的生活经历。
>
> 2. 既要有概括性的介绍，也要选择几个重要事件，描写言行细节，使人物有血有肉，形象丰满。
>
> 3. 写完后给传主看一看或读给他听，听听他的意见，做些修改。

以上三点提示，分别指向作前、作中和作后。然而，学生面对这样的题目和提示，写作时依然会感到困难重重。为此，教师应改变不顾学情地给学生布置写作任务，或者是笼统地提出写作要求的做法，针对“学写传记”的单元写作教学要求，精心设计具体的拟真的写作任务，并提供必要的写作知识与写作策略，针对学生写作中的困难，创设支架，步步为营，引导学生由不知到知，师生合作，生生合作，注重过程，进行具体扎实的写作训练。

下面是教师开展“学写传记”教学时过程性指导实录的片段，主要体现了“为学而教，依体而教，全程指导，逐步推进”的教学理念与策略。

一、任务设计与写作准备

师：刚才几位同学谈了本单元后两篇传记的学习感受。老师问大家一个问题：学了这几篇课文后能自己写一篇传记吗？可以的同学请举手。（没有学生举手）

师：看来，大家虽然对阅读传记有一定的兴趣，但要自己写还有难度。你刚才说得挺好,怎么没举手?你再来说说。

生(一脸尴尬):我本来想写我的好朋友,因为我对他比较熟悉。可是,现在我突然觉得写同学好像也没有那么多可写的了。还有,我以前写写人的作文也会写同学,可一般的写人的文章和今天要写的传记到底有哪些不一样的地方呢?

师:你的发言提到了两个方面的问题。第一是选择传主的问题;第二是传记和一般的写人的文章有哪些根本性的区别。这都是文体方面的问题。我们先来解决第一个问题。怎样选择传主呢?核心是要体现两个字——“值得”。司马迁写《史记》,无论帝王将相还是草莽英雄,都很重视考证人物的事迹与呈现人物的风貌或历史功绩,给后人以一定的启示或影响。同学们是“学写传记”,虽然与司马迁写历史人物不同,而且周围也缺少能够载入史册的“大人物”,但“学写传记”也还是要突出人物的事迹和贡献。也就是说,能够让你立传的人物,他身上一定要有“值得”你写的内容。比如,有优异成绩,或能给人以精神影响,等等。(PPT 显示文体概念)

> 传记,单称“传”,记载人物事迹的作品,一般由别人记叙;自叙生平的,称为“自传”。大体可分为两类:一类属史学范围,即史传,崇尚严谨、征信;另一类属文学范围,即传记文学,以史实为基础而有合理的虚构与想象。两类常有一定程度的交叉。
>
> ——《辞海》

师:大家从这段材料中读出了哪些信息?

生 1:传记要记载人物的事迹。

生 2:我们写的传记是文学范围的传记,因为我们没有史学方面的材料。

师:对,我们是“学写传记”。这次写作,我们也不是写自传,而是以第三人称的记述方式,为他人写传记。其实,就是完成本单元“写作实践”二。考虑到

同学们的实际困难，老师把课本上的题目重新进行设计。（PPT 呈现写作情境）

写作情境：向你的长辈了解情况，或对他们进行专访，了解长辈或已故亲人的基本信息和过往事迹，选择一位典型人物，为他或她立传，让读者能清晰地了解你家族中某一亲人的突出事迹。

驱动性任务：为一位长辈写传记，向校报“文学传记”专栏投稿，让更多人了解他或她的事迹。

师：当你选择一个人物作为你写作传记的对象时，首先要考虑的是这个人物究竟有哪些突出的事迹值得写，即你要让读者从他的事迹中看出他的为人、他的性格、他的气质、他的贡献，等等。

生：老师，我们能不能再详细梳理一下传主的情况？

师：可以。准备充足有利于大家顺利完成写作任务。同学们可以先了解多个人物，如爷爷奶奶、外公外婆，或者是家族中已故的亲人长辈，然后从中选择一个有突出事迹的人，准备采访本，记录基本信息，也可以搜集图片资料。比如，大家最近阅读的《红星照耀中国》，斯诺当年进入苏区采访时，就带了两架相机和 24 个胶卷。四个月的采访，他密密麻麻写满了 14 个笔记本。书中所写毛泽东、周恩来等几位领导中国革命的同志的内容，就很接近人物传记。课后，大家不妨从学习写作的角度，再读一读《红星照耀中国》。（PPT 呈现访谈要求）

1. 整理传主的基本信息，如出生年月、出生地点、家庭成员、婚姻情况、党派、从军史、读书或学艺经历、兴趣爱好、技能专长、著述遗产等。

2. 通过采访、访谈等途径，全方位搜集传主资料。

3. 选择传主的典型事迹，有重点地记录。

二、写作知识与技术支持

师：好，想必大家都已经选好传主了。给老师看看你们的笔记本都记录了哪些人物素材。

(生交流展示)

师(微笑)：掌握了第一手材料，接下来就是要梳理、裁剪传主那些丰富的经历和事迹，构思这篇传记的写作了。这一步，直接决定了这篇传记的质量。现在，大家再思考与讨论一下之前有同学提出的疑问：以前写写人的作文也写同学，那一般的写人的文章与传记到底哪里不一样呢?

生：普通的写人的作文可以写很多对话，但课文里的两篇传记好像都没有对话。

师：哦?！其实，传记中也可以写对话。比如，《史记·项羽本纪》中有一个惊心动魄的场景——“鸿门宴”，司马迁就是通过人物的对话和动作神情等，将这个关键时刻定格在了作品中。所以说，传记不是不能写对话，而是要选用恰当的叙述角度。(PPT 呈现《鸿门宴》片段)

> 沛公旦日从百余骑来见项王，至鸿门，谢曰：“臣与将军戮力而攻秦，将军战河北，臣战河南，然不自意能先入关破秦，得复见将军于此。今者有小人之言，令将军与臣有郤。”项王曰：“此沛公左司马曹无伤言之。不然，籍何以至此?”项王即日因留沛公与饮。项王、项伯东向坐；亚父南向坐，——亚父者，范增也；沛公北向坐；张良西向侍。范增数目项王，举所佩玉玦以示之者三，项王默然不应。
>
> ——《史记·项羽本纪》“鸿门宴”片段

师：大家看，这段文字就有对话，而且人物的座次、神情、动作都历历在目。大家再看人称，还会发现这段文字是用第三人称叙述事件的。而同学们写的文章,常常是“我”如何如何,用的都是第一人称。这就是叙述角度的差异。由传记的概念,我们知道了传记一般由别人记叙。所以,写人物传记,如果不是写自传,大家最好采用第三人称叙述。而且,对人物的称呼最好用尊姓大名。(板书:尊姓大名,第三人称)

生:老师,写作文时我们常常会流露自己的感情,有时候还会直接表达感情。传记不可以抒情,对吧?

师:传记属于纪实文学,作者的感情要尽量约束克制。客观、纪实是传记必须遵循的原则。还是以《史记·项羽本纪》为例来看,司马迁只是在结尾稍稍流露了自己的赞叹、感慨和对项羽的惋惜之情。(PPT 呈现传记作者情感流露语句)

……位虽不终,近古以来未尝有也。

……五年卒亡其国,身死东城,尚不觉寤而不自责,过矣。

生:我知道了,就是在叙写过程中尽量不流露自己的感情,但是也可以对传主的事迹进行评价或表达自己的看法,对不对?

师:可以这么认为。

生:老师,我还有一个疑问:我以前写住在乡下的奶奶时,还会写乡村的景色,人物小传可不可以写景物,或者是进行环境描写?

师:对于出生地或者居住地要以介绍为主,不建议具体描写。大家先读一读这段萧红回忆鲁迅先生的文字。(PPT 呈现《回忆鲁迅先生》片段)

鲁迅先生的背影是灰黑色的,仍旧坐在那里。人家都起来了,鲁迅先生才睡下。

海婴从三楼下来了,背着书包,保姆送他到学校去,经过鲁迅先生的门前,保姆总是吩咐他说:“轻一点走,轻一点走。”鲁迅先生刚一睡下,太阳就高起来了。太阳照着隔院子的人家,明亮亮的,照着鲁迅先生花园的夹竹桃,明亮亮的。

鲁迅先生的书桌整整齐齐的,写好的文章压在书下边,毛笔在烧瓷的小龟背上站着。一双拖鞋停在床下,鲁迅先生在枕头上边睡着了。

——萧红《回忆鲁迅先生》

师:这段文字让我们看到了深夜写作的鲁迅先生。但这不是传记的写法。传记的语言以叙述为主。如果是传记,这段话该如何表述呢?

生1:鲁迅先生的写作时间一般都在深夜。

生2:因为写作,鲁迅先生与普通人的作息不同。他一般是深夜写作清晨入睡。

师:你们两位的叙述,语言简洁,重点明确。这样的表述就很符合传记的写法。现在,同学们再深入思考一下这个问题:写传记的人——作者,自己在哪里?是在当下,还是在文中的情境里?

生:老师,我们写传记不是回到过去,而是把传主过去的经历与事迹讲给别人听。

师:非常好。老师为你的领悟力点赞。为了使大家能够顺利完成本次写作任务,老师整理了大家的讨论结果,并在此基础上为大家提供了一些写作技巧方面的支持。(PPT呈现传记写作技巧)

写作技巧1	条理:按顺序叙述事件,并且告知读者事件的意义
写作技巧2	重点:选择重点事件,不可平均用力
写作技巧3	描述:运用精心挑选的细节,叙述一个清楚连贯的小事件、一段经历或某种情况;可以运用对话、特定动作、背景描述等
写作技巧4	称呼:建议使用第三人称,用人物“尊姓大名”
写作技巧5	语体:为人立传,建议使用庄重语体,写作语言避免过于日常化、口语化

三、合作评价与作品展示

师：经过努力，大家的写作进入了最后的修改与分享环节。现在，大家自由谈一谈这次训练让你对写作传记有了怎样的认识。

生 1：写传记要以真实为原则，基本事实不能夸大和虚构，有感人的事迹才能写好传记。

生 2：写人物小传，必须对相关信息进行梳理，突出重点，写的时候要用客观的态度。

生 3：写人物小传必须真实，但也可以稍微进行渲染或描写，以便增加可读性。

师：大家谈得很好，实践出真知，只有获得写作体验并进行反思才会有进步。现在，同学们先与同学交换阅读各自的作品，并诚恳地为对方指出优缺点。点评时可以参考老师前面提供给同学们的写作技巧支架。（学生交换作品阅读，评价）

师：这次写作训练，同学们的习作整体呈现出这样一些优点。

1. 素材丰富。相比以往的写作，这次写作训练由于前期准备工作充分，通过调查、采访、访谈等进行了信息采集，因此传主的经历与事迹都很丰富。

2. 纪实为主。所写内容都来自真实的生活，未随意渲染与抒情，写作态度严谨。

3. 传主的选择注意了“值得”二字。所写人物事迹突出，虽然不“伟大”“卓越”，但也可圈可点。

4. 语言得体，语体庄重。相比以往的写作，这是一种突破。

师：同时，老师也发现了一些问题。最突出的问题是称呼处理得不好，写着写着就变成了“我父亲”“我奶奶”等，行文前后不一致。

> 虽然我爷爷脾气差，但他很关心家人。我们都知道他只是不善于表达。他对我父亲是严厉的。父亲小时候学习成绩一直名列前茅，但总会有几次不如往常，甚至一下子跌了二十几名。爷爷就质问父亲：“怎么回事，你！”父亲搭不上话，爷爷就气冲冲地拿出戒尺，抽父亲的手心，抽得并不是很用力。他只想让父亲长个记性……

师：叙述的时候要学会转换人称。这对大家来说的确有难度，但写传记要处理好的关键问题就是“作者把自己放在哪里”。请大家再次深入思考问题：写传记，作者究竟在哪里？是在写作的当下，还是在那个过往的回忆里？或者说，是在文内还是文外？

生：老师，我觉得是在文外，传记作者要客观地对传主进行叙述。

师：好。那就请你来修改一下你的失误吧。

生：徐鸿昇对子女的教育极为重视，尤其对儿子的学习成绩更是特别关注。儿子小时候学习成绩偶尔下滑，就会受到严厉批评，甚至还会挨打。

师：这是一种叙述式写法。现在，同学们再次自查自己文中的类似问题，或者请同学帮忙检查，开展合作学习，相互修改。(学生合作学习，相互修改。师巡视点拨)

师：现在，我们请汪琪同学朗读她写的小传。汪琪同学的作文，传主经历与事迹的选择以及叙述都比较好，尤其是重点突出、事迹翔实，很值得大家学习。(学生读，并进行小组内品评讨论)

师：今天的课就上到这里。大家课后把课堂上修改过的传记再修改修改，然后投到校报征稿邮箱。

第七章　学习性写作课程的构建与实施

第一节　学习性写作内涵、特征与实施建议

2022 年版义教语文课标对课程内容进行了整合与重构,语文学习任务群成为课程内容的主要组织形式。新课程标准摒弃以往板块分割式课程设计思路,把写作全面渗入语文教学的方方面面。学习性写作是为完成具体语文学习任务而进行的写作,已成为语文学习的重要形态。

一、学习性写作概念内涵

20 世纪 80 年代,学习性写作兴起于西方"为学习而写作(Writing to learn)"运动,其初衷是把写作纳入所有学科以促进学生学习。① "为学习而写作"首先在高校得到提倡。美国加州大学伯克利分校"西方文明史"的课程学习,每一章都要求学生进行 5 000—8 000 个单词的写作;美国全国文科学会通过出版《学习

---

① 高潇怡,吕雅洁.科学教学中的反思性写作:特征、功能与应用策略[J].教育学报,2021(2):43-51.

通过写作》统一指导学生学习和掌握这种新方法。① 这种新的写作观念,不久在中小学也得到推广。② 2010 年美国颁布《共同核心州立英语语言艺术与历史/社会、科学、技术学科中的读写标准》,“为学习而写作”作为一种新的学习方式得到进一步强化。③

国内,荣维东最早提出“学习性写作”这一概念。《普通高中语文课程标准(2017 年版)》颁布,荣维东连续发表两篇研究论文《基于学业质量标准,实施新写作评价——关于高中写作学业质量评价的解读与思考》和《重建写作课程的概念、类型与内容体系——基于〈普通高中语文课程标准(2017 年版)〉写作内容的解读》,在这两篇文章中提出“学习性写作”概念。荣维东认为勾画圈点、记笔记、写摘要、写 PPT 等都是“以知识的学习探索和技能训练为目的,为了完成具体的学习任务而进行的写作”,它们统称为“学习性写作”。

学习性写作并非新生事物。在 20 世纪初,我国就将“读书笔记”列为作文项目,并提出“作文须与各科(如笔记、各科的记述等)联络”等教学建议。④ 当时官方文件中有相关要求,如,1929 年《高级中学普通科国文暂行课程标准》中将“读书的笔记”“专题研究”作为作文的类型;1932 年的《初级中学国文课程标准》也曾将“翻译”“笔记”“记录”“整理资料”作为作文的类型。⑤ 当时不少学者也倡导“学习性写作”。如胡适撰文《中学国文的教授》指出“教员应该极力鼓励学生写长信,做有系统的笔记,自由发表意见。这些著作往往比敷衍的课艺高无

① 潘新和.语文:表现与存在,1020.

② 同上。

③ 塔尼亚·拉马略,伊丽莎白·蒂文斯,刘菁菁.美国《共同核心州立标准》实施效果[J].外国中小学教育,2015(8):1-4.

④ 课程教材研究所,编.20 世纪中国中小学课程标准·教学大纲汇编:语文卷[M].北京:人民教育出版社,2001:18-38.

⑤ 同上,288-292.

数倍”①；刘半农先生在《应用文之教授》中提倡，“令学生撰为论文或笔记”“令学生阅看，即提纲挈领，做一笔记，或加以论断”。② 可见，当时学习性写作并非舶来品。根据以上研究与学者主张，本章对学习性写作的定义如下：学习性写作，又称为“学术性写作”“认知性写作”“反思性写作”，它包括记笔记、写摘要、读书心得（书评）等，指以学习各学科知识为目的，为完成学习任务而进行的写作。

学习性写作是一种旨在促进学生学习，帮助学生探索和分析的写作方式。学习性写作通常是在阅读的基础上，学生借助一定的方法或工具，按照学习目标，对文本进行梳理、总结、分析、评价或创新，以写促读，以写促思，达到核心素养提升的目的。学习性写作在国外中小学已经成为一种常见的写作形态，有效地促进了学生综合素养的形成，值得我们重视和借鉴。

二、语文教材中的学习性写作

通过粗浅梳理，我们发现统编版语文教材中的学习性写作比较常见。写作已然成为学习、思考、探究的手段，学生可以通过写作来观察、梳理、分析及评论。（见表 7-1）

表 7-1　七至九年级统编版语文教材中的学习性写作示例

册次	学习性写作内容
七上	阅读《朝花夕拾》，完成专题探究，写一篇读书报告
七下	1. 阅读《骆驼祥子》，摘抄精彩片段，进行圈点批注，探寻悲剧原因；2. 以“中国的科技成就”为主题，开展合作学习，搜集并梳理材料，完成《中国科技成就整理表》

① 胡适. 胡适文集：读书与做人[M]. 北京：北京理工大学出版社，2016：42.

② 刘半农. 应用文之教授//李杏保，方有林，徐林祥. 国文国语教育论典[M]. 北京：语文出版社，2014：62-63.

(续表)

册次	学习性写作内容
八上	1. 阅读《红星照耀中国》,梳理红军领袖人物或红军将领的革命之路,梳理红军长征线路图,撰写读书报告;2. 查找资料,了解并比较中国和欧洲古典园林的主要特点,用表格或思维导图呈现自己的认识;3. 借鉴法布尔的科学观察经验,自主设计观察实验,并进行实践,撰写观察笔记
八下	1. 就读过的某部名著,写一篇读后感;2. 阅读《经典常谈》,选择某一篇深入研读,做读书笔记;3. 阅读《钢铁是怎样炼成的》,梳理主人公保尔的成长历史,列写提纲,给主人公写小传;阅读《钢铁是怎样炼成的》,探究"红色经典"的现实意义,记录阅读感受,整理成读书笔记
九上	1. 阅读材料,围绕观点,列出提纲;2. 学写议论文,建立素材库,摘录积累典型事例、统计数据、名言警句等,并按内容进行梳理分类;3. 综合性学习,开展"小说人物大家谈"活动,整理小说篇目表,用卡片形式为小说人物建立档案,并做简单点评;4. 阅读《水浒传》,选择最喜欢的章节或人物,梳理其中的情节,尝试用思维导图的形式画出来
九下	1. 看材料,练审题,列写作主题;2. 阅读《儒林外史》,选择喜欢的故事,梳理情节,列写提纲,并讲述故事;阅读《儒林外史》,品析讽刺手法,写一篇小论文,谈谈小说的讽刺艺术;3. 阅读剧本《天下第一楼》,梳理剧情,完成图表;任选一位剧本人物,参考教材示例,写人物分析片段,300 字;4. 搜集、阅读诸葛亮资料,包括史料、传说、诗文或故事,以《千秋诸葛我评说》为题写一段文字,陈述自己对诸葛亮的看法;5. 改写古诗,用现代汉语把叙事诗《十五从军征》改写成一篇记叙文;6. 写《简·爱》读后感

教材中的学习性写作,大体包括梳理分类、列写提纲,发表看法,读书笔记、读书报告,等等;有的需要图文结合,如绘制"诺第留斯号"潜水艇简易图,并写一篇简介;也有的只需写简短文段,如在阅读或学习中,针对作品的情节、人物或手法,或者某一段落,做出批注、欣赏或评论等。总体来说,教材编排中的学习性写作,写作的系统性、丰富性及层级性等方面,都有待提升。

三、学习性写作的类型

2022 年版义教语文课标把写作全面渗入语文学习的方方面面。根据学生各项学习活动需要而进行的学习性写作，其篇幅长短、呈现形式各不相同。

第一，基于文本的呈现方式，学习性写作分为文字型、图表型、图文综合型等类型。（见表 7-2）

表 7-2　基于呈现方式分类的学习性写作类型

类型	特点	呈现
文字型	仅通过文字呈现写作信息，内容紧密结合学习需求；形式不拘，提纲、片段或篇章均可	借助语言文字呈现的批注、摘录、评论、改写续写扩写、笔记、感悟等
图表型	以图片、表格等形式呈现；可借助思维导图或其他可视化工具完成	借助图表呈现事实、信息或思维框架
图文综合型	写作内容、要求等是通过文字和图表共同呈现	在行文过程中，根据需要，植入图表，以增加文本可读性

第二，基于文本呈现形态，我们把学习性写作分为连续性文本和非连续性文本。（见表 7-3）

表 7-3　基于呈现形态分类的学习性写作类型

类型	特点	呈现
连续性文本	基于特定的文体要求呈现的完整篇章；在结构和语言上具有完整性	如小论文、读后感、人物小传等
非连续性文本	以批注、提纲或配图等方式呈现，在结构和语言上不具有完整性	如 PPT、活动方案、小报等

第三，基于写作目的，学习性写作分为信息摘录、心得分享、点评分析和策划创造等类型。（见表 7-4）

表 7-4　基于写作目的分类的学习性写作类型

类型	特点	呈现
信息摘录	为特定的学习目的而进行的积累、摘抄等	成语、名言、精彩片段等的积累、分类

(续表)

类型	特点	呈现
心得分享	为特定的学习目的而撰写的阅读感受,心得、体会等	读本推荐,读书笔记、读后感等
点评分析	为特定的学习目的而撰写的鉴赏、品析或评价	如阅读《儒林外史》,品析讽刺手法,写一篇小论文
策划创造	为特定的学习目的而撰写的具有创造性的文本	如阅读《海底两万里》,绘制“诺第留斯号”航行线路图,写航海日记

总体来看,目前学习性写作仍然存在写作类型不够丰富,写作任务选择空间不足,写作成效有待检验等问题,需要广大语文教师根据教学需要进行自主设计,实现课程创生。

四、学习性写作的特征

学习性写作的基本特征主要体现为写作性质上的工具性,写作内容上的融合性,写作形式上的多样性。

1. 从写作性质上看,具有工具性

学习性写作,即“为学习而写作”,其性质是新时期学生的一种学习工具,把写作与学习方法联系在一起,让写作成为学习的一种古老又崭新的工具。学习性写作首先为整理和表达“自己的”阅读、思考、探究的成果而存在,由此看出学习性写作有工具性特征。

2. 从写作内容上看,具有融合性

“学习性写作”是新课标中内容涉及广泛的写作类型。其“融合性”,体现在学习性写作与学习活动、阅读行为或其他学科的内容学习相辅相成。学习性写作是基于认知、在认知中进行和为了强化认知效果。2022 年版义教语文课标多处提出学习性写作要求:“完成读书笔记”“尝试写鉴赏文章”“用流程图、文字等形式呈现活动方案”“用文字、图表、图画、照片等形式呈现学习成果”“通过圈点、批注等多种方法呈现作品中的语言、形象、情感、主题的理解”，等等。学习性写作的融合性特征显著，教学中也需要结合学习内容随时随地进行。

3. 从写作形式上看，具有多样性

学习性写作的形态灵活多样，或碎片或篇章，或文字或图文并用。实际运用时可根据学习情境的需要，灵活选用某一种或几种学习性写作形态。学习性写作，可以是片段呈现，如成语名言的摘录、情节内容的梳理、精彩片段的批注等；学习性写作，也可以是完整的篇章，如读书笔记、评论鉴赏性文章等；学习性写作，也可以是以图配文，运用思维导图梳理思路或内容，利用照片或图表展示成果，甚至在阅读名著的过程中绘制图形。写作形式上的多样性，也意味学习性写作需要思路开阔，需要灵活机动。

五、学习性写作的实施建议

1. 树立目标导向

教师应对学习性写作的核心目标、读写关系等有清晰的思考。依据2022年版义教语文课标的要求，教师应深刻把握学习性写作的根本任务和总体目标，然后依据学情和课程内容，把目标细分为阶段目标，并具体化为每一节课的教学目标。学习性写作教学目标的制定，可以依照纵向和横向两个维度进行。教学缺乏清晰的目标，就无法形成一个清晰可行的教学实践方案，会导致教学的盲目无序。

2. 实施过程指导

学习性写作有别于过去的记叙文、说明文和议论文写作，教师一般把它融入阅读教学作为一项作业布置，忽视其教学指导。我们认为学习性写作作为课标要求中的一个大类，不但需要教，而且需要实施过程指导，应该结合学习内容在学习过程中随时随地进行。教师应该把学习性写作的教学重点放在学生写作素养的提升上，通过写作过程指导，全程管理和教学干预学生的读写。

3. 提供精确样例

使用样例,即给学习性写作提供写作图式或写作规则。教师要选择精确样例,一般可以选择略高于学生水平的样例,能够促进学生对比参考,明确进阶发展的方向。示范是最好的教学资源,教师也可以在过程中写作示范,组建师生学习共同体,与学生共读共写共修改。对于样例的使用,教师应明确样例的目的和功能,考虑使用的对象与时机,对样例进行程序化知识转化和分析。

4. 重视过程性评价

学习性写作的成果,有时是随文批注,有时是赏评小论文,有时是读书笔记,甚至是学生创意制作,如小报、书签等。对于学习性写作的过程性评价,传统的做法多是只提要求,随机检查督促;复杂的梗概或提要,也只是学生写,教师凭主观经验打分。要让学生知道"怎样做是好的",并用以自评互评,是很有必要的。教师应该制定评价标准,建立多元的评价机制,以切实保证学习性评价的有效性。

第二节 学写读后感

——以《名人传》为例

2022年版义教语文课标将"整本书阅读"列为拓展型学习任务群之一,强调读整本书,设计任务活动,注重方法指导,提升阅读品位。为实现课程目标,教师要通过整体设计与教学实施,探索"整本书阅读"的阅读策略与方法,形成"整本书阅读"的有效经验,促成新课程目标的达成。

《名人传》是法国作家罗曼·罗兰创作的人物传记,该作品由《托尔斯泰传》《米开朗琪罗传》《贝多芬传》三本传记构成。写作中,罗曼·罗兰采取单独成篇方式,搜集大量原始素材,从艺术、生活、思想和价值等方面,分别记叙了德国音乐家贝多芬,意大利雕塑家、画家、诗人米开朗琪罗,俄国作家、思想家列夫·托尔斯泰三位名人苦难和坎坷的一生,着重刻画了他们的心路历程,表现出他们的精神信仰和永不停息的艺术热情,谱写了一曲别样的英雄赞歌。

名人传记具有其他书籍不能替代的认知价值和教育功能。中学生阅读人物传记,能丰富阅历,陶冶情操,提升见识,培养自由独立的思考能力。由于传记描写的是真实人物,是各领域有重大建树的人物,传主具有特殊的人格魅力,可以作为中学生学习的楷模,有助于学生树立正确的人生观、价值观和世界观。

统编版语文教材写作专题注重过程指导。单元的写作专题由“导写短文”和“写作实践”两部分构成。“导写短文”注重从阅读文本中归纳写作知识,“写作实践”提出写作任务,还提示了写作方法和写作要点。尽管教材已有温馨“提示”,但学生写作依然捉襟见肘,教师教学实施困难重重。原因是学生缺乏写作素材,教师缺乏具体可操作的教学实践策略。借助 2022 年版义教语文课标“整本书阅读”学习任务群建设思路,本文尝试把《名人传》“整本书阅读”与八年级下册第三单元“学写读后感”相结合,总体设计“阅读”“感悟”“表达”和“交流”等多项活动,通过这种有意义的学习活动,体悟伟大人物的人格魅力,促使学生的阅读体验有效转化为书面表达,既克服了学生写作素材欠缺的问题,又通过书面表达和交流讨论,促使学生发表自己的感悟,实现传记阅读的价值和意义。这是一项有意义的尝试。

一、《名人传》“整本书阅读”学习任务群的设计

(一) 确立学习主题

塑造英雄历来是西方文学的传统,人类通过对英雄的描摹表达对自我的理解以及对人的最高期待。但罗曼·罗兰的英雄主义摒弃了古希腊半神式的传奇,而将人提到了中心的地位,塑造了一种“人化英雄”的形象。[①] 罗曼·罗兰曾

---

① 王奕涵. 论《名人传》中的英雄观及其现实意义[J]. 牡丹江大学学报,2022(7):22-33.

说:“我称为英雄的,并非以思想或强力称雄的人,而只是靠心灵而伟大的人。”《名人传》由三篇独立的传记组成,共同探讨了英雄的本质、来源以及实现方式三个核心问题,构筑了罗曼·罗兰式的英雄主义:① 不同于带有神性光辉的宏大叙事,现实中的人在作者英雄观中具有本体性地位;② 苦难的磨砺是成为英雄的重要途径,是孕育对抗不公和苦痛的勇气来源;③ 英雄能够从痛苦中淬炼出超越痛苦的“力”,体现出英雄的坚毅秉性和伟大心灵。

根据《名人传》的创作宗旨,特确立本学习任务群主题:阅读英雄事迹,激励自我成长。

(二) 选择学习要素

1. 梳理人物事迹

根据传记的文体特点,整体把握名人经历,梳理名人主要事迹。“传记”一般要抓住人物的主要经历或主要事迹来写,要全面搜集、占有丰富翔实的资料,如人物的姓名、性别、籍贯、民族;人物的生卒年月;人物的学历、简历、党派、职务;人物的贡献、功绩、科技成果、著作;能反映人物思想风貌本质特征的典型事件等。如《美丽的颜色》中,作者抓住 1898—1902 年这四年,记叙了居里夫人在这四年里的主要事迹——发现了“镭”,从而突出居里夫人的优秀品质。阅读《名人传》核心任务之一就是梳理清楚三位名人的生平事迹,以利于学生深入把握人物形象以及理解人物内在品质。

2. 品析人物形象

阅读人物传记,把握人物的内在品质是重点。了解三位巨人的生平事迹后,学生应该通过重点章节的深入阅读,进一步领会他们的内心世界和精神品质。作家在书写人物全貌的同时,选择最能表现人物主要性格特征的典型事件,并对其加工、提炼,用最能凸显人物特征的细节来展现人物的内心世界。阅读这些关键之处,不仅可以领略人物一生的主要事迹,感受人物的人格魅力,还可以深入学习作品的写作手法,把握作家的写作风格。

3. 学写读后感

学写一篇读后感,是“整本书阅读”学习任务群的一项表达任务。在《名人传》整本书阅读之后,选择感悟最深的名人,再次深入阅读相关细节,摘录最被触动的细节,结合自己的学习和生活体验,撰写读后感,达到整本书学习任务群所预设的“阅读—感悟—表达—交流”这一学习目的。

(三) 整体设计

1. 《名人传》“整本书阅读”学习任务群目标

在那个物质利益决定一切的 20 世纪初,欺凌和暴力成为时代病,罗曼·罗兰觉得人类需要高贵的精神,需要甘愿自我牺牲、以痛苦为人类献祭的时代榜样,这就是《名人传》的创作背景。罗曼·罗兰把社会变革与进步的希望寄托在“英雄”人物身上,为他心中理想的英雄立传,要让人们“呼吸到英雄的气息”,为人们的精神世界创造光辉夺目的太阳。

学习目标如下: ① 整体阅读《名人传》,能梳理三位英雄的事迹,把握三位英雄的性格特征,体会作者的情思,并给英雄下定义;② 深入阅读重点章节和片段,体会名人内心世界,触发自己的感受与启示;③ 学习《读后感》写作知识和文体特点,选择感受最深的章节或细节再次阅读,撰写读后感;④ 在班级读书会上,讨论、交流自己的读后感,能遵照评价标准,合作修改读后感。

2. 《名人传》“整本书阅读”学习任务

启动性任务: ① 观看米开朗琪罗的视频;② 聆听贝多芬代表作《英雄交响曲》《命运交响曲》等;③ 阅读茨威格《世间最美的坟墓》。通过多种感官体验、三位名人的成就,开启《名人传》整本书学习任务群之旅。

任务一: 通读《名人传》,整体把握作品内容和主旨。(2 课时)通读《名人传》,了解作家创作背景,梳理三位名人的生活经历和主要事迹,把握三位名人的性格特点,在此基础上初步感受名人的内心世界,并给英雄下定义。

任务二: 精读《名人传》,感受英雄精神。(2 课时)阅读名人事迹,选取重点章节、重点段落,品味赏析,感受作品风格,并深入体会三位名人的内心世界,展开班级讨论,触发内心的感受。

任务三:学写读后感,修改读后感。(2 课时)教师摸查读后感写作学情,开展针对性指导。提供教学支架,课堂上完成初稿。订立评价标准,同伴互评修改。借助"读后感写作评价量表",同组合作,互评、自评与师评,互改、自改与师改,完成读后感写作的评价与修改。

任务四:展示写作成果,交流学习体会。(1 课时)继续修改读后感,在小组内分享作品,交流写作体会,每组选出 1—2 篇优秀作品进行班级展示,继续修改完善,形成"整本书阅读"的读书成果。

二、《名人传》"整本书阅读"学习任务群的教学实施

(一) 创设整本书阅读情境

学校举办读书节,推出"与经典同行"系列活动。师生共读《名人传》,一起走进英雄世界。撰写读后感,择优参加 H 市新华书店组织的"品味书香,诵读经典"中小学生读书征文活动。

(二) 整体把握作品内容

一位是德国的音乐家贝多芬,一位是意大利的雕塑家、画家、诗人米开朗琪罗,还有一位是俄国作家、思想家、文学家列夫·托尔斯泰,《名人传》里的三位"名人",事业不同,贡献不同,所处时代和国家也不同,但他们都是各自领域里的伟人。他们在肉体和精神上经历了人生的种种磨难,为创造不朽的杰作贡献了毕生的精力。

1. 梳理人物经历

贝多芬:一个被命运作弄的,最终耳聋的音乐家,一个用痛苦换来欢乐的英雄。这个表面狂傲的人,有着不为人知的一面。音乐家最重要的器官损坏了,他

不敢表露出来,不敢让人知道他的弱点,只好选择离群索居。他没有知音,甚至连朋友都没有。贝多芬接受了现实,承受了上天给予他的痛苦的命运。他因此成为作者心目中的英雄。

米开朗琪罗：抑郁症患者,是一个恨不得把整座山都雕出生命的工作狂,一个舍弃欢乐、享受痛苦的英雄。米开朗琪罗有着十分矛盾而又复杂的心理,他对自己的行为极端厌弃,知道自己是一个十足的“弱者”“懦夫”。心灵的折磨和奴隶般无休止的劳作,使米开朗琪罗饱受一生的折磨,对他而言生命简直就是恐怖的地狱。

托尔斯泰：一个自我折磨、自我折腾的人,一个打破生活的安宁以便安抚良心的英雄。他很早就拥有了财富、名誉与地位,却像一个疯狂的信徒一样,不断地解剖自己,不断地忏悔,以至于为了自己的信仰抛弃了家庭,抛弃了世俗的欢乐,最后耄耋之年离家出走,客死荒郊。(见表 7–5)

表 7–5　《名人传》三位名人经历

人物	经历的苦难
贝多芬	◎出身卑微：父亲是酗酒的男歌手,母亲是女佣。父亲逼他练小提琴。十三岁辍学。 ◎身体残疾：1796 开始耳聋(对音乐家而言是致命的疾病),不敢告诉任何人。 ◎爱情凄楚：两次被爱情抛弃,为朱丽埃塔・圭恰迪尼,作《月光奏鸣曲》;和特蕾泽・德・布伦瑞克解除婚约。 ◎没有亲情：无家庭,无儿女,侄子卡尔不孝顺。 ◎生活贫穷：作品没有报酬,欠了出版商很多债务,没有鞋子上街。 ◎长相丑陋。
米开朗琪罗	◎祖国多灾难：外族入侵,自己的作品毁于战乱。 ◎没有爱情,终身未娶。 ◎没有亲情：家族都想从他身上榨取利益,包括他的父亲、兄弟以及侄子利奥纳多。 ◎遭到同行嫉妒和倾轧：《大卫》被扔石头,《最后的审判》被骂“有伤风化”。 ◎没有自由：一生都为教皇的光荣服务。 ◎工作辛苦,长年累月工作导致病态：既是工程师又是凿石工,样样自己动手,连吃饭睡觉的时间也没有,70 多岁还爬上脚手架工作。 ◎理想和现实冲突：艺术上追求人性的解放和自由,却要为束缚人性的宗教和神权服务。

(续表)

人物	经历的苦难
托尔斯泰	◎出身贵族阶级,却为自己的贵族生活羞愧不已,要蔑视和摆脱一切。 ◎因批判教会而被视为异教徒,被开除教籍。 ◎得不到亲人(妻子苏菲)的认同和理解。 ◎晚年离家出走。 ◎同情底层人民,又对他们缺乏信心,得不到支持。

2. 把握人物性格

精选凸显人物精神气质的重点语段,深入地分析、讨论、品味。结合具体语段和人物描写手法,把握人物的性格特征。(见表7-6)

表7-6 把握三位名人的性格特征

人物	性格特征
贝多芬	不幸,孤独,自强不息,坚忍不拔,是伟大的音乐之神,是勇于与命运搏斗的真英雄
米开朗琪罗	慈善,善良,软弱,多疑,优柔寡断,做事常常有始无终,常常屈服于强权,是一个极其矛盾的悲剧人物
托尔斯泰	自我完善、博爱,具有虔诚的宗教观点,是一个有良知的精神英雄

小结与讨论:① 为"英雄"下定义。② 读了《名人传》之后,你对生活的磨难的看法是否有所改变?请结合阅读的心得和生活中的例子来谈自己的体会。③ 谈谈你对罗兰这句话的理解:"世界上只有一种英雄主义:注视世界的真面目——并且爱世界!"

(三) 搭建写作支架

1. 确定任务目标

从《名人传》中选择感悟最深的一个方面撰写读后感。读写一体化设计,使任务更加具体明确。

2. 借助思维导图(见图 7-1)

读后感写作,一般不少于“引—提—议—联—结”五步。第一,用简练、概括的语言,叙述所读的作品的主要内容,读好读透原著是读后感写作的前提;第二,提取其中感受最深的一点作为读后感的写作中心;第三,具体分析阐述,在分析阐述的基础上推导出全文的中心论点;第四,读后感写作的难点,是要联系当下社会生活或者联系自身进行反思或阐述启示,学生要想阐述自己从“读”中获得的启发、悟出的道理,最好的方式是结合切身体会,以实践经验和生动事迹来论证;第五,总结全文,提升立意。

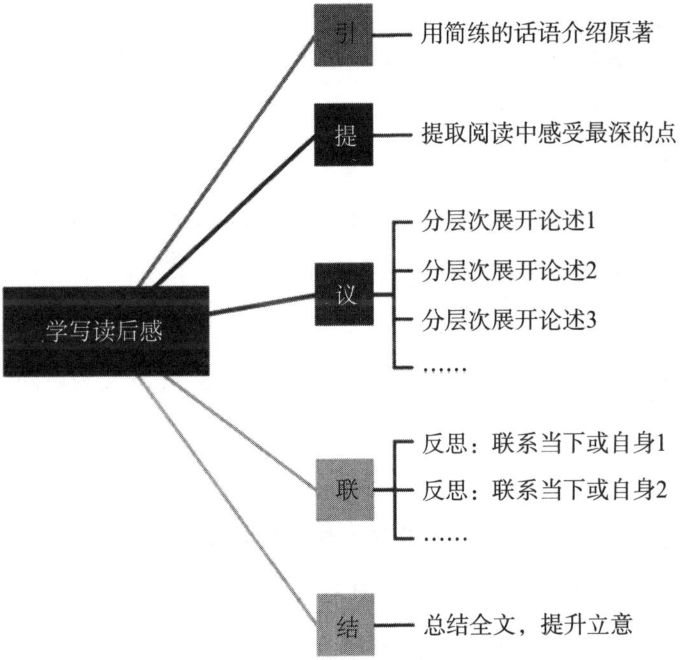

图 7-1　读后感写作思路框架

3. 强化反思联系

读得深入,才能写得深刻。读后感写作难题是联系现实并深入反思。学生须选取与中心论点相吻合的生活事例,将其作为论证中心论点的典型例证。选取的生活事例既可以是一个,也可以是几个;可以是当前社会生活中的现实,也可以是个人生活中的行为。无论联系现实,还是综合运用各种方式方法,都必须紧紧围绕全文的中心论点来展开。

(四) 讨论交流

举办"整本书阅读"经验分享交流会,发挥学习共同体的优势。生生之间、师生之间互相交流阅读体验。同学间的相互交流学习,既有利于提高学生的阅读自主性,也有利于班级阅读与讨论气氛的形成,能够顺利推进学生阅读更多的整本书。坚持以学生为主体,有助于"自主、合作、探究"学习方式的形成。

1. 活动准备

① 布置交流场所,推选交流人员。每小组选拔 1—2 名同学参加《名人传》读书交流。② 举办班级读书交流活动。

2. 活动组织

① 推选主持人,组织交流活动。② 撰写串场词,根据读书活动的目的与需要,可以邀请教师给予总结和点评。

3. 交流发言

① 发言交流,给予点评。② 推选出最优读后感。(下文为申同学撰写的读后感)

不要在苦难中放弃挣扎

H 市第五中学八年级(12)班　申**

曾有人说:那些被千万人敬佩的人的背后,总有一段寂寞的时光。我原来并不信,但当我细读罗曼·罗兰的《名人传》后深信不疑。

罗曼·罗兰是 20 世纪上半叶法国著名的人道主义作家,那时的欧洲弥漫着腐败气息,骚动不安,这是他所深恶痛绝的。在这样的情境下,便需要伟人们来点亮世人的道路。于是,罗曼·罗兰落笔写下了《名人传》,记录贝多芬、米开朗琪罗、托尔斯泰的坎坷一生,同时给世界展现这些灵魂所具有的正能量。这三位伟人虽然从事领域不同、国籍不一、对于世界的影响也不等,但是存在于他们身上的高尚品格和顽强奋斗的精神都同样使我们印象深刻,并值得作为一生尊崇的原则。

我印象最深刻的是贝多芬先生。以我一名中学生的眼光来看,贝多芬足够伟大!因为他以两只无法听见声音的耳朵创作了太多不朽的音乐。即使在百年时光的冲刷下他的音乐也并没有被赶下舞台,反而成为众多音乐家争相模仿的对象,成为绝大多数人熟悉的旋律。这看似矛盾的事情的发生使正在学习音乐的我难以置信!这实在是不敢想象。

如果我与贝多芬面临着同样的痛苦我能怎么做?会彻底疯掉吧!但贝多芬仍然坚持自己所爱,向命运抗争。不惧苦难!这使我不禁反思我在古筝学习中的许多不足。

我的古筝指导老师对我的评价是:能力学习古筝绰绰有余,但缺乏持之以恒的行动。春夏秋冬都有我不去练习的理由:春天的困倦,夏天的炎热,秋天的干燥,冬天的严寒。一些外界的,可以很快解决的困难都会成为我不去琴行练习的原因。如果坐在古筝前认真练习很长时间没有结束,我甚至会觉得很不耐烦。现在的我回想以前的这些行为觉得很羞愧。毋庸置疑,耳聋对于音乐家是致命的伤害。但贝多芬从不会放弃在这泥泞中挣扎,甚至他一生创作的最杰出的作品中的大部分是在他失去听觉后完成的。我对那个安静的世界好奇又恐惧。身体健康的我在面对一些微不足道的客观因素时,第一时间选择的就是放弃。我终于明白了老师的那句话,我输给了软弱的自己。

贝多芬心怀大爱同样使我钦佩。他将痛和寂寞留给自己,展示给外人的永远是欢乐的音乐和最大程度的帮助。贝多芬的耳聋对他的事业必定是有影响的,同时带给了他最深的孤独。但这并没有使他的作品染上灰暗,反而他更下定决心为同是天涯沦落人的苦难者写音乐。他忍受身体的病痛,作出使灵魂欢乐的曲子,即使作曲的他只是在强颜欢笑。就算他无法给那些苦难的人带来物质上的帮助,但在音符和旋律中,他给了自己和他人挣扎的力量和勇气。一个痛苦的人给同样难过的人力量,这听上去很荒谬,但他做到了。

这一点更令我感到惭愧。我是个情绪化的人,开心会放声大笑,难过时就会放声大哭。现在想来,我利用哭去发泄,试图改变自己的情绪,实在不是个正确的决定——这同时给我的朋友、亲人带去了太多负能量。正如大家都感受过的,一个人在压抑的环境中很难做好事情,那我的放声大哭岂不是给身边的人带去了太多烦恼?亲人朋友总得用耐心的安慰和关怀的眼神来满足我的自私。与贝多芬相比,我脆弱得不堪一击,这的确值得我去反思和改正。

阅读《名人传》,我更充满了对贝多芬命运的同情与叹息。贝多芬的乐观和善良并没有给他带来他人的关心。除知己好友外,别人似乎都在与他作对。他花尽钱财去抚养的侄儿也对他极为冷淡,只有当贝多芬用血汗钱给这个所谓侄儿带去利益时,才会使他对伯父多点关心。就连伯父的生命也被他认为没有任何价值——贝多芬离世时是由一个陌生人合上眼的。

贝多芬一生辛酸坎坷,有太多眼泪要流,他却将那些泪流回心底最深处,彻底将自己奉献给他爱的音乐,给他想要关心的人。

人生不会一帆风顺,任何人都可能遇到难以逾越的困境。但人生低谷中更应逆流而上,软弱地放弃就会陷入泥泞,只有在这泥泞中挣扎,即使完不成初心,也能活出别的色彩。

念念不忘,必有回响。

(五) 评价实施

“整本书阅读”学习任务群评价,可以从过程性评价和终结性评价两方面进行。

1. 过程性评价运用于阅读过程中

教师可对学生阅读习惯、阅读关注点、阅读思维等方面的表现进行评价。以任务驱动形式,让学生在阅读过程中完成相应的任务,再对其成果,如阅读进度记录表、随堂读书笔记、章节知识点小测试或课前阅读心得分享等,进行评价。教师可以检阅其阅读计划是否合理、读书笔记的完成质量、圈点勾画的阅读习惯、章节知识常识的把握等。

2. 终结性评价体现在“整本书阅读”学习任务群结束之时

① 重视传记阅读的整体性评价。能够梳理清楚传记作品中传主的人生经历,分析其人物性格形象及其形成原因,领会人物精神品质。② 关注整本书的细节。教师可以联结考点,进行阅读能力考查,主要包括文字常识积累、人物性格情节关联、故事情节的简述点评、语段赏析、综合其他名著延伸创新等。③ 整本书阅读的成果评价。学生的阅读成果有手抄报、读书笔记、读后感、传记写作等,在合作、讨论、交流、修改的基础上,教师应该给予最终评定。教师也要扩展作品发布渠道,通过公众号或者班级校园的展板发布学生的阅读成果。

第三节　“整本书阅读”与“学习性写作”的融合教学

——以《海底两万里》为例

2022 年版义教语文课标将整本书阅读正式列入语文课程内容,这是从国家课程标准层面真正确立整本书阅读的价值和意义。早在 1941 年,叶圣陶就指出“要把整本书作主体,把单篇短章作辅佐”[①],明确提出要读整本书。叶圣陶认为,“国文教学的目标,在养成阅读书籍的习惯,培植欣赏文学的能力,训练写作文字的技能”。[②] 这依然是当下语文学习的核心。在核心素养时代,无论是从对国家民族未来的影响来看,还是从对个体素养发展和生命意义提升角度来看,整本书阅读的重

---

① 李伟. 基于项目学习的整本书共读——以《海底两万里》为例分析[J]. 中国教师,2016(2):58-63.

② 同上。

要性都是不言而喻的。由整本书阅读带来的学习性写作也成为语文课程层面的重要内容,这既是读书这件事带来的,也是学习性写作本身的价值和意义决定的。

一、《海底两万里》内容简介

《海底两万里》(*Vingt mille lieues sous les mers*)是法国著名作家儒勒·凡尔纳(Jules Gabriel Verne)创作的科幻小说,是“凡尔纳海洋三部曲”中的第二部(第一部是《格兰特船长的儿女》,第三部是《神秘岛》)。《海底两万里》于1869年3月20日—1870年6月20日连载于法国《教育与娱乐杂志》。小说主要讲述了生物学家阿龙纳斯跟随“鹦鹉螺号”潜水艇艇长尼摩及两位同伴一起周游海底的故事。

故事发生在1866年,法国生物学家阿龙纳斯应邀赴美参加一项科学考察活动。这时海上出现了一只被断定为“独角鲸”的大怪物,引起人们的巨大关注。科考活动结束之后阿龙纳斯准备返回法国,却接到美国海军部邀请,于是阿龙纳斯登上了一艘驱逐舰,参与“把那个怪物从海洋中清除出去”的活动。在捕捉过程中阿龙纳斯与其仆人(康塞尔)不幸掉入水中成了“独角鲸”的俘虏!最后阿龙纳斯发现“独角鲸”是一艘尚不为世人所知的潜水艇,称为“诺第留斯号”。潜水艇艇长尼摩为保留秘密,不许他们离开。阿龙纳斯一行别无选择,只能跟着潜水艇周游各大洋。他们一起在海底看到了许多如梦如幻的奇异景象,也共同经历了危险磨难,如土著人围攻、和鲨鱼搏斗、南极大冰盖、章鱼围攻等种种危机,最后这几个人在极其险恶的情况下逃脱,生物学家阿龙纳斯才得以把这个海底秘密公之于世。一百多年来,《海底两万里》吸引着中外无数读者,其在文学、思想、审美、文化等诸多方面,都具有重要的价值。

二、《海底两万里》“整本书阅读”方法

2022年版义教语文课标在课程阶段性目标中指出“七至九年级学生课外阅

读总量不少于260万字”①,这是在阅读“量”的层面对学生提出要求;在“整本书阅读”学习任务群的“教学提示”中,要求了解“阅读的多种策略,运用浏览、略读、精读等不同阅读方法”,这是在阅读“法”的层面对学生提出要求。

教师要对“整本书阅读”的阅读方法的培养引起足够的重视。合适的阅读方法能事半功倍,不合适的阅读方法则事倍功半。采用何种阅读方法,应该视“这本书”的文本价值、思想内容、章法语体等多方面因素而定。《海底两万里》“整本书阅读”教学有利于学生全面了解惊险曲折的故事情节和个性鲜明的人物形象,品味科学性与艺术性相结合的语言,促进学生语言能力的建构、科学创新思维的培养、审美品位的提升。《海底两万里》是科幻小说,通俗易懂的语言、跌宕起伏的故事情节、扣人心弦的故事悬念,吸引着中学生,他们急切地想知道故事结局,因此教师可以引导学生采用快速阅读的方法。第一,教师应要求学生“专心”阅读,全神贯注地读,从整体上把握《海底两万里》的主要人物、主要情节线索、基本故事脉络。第二,培养默读习惯。默读是学生进行“整本书阅读”的常规读法,默读要达到一定的速度,每分钟不少于400字。第三,教师要引导学生善于抓住书中关键信息和主要线索,有所取舍,如《海底两万里》部分章节由大段景物描写、知识介绍构成,甚至会有不能理解的内容、生僻字等,阅读时不妨先跳过去,引导学生着重把握故事展开的关键点。第四,教师要带领学生完成专题探究。一,梳理“诺第留斯号”潜水艇航海路线;二,拟写尼摩船长名片;三,绘制“诺第留斯号”潜水艇简易构造图,等等。

三、《海底两万里》“整本书阅读”教学实施及“学习性写作”课堂呈现

《海底两万里》“整本书阅读”按先后顺序分为三种课型:导读课、推进课和交流课。《海底两万里》“学习性写作”要与“整本书阅读”紧密结合。在阅读的

① 中华人民共和国教育部.义务教育语文课程标准(2022年版),15.

过程中,学生需要使用梳理、整合、绘制、批注等多种方式以完成阅读方案。因此,把“学习性写作”与“整本书阅读”相结合,可以形成一个完整的学习单元,形成集多种课型、多项任务、多种活动于一体的综合性学习方案。

(一) 导读课

导读课,是《海底两万里》“整本书阅读”的起始课型。主要目的在于激发学生的阅读兴趣,指导作品通读,给予方法指引,从整体上把握作品的主要内容。

第一,激趣导入。猜人名,介绍文体。在人类还没有发明“电报”“飞机”“氧气罐”的时候,他的小说里就出现了这些神奇事物。他是谁?(PPT 出示作者简介,了解作者生平)科幻小说以幻想形式表现未来人类的物质、精神和文化生活以及科学技术前景,科学性和幻想性是其两大特征。

第二,出示任务。教师出示《海底两万里》主要的读写任务:① 学习掌握快读法,概括书中主要的情节;② 合作完成“诺第留斯号”潜水艇航行路线图;③ 分析把握尼摩船长形象特点,以阿龙纳斯的身份,向朋友们写一封信,介绍尼摩船长;④ 探讨品味、赏读海底景观;⑤ 交流分享阅读心得、阅读疑惑;⑥ 趣味学习,绘制“诺第留斯号”潜水艇简易构造图,并写一篇简介短文;⑦ 拓展阅读,迁移科幻小说阅读方法,构建科幻小说阅读经验。

第三,方法指引。快速阅读是一种基本阅读方法,可以帮助学生尽快把握全书内容。教师引导学生关注并浏览《海底两万里》的封面、前言、目录和尾声等内容,教给学生读整本书的方法。如,指导学生浏览目录,从目录中提取关键信息,留意小说中提到的主要人物、海洋生物种类和旅途中经过的地点。关注小说尾声部分,通过浏览目录和快速阅读尾声大致了解小说主要内容,并根据关键信息预测小说内容。学生要集中注意力,扩大视域,要以默读为主,默读要有一定的速度,在默读过程中抓住文中关键词,提取主要的文本信息,可忽略、跳过次要信息。

第四,梳理情节。学生交流自己感兴趣的情节,共同探讨尼摩船长的完整旅程。教师引导学生结合目录中的标题概括小说的主要内容,梳理小说的主要故事情节。尼摩船长的完整旅程为：太平洋—印度洋—红海—地中海—大西洋—南极海域—大西洋—北冰洋。学生可能感兴趣的情节为：与土著战斗、与巨鲨搏斗、捕杀抹香鲸、南极破冰墙、与章鱼搏斗、撞沉战舰等。

（二）推进课

推进课,是《海底两万里》“整本书阅读”的关键课型。推进课主要目的在于促进学生深入阅读和思考探究。推进课需要帮助学生解决阅读过程中遇到的问题,要研读作品,抓住重点,突破难点。

第一,分析把握尼摩船长的人物形象特点。神秘人物尼摩船长是小说主人公,性格复杂。他不仅是献身科学的探索者,也是英勇顽强、反对一切压迫和殖民主义的战士。尼摩船长遇事头脑冷静,沉着而又机智,是一个在反抗殖民主义斗争的烈火中成长起来的民族志士。尼摩船长在大海下漫游、生活,他宁可把多年用心研究的科学成果同他的身躯一起葬于大海,也不愿为野蛮的殖民统治者服务。尼摩船长是处在资本主义上升阶段,有着人文主义和民主思想的典型人物。在当时历史条件下,他代表着新兴的资产阶级的利益。透过他的个性,可以看到处在上升阶段的资产阶级那种自强不息的进取精神。教师引导学生通过跳读相关章节,如跳读第十章《海洋人》,跳读第二十一章《大屠杀》等,抓住文中语言、神态和心理描写,体会尼摩复杂多变的性格。最后教师设置真实写作情境,要求学生以阿龙纳斯的身份,向朋友们写一封信介绍尼摩船长。

第二,品味赏析、感受海底景观。《海底两万里》对海底世界的描写生动逼真,有很多神奇瑰丽的海底景观。教师设计课堂教学活动,让学生来一场寻“奇”之旅。让学生在这场旅行中,感受曲折惊险的“奇遇”,如巨型海蜘蛛的突然出没,人与鲨鱼的殊死搏斗;赏析“奇丽”的海底景观,如色彩缤纷的海底平原,景象万千的珊瑚王国;偶遇“奇异”的海洋生物,比如通体发白尾巴圆乎乎的白虾虎,嘴似笛子或小号的管口鱼……在教师的引导下,认真阅读小说,感受寻“奇”之旅,欣赏奇观,了解奇闻,感受作者奇特丰富的想象力。

第三,交流分享阅读心得、阅读疑惑。凡尔纳一生中并没有到过海底世界,但是他能描写出精彩绝伦的海底世界。教师引导学生摘录相关片段,交流阅读疑惑。如,利用统编版语文教材七年级下册《海底两万里》名著导读的"精彩选篇",同学们跟随生物学家阿龙纳斯,观览了瑰丽壮观的海底世界,漫步在海底平原,海底生物在光的照射下五彩缤纷。同时,教师精选小说中描写海底世界景物的句段,适时插播海底世界的短视频,引导学生融入小说情境,激发想象思维,漫游海底世界。引导学生谈谈自己的感受和体验,鼓励学生表达自己的想法,提出阅读中的疑惑,感受凡尔纳知识的广博、想象的非凡。

(三) 交流课

交流课,是《海底两万里》"整本书阅读"的成果汇报课型。交流课主要目的是组织学生交流"整本书阅读"的收获,促进合作学习,分享交流,提升学生语文核心素养。交流课可以通过活动形式展开,例如作品发布会、读书会、故事会,也可以通过小报、板报或者班级公众号等途径发布学生作品。

首先,组织作品发布会。第一环节,发布并点评由小组绘制的"诺第留斯号"潜水艇航行路线图。"诺第留斯号"从太平洋出发,经过珊瑚岛、印度洋、红海、地中海,进入大西洋,经历了搁浅、土著人围攻、同鲨鱼搏斗、冰山封路、章鱼袭击,最后潜艇到达挪威海岸。

第二环节,分享交流阿龙纳斯介绍尼摩船长的信件(附书信)。统编版语文教材七年级下册《海底两万里》阅读任务之一是,"以法国生物学家阿龙纳斯的身份,给朋友写一封信,介绍尼摩船长其人"。作为一名生物学家,阿龙纳斯知识渊博、热爱科学、勇于探索。阿龙纳斯在一次海上遇险后,从 1867 年 11 月进入潜水艇直到 1868 年 6 月脱险。长达半年多的相处,阿龙纳斯对尼摩船长的态度发生了改变,由原先的反感到最终的敬佩。师生互评:① 书信格式规范;② 书信措辞得体,能以阿龙纳斯的口吻介绍尼摩船长,书信有读者意识;③ 书信内容详实,结合典型事件,对尼摩船长的评价比较客观;④ 落款日期充分考虑了阿龙纳斯教授写这封信的处境和经历。

亲爱的××朋友：

我的好朋友，我们已经许久没有互通音讯了，更没有机会见上一面。

我的朋友你应该感到很吃惊！其实我已经在陆地上消失大半年之久了，参加那次会议之后，我经历了一次意外。其实我经历了一次奇幻的海底世界探险之旅，这真是令人终生难忘，百感交集。

记得那天我和我的仆人康塞尔不幸落水，当时被一个叫尼摩的船长救下。尼摩是我见过的最勇敢的探险者。更难得的是，他还有非常丰富的科学知识，他凭借超人的智慧，亲自设计建造了一艘构造奇特、举世无双的潜水艇。尼摩的潜水艇名为"诺第留斯号"，它就是传说中的神秘的"独角鲸"。

尼摩船长是十分奇特的，甚至是一个矛盾综合体。他非常热爱大海，在海底穿梭自由，游历和冒险。他驾驶着"诺第留斯号"，从南极到北极，从太平洋到大西洋，游遍了海底世界。在他的带领下，我们一起游览了海底世界，甚至在海底漫步，进行了海底狩猎，参观了海底森林，采集了海底的珍珠，探访了海底废墟，打捞了沉船珠宝，目睹了在珊瑚王国使人终生难忘的葬礼……在这时，尼摩船长是一个探险家与探索者。

尼摩船长是"诺第留斯号"的灵魂。他非常勇敢，当"诺第留斯号"航行到大西洋时，遭到章鱼袭击，艇员集体用斧头与章鱼肉搏，最后击退章鱼。尼摩船长竟然拿着斧头与章鱼肉搏，可以看出他是多么英勇顽强、不畏艰险。同时，他也很仁慈善良：他为了一个素不相识的采珠人，不顾自己的生命安全与鲨鱼搏斗；救了采珠人以后，他还从自己的口袋里取出一包珍珠送给他。尼摩船长还很富有智慧，在遭遇土著人围攻时，他用聪明的方法解决了矛盾，既保全了潜水艇，又不伤及土著人。我最欣赏的就是尼摩船长身上勇敢坚毅、镇定沉着的精神，在我们海底航行的过程中，"诺第留斯号"经历了搁浅、土著围攻、同鲨鱼搏斗、冰山封路、章鱼袭击等惊险奇遇，是他身先士卒,沉着冷静地指挥大家一次次化险为夷。

但是,人无完人,尼摩船长也有固执和不近人情的一面。他一直过着与世隔绝的生活,不同意将潜水艇的秘密公之于世。他为了保守秘密,竟然还强制我们留在“诺第留斯号”上。虽然尼摩船长十分厌恶人类,但并未斩断一切对人类的感情,他的内心其实是非常矛盾的。起初,我对尼摩船长有一些看法,甚至有些厌恶他。但,如今我是有些佩服他,他是一个值得大家崇敬的人。这就是我最近一段时间的历险。愿我们不久以后可以相见,到时候可以详谈我在海底两万里行程的奇遇!

你的朋友　阿龙纳斯

1870 年×月×日

第三环节,展览“诺第留斯号”潜艇简易构造图,交流分享潜艇介绍说明书。学生交流“诺第留斯号”潜水艇说明书:

“诺第留斯号”船体是一个长长的圆柱体,两端呈圆锥形,很像一支雪茄。潜水艇全长是 70 米,面积有 1 011 余平方米,体积有 1 500 余立方米。“诺第留斯号”潜水艇外部采用的材料是双层角钢。船身上侧从右至左依次设置了灯舱、入口舱盖、船置小艇、横舵室和喷水口。船身下面从右至左是方向舵和潜水员出入口。

“诺第留斯号”潜水艇内部结构非常复杂,从右至左依次设置了轮机舱、发电室、船员舱、禁闭室、餐厅、图书室、大客厅、船长室和储气室。作为能够在海底自由穿梭的潜水艇,“诺第留斯号”的外壳用双层角钢链接,非常牢固。

“诺第留斯号”原动力是电,船上所有的机械装置都靠电来运行,非常先进。它没有传统航船所用的帆、锅炉等设施,在深水里独来独往,对海上风暴和海浪碰撞毫不畏惧。下面是我们小组绘制的“诺第留斯号”潜水艇的简易构造图。

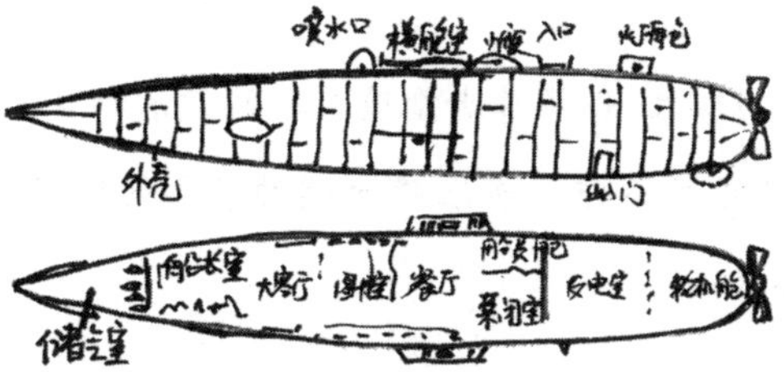

图 7-2　“诺第留斯号”潜水艇简易构造图

其次，总结反思。第一环节，总结提取科幻小说的阅读方法；第二环节，分享“学习性写作”的收获与不足；第三环节，交流与探讨学生喜爱的“学习性写作”的方式，扩展“学习性写作”的途径与方式，为以后更好地开展“学习性写作”积累经验；第四环节，教师推荐其他适合阅读的科幻小说。

四、“整本书阅读”与“学习性写作”相融合的教学实践反思

（一）形成了“整本书阅读”与“学习性写作”相融合的教学设计

［教学目标］

1. 整体阅读《海底两万里》，学习掌握“快速阅读”方法，能梳理小说主要情节脉络。

2. 有重点地阅读《海底两万里》部分章节，能够捕捉主要事件，分析领会主要人物的形象特点，能借助阅读材料开展“学习性写作”，向熟悉的人介绍主人公的事迹。

3. 赏析《海底两万里》精彩的描写，感受作者非凡的想象力；能开展合作学习，绘制“诺第留斯号”潜水艇简易构造图；能交流阅读体验、阅读疑惑与感悟。

4. 能进行反思与交流，理解科幻小说的特点，积累和形成科幻小说阅读经验。

［教学重点］

1. 把握人物形象,理解作者塑造人物的背景和意义。

2. 开展“学习性写作”,能准确地调动自己的阅读体验,准确地遣词造句,分析人物形象。

［教学难点］

1. 开展“学习性写作”,能准确地调动自己的阅读体验,准确地遣词造句,分析人物形象。

2. 开展合作性学习,形成科幻小说阅读经验。

［教学流程］

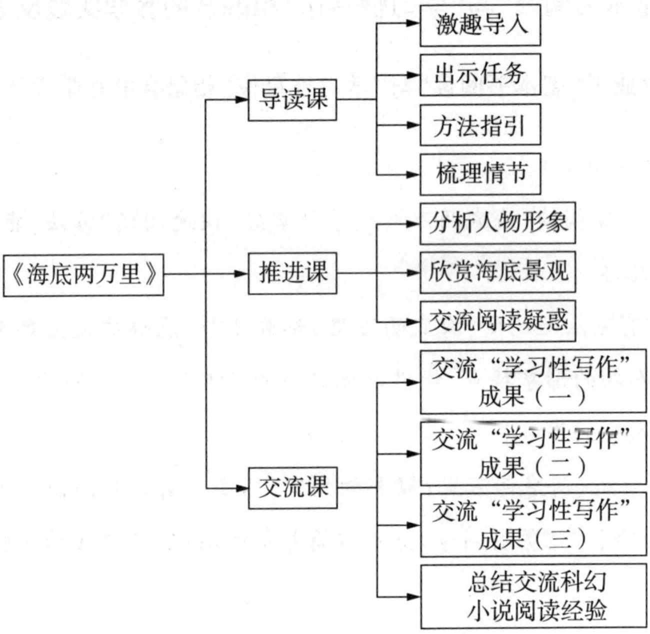

图 7-3 《海底两万里》教学整体设计

（二）探索了“整本书阅读”与“学习性写作”相融合的实践范式

教师进行精心规划与内容选择，实现“整本书阅读”与“学习性写作”的教学融合，即借助名著阅读，根据作品的价值与艺术特色，确定阅读方法和学习性成果呈现方式，初步探索出一种读写融合的实践范式：选择阅读材料—确定阅写目标—选择阅读方法—设计阅读课型—设计写作情境—构建写作任务—呈现写作成果—评价写作成果—交流读写感受。

但是针对不同作品、不同学段和班级实情，“整本书阅读”与“学习性写作”相融合的实践摸索在具体操作上是有变式的。

（三）反思了“整本书阅读”与“学习性写作”相融合的不足之处

首先，教师对“整本书阅读”的方法指导应该更加深入。本次教学实践，由于教学时间所限、学生阅读不够深入等，个别同学对《海底两万里》的阅读浮光掠影，从而影响了阅读与写作的效果，在小组合作、反思交流等多个教学环节上的参与度不够。

其次，教师对“学习性写作”运用方式、运用时间以及运用途径的过程性指导不足。“学习性写作”既可以作为方法用，以写促读，也可以作为成果呈现的方式而存在，如对整本书进行作品摘记、勾画圈点、梳理归纳、概括内容、赏析品评、交流评价，等等；在呈现方式上，“学习性写作”可以是纯文本，也可以图文并茂，甚至可以运用多种媒体呈现；在运用时机上，“学习性写作”既可以运用在课堂实践中，也可以运用在课外作业中。不管用于何种方式、何种途径，教师对“学习性写作”的过程指导是必不可少。本次教学，由于时间有限，多种“学习性写作”只能安排学生课外完成，导致教师对“学习性写作”的过程指导不够深入。

第八章　写作命题研究

第一节　“教—学—评”一致视域下真实写作命题研究
——基于浙江省2020—2022年中考写作命题分析

各地中考语文试卷结构稳定，一般由基础积累、阅读理解及写作表达等模块构成。写作表达分数占比高，是语文试卷中最引人注意的部分，给命题者带来的挑战也比较高。命题者应具备怎样的命题智慧，才能既引导教师的教学又避免学生应试中的宿构、套作，从而恰当“甄别”与评价学生的写作表达能力？遵循2022年版义教语文课标提出的评价和命题建议，作文命题应注重“教—学—评”一致性，整体思考“为什么教”“教什么”“怎样教”“教到什么程度”等问题[①]，使“写作教学目标”“写作教学内容”和“写作教学评价”三者指向统一。

所谓“教—学—评”一致，即教学、学习与评价都围绕共同的目标展开。[②]“教—学—评”一致既针对教师的教与学生的学，也针对命题专家的命题。对前者而言，指教师的教、学生的学以及对评价应具有目标的一致性；对后者而言，是

① 中华人民共和国教育部. 义务教育语文课程标准(2022年版)，4.

② 崔允漷，夏雪梅. “教—学—评一致性”：意义与含义，4-6.

指命题专家的命题与教师的教、学生的学应保持目标的一致性。本文以“命题”为切入点，探索中考真实写作命题对“教—学—评”的促进和落实。

真实写作命题是指向真实写作目的、设计“逼近真实生活世界写作”的命题。[①] 真实写作命题应设计源自生活真实或模拟真实生活的写作任务。真实写作命题面向真实写作对象，指向真实交际的言说对象；有真实写作过程，学生要运用百科知识、生活知识和一定的写作知识进行动态探究和生成，从而完成写作任务。真实写作命题使教师不必猜题押题，学生无须虚构套作，使写作教学的“教—学—评”一致成为可能。

纵观浙江省 2020—2022 年写作命题，命题者精心设计试题，在引导“真实写作”方向进行了可贵尝试与积极探索。笔者以“教—学—评”一致剖析真实写作命题的内涵、基本理念、构思来源、教学落实，并对命题的改进提出合理化建议。

一、真实写作命题的内涵

真实写作命题强调有“真实情境”“真实任务”“真实对象”以及“真实目的”，其中“真实任务”是命题设计的核心。（见表 8-1）

表 8-1　浙江省 2020—2022 年中考“真实写作命题”一览表

时间/地市	真实情境	真实任务	真实对象	真实目的
2022 年绍兴卷	以对越城区孙端街道上亭路上“歪脖子”香樟树的处理为任务情境	任务一：以“热线通”内容为素材，结合生活体验，发挥联想和想象，写一篇记叙性文章。可用树的视角，也可用谈师傅等人的视角，亦可用其他视角 任务二：这棵树的境遇引发了你怎样的联想与思考？生活中有类似的现象吗？你如何看待？把你的联想与思考写成一篇议论性文章	谈师傅；歪脖子树	处理意见，设想未来，发表看法

① 魏小娜. 语文科真实写作教学研究，80.

(续表)

时间/地市	真实情境	真实任务	真实对象	真实目的
2022 年嘉兴卷	以“巅峰使命2022”珠峰科考队坚持工作;以“防护白”“志愿红”抗疫工作为情境	“巅峰使命 2022”珠峰科考队员们,夜以继日,坚持工作,在世界之巅标注下了属于他们人生,也是属于我们国家的高度;一片“防护白”,一抹“志愿红”,无数年轻的身影活跃在医院、社区,抢救病人,检测核酸,运送食品,使我们的生活充满了温度……	老师或同学们	写演讲稿,在国旗下讲话
2022 年舟山卷	以疫情防控工作为情境	参加征文比赛	编辑	投稿
2021 年绍兴卷	设置新闻阅读情境,聚焦“汉语”学习话题	1. 为校园论坛写一篇评论性文章;2. 向《晚报》征文“我与汉语的故事”投稿;3. 结合自己的学习体验,为一位外国小伙伴提出汉语学习的方法与建议	外国小伙伴	评论,投稿,提建议
2021 年丽水卷	设置“初中三年班史”情境	引用“没有什么比亲自参与得来的,更让人满足与快乐”话语;为班史编委会撰稿,向“生活踏浪”栏目投稿	编辑	制作班史
2021 年温州卷	设置“成长路上有困难和烦恼”情境	1. 叙写过程,表达感悟;2. 用书信方式向某人寻求帮助;3. 写演讲稿,向同学发表观点	某人	向人倾诉,发表观点
2021 年台州卷	设置学校校刊征文情境	向“涉世之初”“神往之境”两个栏目投稿	编辑	投稿
2021 年嘉兴卷	设置“水文化理解与传承”项目活动情境	为完成项目方案成果集《水——让生活更美好》,撰写“序言”或“智者乐水”“源远流长”两篇文章	项目组	完成项目方案成果集
2020 年杭州卷	创设为升入高一年级学校新生参加学校社团情境	给负责社团工作的张老师写信,陈述申请理由和相关设想	张老师	申请加入社团,创建社团
2020 年温州卷	探寻笔记世界,围绕“笔记”话题	给“不愿做笔记的某同学”写一封信,“说服”其做笔记	某同学	说服他人

（续表）

时间/地市	真实情境	真实任务	真实对象	真实目的
2020年绍兴卷	设置庭院需要选择种植的花	1. 写一封信劝导表妹；2. 向《文苑·美文》杂志“妙笔生花”专栏投稿；3. 准备一份国旗下讲话的讲稿	表妹、编辑、师生	劝导他人、投稿、发表意见

真实写作命题是在对广阔生活世界的把握与提炼的基础上形成的关于“真实”的本质表征。人们对“真实”一词的理解很容易简单化，认为只要是日常生活中实际遇到的都是真实。在真实写作命题中，研究者借助情境认知理论、真实性评价理论和整体语言理论，赋予真实写作的“真实”以充足的学理依据。这里“任务真实”是指作文命题源自生活真实或模拟生活真实，具有一定的复杂性、“结构不良性”和“现实社会性”。[①] 浙江省2020—2022年的真实写作命题，总体呈现以下特点：第一，情境设计生活化，贴近学生学习与生活体验实际，具备一定的复杂性和现实性；第二，任务设计符合实际，有利于学生发挥，有些地市设多项任务，以供学生结合自己所长挑选任务；第三，读者对象具体，指向编辑、校长或同学等，确保学生写作有具体的言说对象；第四，写作目的明确，目的包含申请、沟通、说服等。

真实写作命题指向写作的表达和交流的实用功能，从“教”的层面来说，因为情境真实，目的明确，教师教学有抓手；从“写”的层面来说，面对真实情境的任务，既可有效去除学生宿构套作等写作弊病，又可激发调动学生的写作激情。

二、真实写作命题的基本理念

依据课标“教—学—评”一致性的要求来剖析真实写作命题，我们可以发现其在写作本质、写作要素、情境创设以及评价方式诸方面均与常规写作命题有区别。

---

① 魏小娜. 语文科真实写作教学研究，81.

(一) 回归写作本质

课标中关于"写作"的介绍有很多种,这里仅从东西方语文课程标准中撷取部分内容加以对比剖析。

2022年版义教语文课标把写作纳入"表达与交流"板块,对第四学段(七至九年级)要求:写作时考虑不同的目的和对象。根据表达的需要,围绕表达的中心,选择恰当的表达方式。[①]《普通高中语文课程标准(2017年版2020年修订)》指出:语言表达与交流能凭借语感和对语言运用规律的把握,根据具体的语言情境和不同的对象,运用口头和书面语言文明得体地进行表达与交流。[②]美国《英语语言艺术课程标准(1996年)》将写作定义为:① 在一定的时间和空间内使用文字或拼写进行日常生活的沟通和交流;② 利用手或电脑、盲文等手段记录语言的过程或结果。[③]

从以上可以看出,国内课程标准强调写作是"自我表达和与人交流",都重视突出写作的"语境和对象"。美国课程标准定义的写作有三层意思:第一,写作是沟通和交流行为;第二,写作既是结果又是过程;第三,写作输入手段多样。可见,国内外三个课程标准对写作的定义中的共现词有"交流""沟通"。人类写作的初衷就是"交流""表达"或"沟通"。写作是在特定语境中,运用书面语言,针对特定的读者进行的有目的的语篇建构和交流活动。

真实写作命题的理念之一是呼唤中学生回归写作本质。以往写作大多利用材料联想或感悟的命题形式,其背景材料远离生活,写作要求笼统抽象,学生难以书写真实情感,更缺乏具体的交流对象,导致作文虚假苍白。真实写作倡导基于真实情境中的任务型写作,如"资料加工型写作任务""事务处理型写作任务"

---

① 中华人民共和国教育部. 义务教育语文课程标准(2022年版),16.

② 中华人民共和国教育部. 普通高中语文课程标准(2017年版2020年修订),18.

③ NCTE/IRA. Standard of the English Language[S]. International Reading Association and National Council of English,1996: 52.

“交际型写作任务”“辩论型写作任务”等,使写作回归到“交流”“沟通”等具体的语言文字运用上来。

(二) 写作要素明晰

真实写作命题应提升学生真实的言语实践能力,特别强调表达交流活动的对象、目的和表述方式等因素。真实写作命题中的写作要素明确,比传统写作要更具操作性。真实写作命题通常包含六个要素:作者,以谁的名义写;读者,写给谁看;目的,解决什么问题;话题,谈论什么;体式,以什么文体写;表达,用怎样的语气说话。以2020年温州中考写作题为例,考生可以从三个写作任务中任选一,其第二个任务包含六个要素:作者,是一位同学;读者,是“不愿意做笔记的某同学”;目的,是说服这位同学做笔记;话题,要围绕“笔记”;体式,是书信;表达,要以交谈的口吻,使其认识到“笔记”的益处、乐趣。

以上六要素构成真实的写作任务,能够激发学生的写作兴趣,有利于学生顺利完成任务。真实写作命题的诸要素清晰明确,可以让学生有机会与具体对象交流,更能做到“言由心出”。

(三) 注重真实情境

情境与学生写作的质量紧密相关,情境设计得当与否直接影响学生写作水平的发挥。真实写作命题注重创设真实情境。第一,情境性选材要能激起学生的表达欲。和学生生活紧密相关的情境,可以“调动并活跃起学生的思想”①,让学生体会到自己不是被动地应试写作,而是积极地表达思想,流露自我。2020年温州中考的写作题就具备这样的吸引力。第二,情境蕴含的信息要体现一定的综合性和复杂性,需要学生整合多方因素,构建自己的新主张,提出自己明确

① 叶丽新.“情境”的理解维度与“情境化试题”的设计框架——以语文学科为例[J].课程·教材·教法,2019(5):107-113.

的观点。2021 年嘉兴中考的写作题设置项目化学习情境,需要学生根据项目学习任务,在比较分析中进行综合阐述,提出自己的观点。第三,命题设计中的情境要开放多元,让学生有自由发挥的空间,展现自己的独到见解与个性化主张。

(四) 评价标准具体明确

真实写作命题的评价标准具体明确。真实写作命题用拟真式任务测评学生的写作能力,学生写作就像是在实际交流,写作的成果也就相当于交流的收获。以 2021 年绍兴中考的写作题为例,其题目是“一位热爱中文的外国小伙伴向你请教汉语学习的方法,请结合你的学习体会,写一篇建议性文章”。题目要求学生向这位外国小伙伴提出学习汉语的建议。命制者给出的评价标准是根据“这一道试题”而“量身定制”的评分标准,带有试题鲜明的个性特征。这种从写作目的和对象出发,对建议、书信、笔记等文体制定的“菜单式”评分依据,是真实写作命题的重要特点。与常规性写作的评分标准“模式化、抽象化的居多”“操作性不强”“缺乏针对性”相比①,真实写作命题的评价能更准确、完整地评价学生学习过程中的状态、表现和能力。

三、真实写作命题的构思来源

教材是“学”与“教”的载体,既为教师提供教学内容,也为学生提供“学写作”的知识、材料和任务。实际上,真实写作命题的构思部分源自教材。

(一) 写作命题构思源自教材单元写作任务

以 2022 年嘉兴中考的写作题为例:“‘巅峰使命 2022’珠峰科考队员们,夜

---

① 章新其.走向“真实性写作”——2020 年中考写作命题的浙江实践[J].基础教育课程,2020(23):52-58.

以继日,坚持工作,在世界之巅标注下了属于他们人生,也是属于我们国家的高度;一片‘防护白’,一抹‘志愿红’,无数年轻的身影活跃在医院、社区,抢救病人,检测核酸,运送食品,使我们的生活充满了温度……如果我们每个人都能多一‘度’,整个社会就多一份向上的力量……”,题目要求学生写一篇演讲稿,用于在升国旗仪式上发言。

统编版语文教材八年级下册第四单元是“活动 · 探究”单元,整个单元一共安排三项活动任务,其中任务二是“撰写演讲稿”。教材提示的写作技巧第一条是“要有针对性”,做到“心中有听众”。嘉兴卷中考作文要求学生写演讲稿,演讲稿要用于“升国旗仪式上发言”。“升国旗仪式”面对的听众,一般都是本校老师和同学,这就有效实现了“心中有听众”这一要求。这一命题构思源自教材单元写作。

(二)写作命题构思源自融合多个单元写作任务

以 2021 年绍兴中考的写作题为例,其题目是“阅读以下新闻标题,在任务单中任选其一,完成写作”。命题者在“任务单”一共设计了三个任务供学生选择:任务一,阅读新闻标题,就标题内容所反映的现象,为校园论坛写一篇评论性文章;任务二,4 月 20 日,第十二个联合国中文日之际,《晚报》启动了“我与汉语的故事”征文活动,请写一篇文章(可以文学创作),向《晚报》投稿;任务三,一位热爱中文的外国小伙伴向你请教汉语学习的方法,请结合你的学习体会,写一篇建议性文章。

这一命题融合了统编版教材多个单元的写作任务:八年级上册第一单元“活动 · 探究”任务一的“新闻阅读”和八年级上册第六单元“表达要得体”两个单元;九年级上册“观点要明确”“议论要言之有据”和“论证要合理”等三个单元。教师应该遵循教材实施教学,把阅读、写作与实践活动有效融合,以有效提升学生语言运用能力。

(三)写作命题构思由综合性学习改编

以 2021 年丽水中考的写作题为例,其题目是:《岁月如歌——我们的初中生活》班史编委会向同学们征稿,班史编委会请每位同学写一篇文章,这些文章将辑录在“生活踏浪”栏目中;要求聚焦于初中三年的生活,可以记叙经历,可以抒发感情,也可以发表见解。

这一命题设计灵感来自统编版教材九年级下册第二单元综合性学习“岁月如歌——我们的初中生活”。为有效完成综合性学习任务,教材设计的活动规划分三步:第一步,成立编委会,做出分工;第二步,搜集资料,创作文稿;第三步,编辑加工,装帧制作。从写作要求上看,2021 年丽水中考写作题应该属于上述步骤中的第二步。

从以上可以看出,真实写作命题能够深度关联教材,从教学导向上来说,有利于教师在日常教学中认真落实教材要求,有利于“教”与“学”的统一。

四、真实写作命题推动教学实施

面对真实写作命题,教师应改进教学,在任务设计、内容创生、写作知识以及过程指导等方面采取相应的教学对策,使“教”“学”与“评”指向统一。

(一) 任务设计要有针对性

以 2021 年嘉兴中考的写作题为例,嘉兴中考首次尝试项目化学习写作命题。项目名称是“水文化理解与传承”,整组项目由“方案设计”“学习实践”“成果构筑”三部分构成。写作任务安排在“成果构筑”部分,学生要从“序言”“智者乐水”“源远流长”等三项任务中任选一项完成写作。“源远流长”的写作要求是“运用议论等表达方式对水文化的保护和传承提出自己的观点,要有理有据”。

统编版语文教材九年级上册有三个单元安排议论性写作,其内容分别是“观点要明确”“议论要言之有据”“论证要合理”。教师如果对教材写作要求不做任何改进,依然用以往的封闭性写作来指导学生,显然无法应对 2021 年嘉兴中考这类写作题。教师可以设计“说服校长组织研学活动”“双减背景下学校晚托班课程设计”等开放性写作任务,让学生面对“校长”明确提出自己的观点和主张,有理有据地阐述理由,这种写作训练就具有一定的针对性。学生在面对“对水文化的保护和传承”这一写作任务时才能顺利实现迁移运用。

(二) 写作内容要开发创生

面对学生写作内容匮乏的问题,教师应该寻找有效的应对之策。“树枝分杈法”就是一种帮助学生创生写作素材的好方法。树枝分杈法是一种很直观、视觉化的方法,描述内容之间的逻辑、层次关系。使用时,教师可以画一棵有主干、树杈的树,然后把相关内容按照逻辑和层次关系“挂”到相关枝杈上。以2021年丽水中考的写作题为例来说明“树枝分杈法”的运用。“班史”这一选题,既宽泛又具体,需要教师运用一定的教学手段激活潜藏在学生记忆库中的写作素材。教师可以绘制一棵大树,设计多条枝杈,围绕“班史”,把班集体、班干部、班级荣誉、班级活动、教师、学习内容等写作点一一挂到枝杈上。教师还可以深入挖掘学生感兴趣的写作点,如选择帮助学生发掘各学科“课堂趣事”,由此产生写作内容。运用“树枝分杈法”不仅能够创生写作内容,还能把内容之间的逻辑和层次框架直观、系统地呈现出来。

(三) 写作知识要精准

写作需要知识,知识需要精准。写作指导应做到依体而教,提供精准的写作知识。八年级上册第二单元课文鲁迅《藤野先生》、朱德《回忆我的母亲》是回忆性散文;茨威格《列夫·托尔斯泰》以及艾芙·居里《美丽的颜色》属于人物传记。写传记和写回忆性散文是有差别的。教材所提供的传记写作知识,不仅有限且未必准确。以写小传为例,精准的传记写作知识教学,可以分为以下两环节。

第一,前期准备。第一,阅读铺垫,教师准备五篇名家小传让学生阅读;第二,设计具体任务,要求学生“为家族中有影响力的长辈或先辈写小传”;第三,选择投稿专栏,向《晚报》投稿,告知投稿邮箱,创设真实写作氛围;第四,双向布置任务,教师布置学生的任务是访谈长辈,收集写作素材;教师布置家长的任务是追述先祖往事为孩子提供素材。

第二,作中指导。在学生确定“传主”的基础上,教师提供精细化的写作知识支持。教师对素材呈现方式、重点内容、表达方式、人称使用、语体选择等方面做细致辅导。(见表 8-2)

表 8-2 “传记”写作知识

写作技巧 1	按顺序叙述事件,并且告知读者事件的意义(条理)
写作技巧 2	选择重点事件,不可平均用力(重点)
写作技巧 3	运用精心挑选的细节,叙述一个清楚连贯的小事件、一段经历或某种情况;可以运用对话、特定动作、背景描述等(描述)
写作技巧 4	建议使用第三人称,用人物“尊姓大名”(称呼)
写作技巧 5	为人立传,建议使用庄重语体,写作语言避免过于日常化、口语化(语体)

(四)写作过程要切实指导

教师要实施扎实的过程指导,让学生完成真实写作任务。以笔者指导学生实地调查、辅导学生完成调查报告的撰写为例,阐述教师对学生的写作过程指导。①

任务:关于某小区住户垃圾分类的调查报告撰写。

环节:教师带领一组学生走进社区,实地调查社区居民垃圾分类情况,调查社区对垃圾分类管理情况;在取得第一手资料的基础上进行调查报告写作指导。

调查:选定三幢楼房居民,进户采访;对社区服务部进行重点采访;对小区公共场所居民垃圾投放情况进行现场记录。采访前,设计好半结构化问题。

写作:调查报告撰写简化为六个字,即标题—正文—结尾。其中正文开头部分主要交代调查的问题及目的、意义,介绍调查时间、地点、对象、方法;主体部分是调查报告的核心内容,主要呈现调查结果与分析;结尾部分,在问题的呈现

① 马利云.如何指导中学生进行社会调查与报告撰写——以对湖城天盛花园垃圾分类情况的调查为例[J].应用写作,2017(10):44-47.

与分析的基础上,提出解决问题的建议与对策。

教师指导学生入户采访,进而指导学生合作完成调查报告的撰写。写作全程教师给予细致的过程指导,不仅让学生掌握调查报告的撰写方法,还有效地锻炼了学生的沟通能力、实践能力和团队协作能力等。

五、真实写作命题试题命制建议

浙江2020—2022年中考真实写作命题,取得一定成绩,也不可避免出现一些问题。针对不足特提出以下建议:

(一) 写作任务应具体

以2020年绍兴中考的写作题为例,命题组精心设计了三个任务项。

2020年绍兴中考写作题

阅读下面文字,按要求作文。(60分)

一般庭院面积有限,花能入选,必有合乎人意的条件:或因为开得早,如梅;或因为开得久,如月季;或因为开得迟,如菊。

——王鼎钧《一朵花》

好的文字总能引发我们的无限联想与思考,请运用所给材料,从下面三个写作任务中任选一个作文。

(1) 写一封信劝导表妹。(读初二的表妹最近很苦恼。她总觉得比不上人家,长相平平,没有才艺,学习成绩也不亮眼。尽管老师再三肯定她善良诚恳表现好,但她依旧觉得自己是班里的丑小鸭。你决定写封信劝导她。)

(2) 向《文苑·美文》杂志"妙笔生花"专栏投稿。

(3) 准备一份国旗下讲话的讲稿。

要求:① 若写书信可用"表妹你好"开头,亦可省略署名和日期;② 角度自选,文体自选,题目自拟;③ 不少于 600 字,如写诗歌不少于 16 行;④ 不出现真实的地名、校名、人名等。

"梅""月季""菊"等植物原本常见,面对命题任务一,考生需要由这些植物进行联想,由花喻人,劝慰"长相平平,没有才艺,学习成绩也不亮眼"的"读初二的表妹",这个命题,限制性因素多,考生发挥的余地和空间有限。命题任务二和任务三,要求不够明确,与题干关联度不够紧密。这三项任务,貌似"新颖""公允",但给学生带来的选择和审题困难不小。目前虽缺乏考生面临这类"多选一"任务带来的选择干扰的实证研究证据,但考生面临太多选择,无疑会增加选择难度,也会浪费考试时间。建议:第一,任务要简约,一项任务或二选一为宜;第二,任务设计要具体。

(二) 写作文体应丰富

浙江中考写作命题在文体选择上,具有开拓意识。具体来说有写书信、演讲稿、申请、报纸专栏投稿、想象故事、游记和序言等。但从统计数据看,文体的选择依然比较局限。如书信写作有 3 次,专栏投稿有 3 次,故事写作有 3 次。建议可增加改写、扩写、续写,日记手账、微信推文、通讯,或者小说、故事、寓言、实验报告、项目研究等多种文体。

(三) 写作对象应多元

浙江中考写作命题在写作对象设计上,不够多元。分析浙江中考写作命题写作对象,大多是同学、老师和学校管理者。如,2020 年杭州卷,给"负责学校社团工作的张老师"写"申请";2022 年嘉兴卷、2021 年温州卷,向同学发表演讲;2021 年绍兴卷(任务三),给"一位热爱中文的外国小伙伴"传授汉语学习之道;

2020 年丽水卷，编撰班史，面向班级同学征稿；2019 年衢州卷，向来衢州旅游的朋友们展示“私家地图”。建议写作的对象应包括不同年龄、不同工种、不同国籍、不同民族等。

真实写作命题，面向真实任务，面对真实读者，解决真实问题，有助于激发学生写作欲望，有助于写作教学顺利实施。从“教—学—评”一致要求观照真实写作命题，挖掘评价对教与学的导向意义，以促进教师的“教”与学生的“学”指向深度融合，使教师的教更有抓手，学生的学更为扎实。

第二节　中考微写作类型、特点及命题建议

——基于 2020—2022 年浙江省中考微写作试题分析

微写作是与大作文相对的一种写作形式。微写作内容大多描述事物或事件、表达个人观点或情感、解决实际问题；题目设计灵活多样，情境性较强；写作要求明确，规定字数较少，控制在 80—200 字；涉及语文学习领域广。因而微写作受到命题者青睐，成为中考常见题型。

2014 年高考语文北京卷首次增加“微写作”板块，分值为 10 分。北京市在当年的《考试说明》中指出，“微写作可以借助精练的语言描述事物、表达观点、抒发情感”。[①] 2015 年，“微写作”出现在中考试卷上。2017 年浙江省各地的中考卷，除杭州卷外，均引入了以“语言运用”为形式的“微写作”。《2017 年浙江省初中毕业升学考试说明》对“语言运用”提出具体要求：“根据情境，综合运用语文知识，探究并解决实际问题……写常见应用文。”

在中考微写作命题中，浙江省杭州、宁波、绍兴等地市在题型创新方面展开

① 程璟. 初中语文微写作教学现状及对策研究[D]. 太原：山西师范大学，2020：8.

积极探索,本节以 2020—2022 年浙江省中考试卷中的微写作题目为研究素材,对照新课标命题要求,剖析其类型与特点,并提出命题建议。

一、微写作类型

中考微写作,类型丰富,题型多变。

(一) 从写作目的分类

所有的写作都要一定的意图和目的,从写作目的来看,中考微写作可以分为分享经验类、劝说说服类和传递信息类。(见表 8-3)

表 8-3　从写作目的分类的微写作试题

类别	内涵	试题实例
分享经验	结合考生直接或间接经历,让考生通过文字分享自己的感受,或发表对某件事的认识与看法	(2021 年绍兴卷)观察下图,根据漫画内容,分析漫画反映的问题及其产生的原因,提出解决办法,写一段 150 字左右的话。(8 分) 
劝说说服	通过简短的文字向读者传达自己的观点,试图说服对方接受自己的观点	(2021 年温州卷)在最后一块展板上(如右图),需要一段文字对“我们为什么打新冠疫苗”这一话题进行阐述,引领人们理性思考。请综合对上述材料的理解,帮社区拟写这段文字。(10 分) 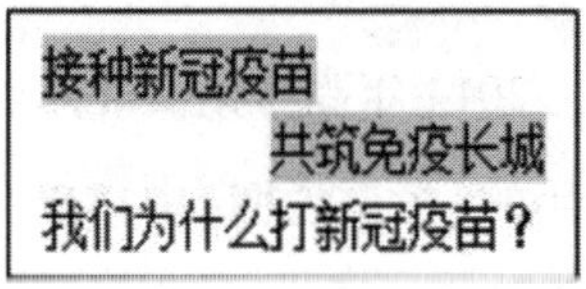
传递信息	对事物进行客观描述;对图片信息进行描述;用清楚明了的语言将事物真实、客观的信息传递给他人	(2022 年杭州卷)小组讨论时,我们该如何倾听同学的发言?假如你是组长,请根据右图向组员说明倾听时的注意事项。(5 分) 

（二）从试题材料的呈现方式分类

微写作试题材料的呈现方式比较丰富，主要表现为三种类型，分别是文字型、图表型以及图文结合型。（见表 8–4）

表 8–4　从材料呈现方式分类的微写作试题

类别	内涵	试题实例
文字型	通过简单文字提供写作信息，包括写作对象、写作内容、写作要求等	（2021 年金华卷）某报最近报道：一名 7 岁小男孩自幼缺失监护，当地公交公司为解决他的上下学问题就在他家附近设立了临时停靠站，此举赢得了当地群众的交口称赞。如果该报“读者来信”栏目向读者征集针对此事的评论稿，请你以读者的身份写一段评论。只写评论内容，不写书信格式，不少于 80 字。（5 分）
图表型	以图片、表格等形式呈现。需要学生对图片中的信息进行提取并结合写作主题表达个人看法	（2022 年绍兴卷）观察生态环境部（Ministry of Ecology Environment）徽标（见右图），介绍图标内容，阐释其寓意。 要求：150 字左右，介绍明白清楚，条理清晰，阐释合理。（8 分）
图文结合型	写作内容、要求等是通过文字和图表共同呈现	（2021 年台州卷）尽管公安部早在 2017 年就发文明确禁止电动车入楼，但还是有很多居民为图方便，把电动车停在楼道内，甚至私拉电线给电动车充电。为消除安全隐患，社区拟在每幢楼的楼道内张贴宣传画。请你帮助社区工作人员从下面两幅画中选出你认为最合适的一幅，并说明理由，120 字左右。（10 分） 

（三）从学习内容领域分类

微写作试题中涉及的语文学习内容领域不仅关乎写作，同时涵盖多个领域，如写作与阅读、口语交际及综合性学习等。（见表 8–5）

表 8-5　从学习内容领域分类的微写作试题

类别	内涵	试题实例
名著阅读型	考查学生的名著阅读能力和语言表达能力。结合学生阅读过的名著,设计与名著中的人物、情节等有关的写作任务,在考查微写作的同时也考查了学生课外阅读	(2021 年丽水卷)同学们想把《朝花夕拾》中的其他篇目也搬上舞台,请参考第一幕“剧情”的写法,根据备选篇目内容和剧情要点,撰写一幕“剧情”(不少于 150 字)。备选:A.《阿长与〈山海经〉》;B.《五猖会》;C.《藤野先生》 剧情要点 ◎主角情况 ◎配角的情况 ◎对这一幕戏的思考
仿写型	给出诗句或格式化文字材料,并提出相关要求,要求学生照此仿写	(2022 年丽水卷)模仿下面节选的诗歌,选择一个季节,运用修辞手法,创作一首形式相近的小诗。 **纺车上的梦** 力　扬① 初春的柔和的细雨 像一幅无边际的帘幕 它静静地悬挂在大地之上 静静地悬挂在山岳和森林的中间 [注释]　① 力扬:原名季信,现代左翼诗人,浙江青田人
口语交际型	借助真实情境,运用合理的、得体的、符合情境设置的语言完成任务。考查学生面对不同交流对象、处于不同交流场所时的口语表达能力	(2022 年温州卷)外联组准备邀请家长参加体验区的亲子活动,跟着米塑传承人体验米塑工艺。根据要求,借助资料,代表班级给家长写一封邀请函。(10 分) 要求:① 说明活动的背景、意义等相关信息;② 120 字左右;③ 不得出现人名、校名
综合性学习型	需要学生进行语文知识综合运用,在生活实践中正确运用语言	(2022 年温州卷)编辑组准备将“一粒米的万年演变史”制作成系列展板。请从下面两个阶段中任选一个,借助资料一,以“稻穗”的口吻撰写介绍词。(80 字左右)(4 分) 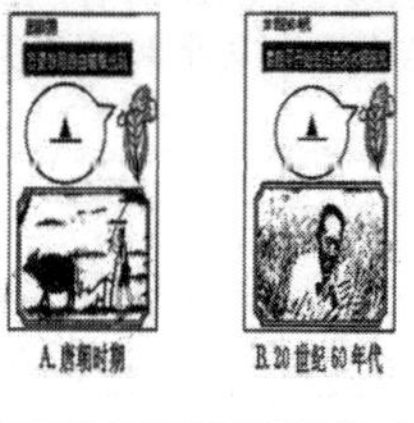

中考微写作还有其他多种分类方法,如基于文体写作知识,可分为自叙类、游记类、新闻类、传记类、读后感类、演讲稿类和诗歌类等类型。经过命题者的不倦探索,浙江省中考微写作题型不断丰富,逐步趋于稳定。但其他方面仍有不

足,如对文学创作关注不够充分、写作任务选择空间不足、评分方式及标准示例与试题测量目标一致性有待提高等。

二、微写作特征

根据近三年浙江省微写作试题的命制及微写作的任务与形式,可发现微写作呈现如下四个基本特点。

(一) 写作篇幅短小

中考大作文字数要求通常是 600—800 字。相比于大作文,微写作字数要求低,篇幅短小,一般写作字数控制在 80—200 字之间。这一写作特点,减轻了学生在考场上的字数压力,降低了学生对写作表达的恐慌心理。微写作重在考查学生就某一特定事物或场景的表达能力,不求面面俱到。考核学生的语言表达能力、与人沟通能力,重在语言的连贯性、得体性、生动性和思维的条理性、逻辑性等。如 2021 年杭州卷微写作:"请围绕'夏天''树林''风'三个词语,发挥想象,描写一个场景。要求语言生动,至少运用一种修辞手法,100 字左右。(6 分)"在本次写作中,字数要求仅 100 字。其中"夏天"是时间,"树林"是地点,"风"是描写的对象。但"风"的属性特殊,没有颜色,没有气味,没有味道,学生该如何描写"风"呢?这就需要学生发挥想象,借助一定的表现手法,用形象化语言展现自己的文学表现力。

(二) 材料贴近生活

浙江省中考微写作的材料内容贴近学生生活,通常会创设一个与学生日常生活较为贴合的,能引起学生情感波动的情境。如 2021 年台州卷微写作题是关于消除电动车停在楼道内安全隐患的张贴宣传画(见前文表格原题),这个题目紧密联系社会实际,关乎人民群众生命安全,考查学生在具体情境中综合运用语言的能力。又如2019年杭州卷微写作要求学生为毕业相册的扉页配文。毕业是所有参加中考的学生正在经历的事,对每位学生有着非凡意义,每个人对于自己的初中生活都会有不舍与感悟。命题者在试题中精心设计了每位同学都感同身受的情境,他们一定有话可说。浙江省中考试卷中的微写作充满生活气息,通过选择贴近学生生活的材料,通过创设相对真实的情境,学生的写作富有真情实感。

(三) 写作任务单一

浙江省中考微写作试题要求任务选项单一,没有出现二选一、三选一等多选项。一道试题通常只设一个任务。如2021年嘉兴卷微写作就是单一任务:“古人治水是为了理想,卡梅拉去看海是为了理想,尼摩在海底行驶两万里也是为了理想……至此你对理想也一定有了新的认识,请结合尼摩艇长的经历及自身的感悟阐述这种认识,准备在‘我的青春,我的理想’阅读交流会上发言。(温馨提示:发言文稿200字左右即可)(8分)”此题任务是让学生结合名著阅读,提炼一个“理想”主题,在阅读交流会上发言。

又如2020年衢州卷微写作,要求学生对政府退回杨某“支援抗疫捐赠”事件发表自己的观点。

2020年衢州卷微写作试题

根据要求写作。(10分)

【新闻事件】疫情发生以来,社会各界踊跃捐款,支援抗疫。3月5日,在杭州萧山区务工的河南信阳男子杨术强向瓜沥镇政府捐赠自己全部存款约13万元。瓜沥镇政府了解到其家庭情况并不富裕后,向其退回12万元。

该不该退回捐款,引发了社会热议。对此,你怎么看?写一段话论述你的观点。

要求:观点鲜明,理由充分,不少于150字。

此题虽然存在“政府”“个体”两个角度，但学生在写作时，只须按照要求选择老杨或镇政府其中一方面的行为来发表看法，因此仍然属于单一性写作任务。

（四）创意表达增加

浙江省中考微写作试题中创意写作试题有所增加。创写类型比较丰富，有续写、创作、补写、连句成诗等。如 2020 年金华丽水卷，要求学生仿照诗句，续写一节诗；2021 年杭州卷，给出三个词语，发挥想象，描写场景；2022 年丽水卷，选择一个季节，运用修辞手法，创作一首形式相近的小诗；2021 年衢州卷，从两篇散文中摘录描绘春天的词句，连缀成一首咏春的小诗等。

如，2021 年宁波卷微写作试题：某同学写了两节诗，分别表达了保尔、江姐心中的渴望。请你任选一张素材卡片，发挥联想与想象，补写一节诗。（8 分）

2021 年宁波卷微写作试题

【素材卡片一】		【素材卡片二】
人物：祥子（《骆驼祥子》） 意象：暴雨　水　路　…… 情境：暴雨砸着祥子，他像要立定在水中，不知道哪是路。祥子咬着牙，蹚着水，不管高低深浅跑起来。		人物：简·爱（《简·爱》） 意象：篱笆　路　太阳 …… 情境：简·爱沿着田野、篱笆和小路走着，直到太阳升起。离家时穿的鞋子已很快被露水打湿。

我渴望

我想去　一个地方 我渴望　看见繁花的春天 死神的黑翅膀　眼前 不熄的热情 笔下	我想去　一个地方 我渴望　触摸温暖的土地 渣滓洞的铁窗　冰冷 我殷殷的心 明亮	__________ __________ __________ __________ __________

前几年此类题目的设计，基本都是要求学生对给出的诗句机械模仿。但此

题一石二鸟,不仅考查学生仿写,还要考查学生对名著人物形象的把握和理解。

2022 年版义教语文课标对七至九年级的“表达与交流”提出新要求。对写作的方式和文类,新课标均有所开拓,不仅要求“缩写”“扩写”和“改写”,还要求“尝试诗歌、小小说”的写作。① 浙江中考微写作试题在文学创作方面的尝试,符合新课标精神。

三、微写作命题建议

《教育部关于加强初中学业水平考试命题工作的意见》强调,考试命题“既要注重考查基础知识、基本技能,还要注重考查思维过程、创新意识和分析问题、解决问题的能力。提高探究性、开放性、综合性试题比例,积极探索跨学科命题”。② 遵照教育部命题“意见”,依据新课标,笔者对中考微写作命题提出如下建议。

(一)命题应立足学生核心素养发展

微写作命题必须以发展学生核心素养为宗旨,以促进学生语文核心素养提升为目标。

第一,要注重彰显文化自信。微写作命题要渗透思想性,发挥育人功能,无论是中华优秀传统文化、革命文化以及社会主义先进文化,微写作命题设计,要充分彰显语文学科独有的“以文化人、以文育人”特色,参与文化传播与交流,彰显文化自信,同时使学生学会合理运用国家通用语言文字。

第二,要注重提升学生思维。微写作提供的文本材料,应具有情境性、思辨性和探究性,让学生在理解材料和提取信息的基础上,对材料内容、活动情境进

---

① 中华人民共和国教育部. 义务教育语文课程标准(2022 年版),16.

② 中华人民共和国教育部. 教育部关于加强初中学业水平考试命题工作的意见[J]. 中华人民共和国国务院公报,2020(8).

行分析、归纳、总结，在此基础上促进学生积极思维、大胆想象，进行提炼、质疑与创新。命题材料虽然短小，但具有张力，学生可借此进行多角度的思维和想象，然后合乎逻辑地表达自己的发现和创见。

第三，要注重学生审美创造。微写作命题要以具体的语言材料作为审美对象，让学生在语言文字的运用过程中，将自己的审美情趣渗透、融入立意、选材、构思谋篇及遣词用语中，并通过不同文体形式表现出来。命题应注重触发学生主观想象，让学生对文本中有趣的素材进行联想、想象和创造。

（二）命题应以情境为载体

新时期呼唤情境化命题。微写作命题需要真实情境。只有将知识根植于真实而有意义的语文学习情境中，学习才有意义，知识才能最终转化为素养。

第一，微写作命题情境设计应结合学生日常生活。考试命题注重真实情境，“真实”并非指向真实发生的事件或绝对真实的场景，微写作情境不一定是在生活中真实发生的，但应该是与学生生活经验有联系的。如 2022 年台州卷微写作试题：“据《光明日报》4 月 12 日报道，疫情停课期间，河北、安徽有些地方要求幼儿园开展线上教学，给幼儿上网课。此事引发热议。请写一段文字，发表你对‘幼儿是否适合上网课’的看法，要求 120 字左右，观点明确，理由充分，表达合理。”此题结合疫情背景下的“网课”话题，让学生的发言有现实情境基础，有真切体验，这种写作就有现实性、针对性。

第二，微写作命题情境设计应结合学生文学体验。通常会结合名著阅读进行命题设计，目前结合文学体验的微写作试题类型还不够丰富。如表 8-5，本题考查学生名著阅读及语言表达的能力。需要学生结合文学阅读的体验，深入分析人物形象，并具备一定的解图读图能力。笔者建议，文学体验可以更丰富，更深入，写作类型也可以更多样。

2020年丽水卷微写作试题

(2020年丽水卷)成长履痕·阅读与写作,开启一段体验之旅。

《岁月如歌——我们的初中生活》班史编委会向同学们征稿,请完成栏目中的任务。

[名著拾贝]

那些年我们读过的书,总在不经意间被唤起。看到这幅图,你会联想到选项中的哪一本书?请联系名著内容,参考答题要素,用简洁的语言诠释这幅图。

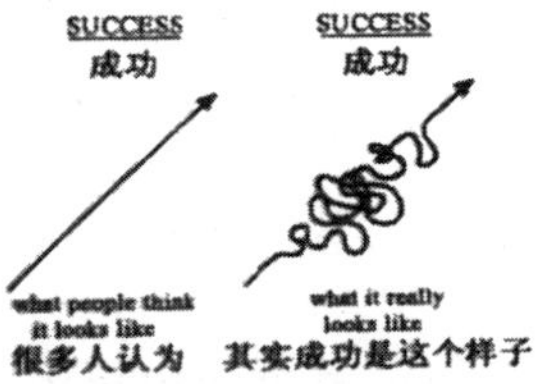

A.《水浒传》

B.《骆驼祥子》

C.《钢铁是怎样炼成的》

第三,微写作命题情境设计应尝试跨学科学习。跨学科学习是2022年版义教语文课标的热词,在新课标中,“跨学科”一词一共出现四十余次。目前来看,微写作命题的跨学科元素,还是不够凸显。以2021年绍兴卷微写作试题为例。本情境显然具有虚构性和模拟性,其图文设计,增添可读性;小贴士说明*Nature*期刊权威性。某种程度上说这是一则跨学科学习微写作,但总体来说“跨学科”特征不够显著。学生要对画面进行有序介绍,不添枝加叶,不议论,不抒情,客观全面;学生要在分析画面的基础上,看画中字,比较分析,然后联系现实展开想象,从而提炼所揭示的主题或寓意。

2021年绍兴卷微写作试题

2021年绍兴卷 【聚焦现象】

观察下图,根据漫画内容,分析漫画反映的问题及其产生的原因,提出解决办法,写一段150字左右的话。(8分)

要求：语言简洁，条理清晰，分析合理。

【小贴士】*Nature*：科学界公认的高质量科学期刊。

（三）命题应倡导“教—学—评”一致

教材是教师教学和学生学习的载体，教材一定程度上也是微写作命题的重要依据。中考微写作命题应努力体现教材的编写意图和教材写作内容的学习要求，努力做到所教、所学与所评协调一致。

教科书阅读部分的微写作主要有两种，一种是让学生在学习课文内容的基础上进行写作，如改写、续写、仿写等，或者通过对某篇文本的学习，进行写作迁移。教材中可以作为“微写作”的素材丰富，手法多样，教师完全可以把对学生微写作的训练落实在日常的教学中。另一种微写作形式出现在教材写作单元、综合性学习和口语交际中。教科书中微写作任务，是语文写作教学中必不可少的一部分。命题者如果能结合教材要求来进行微写作命题设计，这是有积极导向意义的，有利于教师在教学中认真落实教材的内容和要求，有利于落实新课标的“教—学—评”一致性要求，有利于扎扎实实地培养学生相关文体的写作能力。对此，笔者给命题者提出如下建议：中考微写作命题应该丰富多元；文学写作的形式应更有创新；写作文类应丰富，如微小说、微诗歌、微评论、微童话等。

参考文献

［1］　中华人民共和国教育部. 义务教育语文课程标准(2022 年版)［S］. 北京：北京师范大学出版社,2022.

［2］　中华人民共和国教育部. 普通高中语文课程标准(2017 年版 2020 年修订)［S］. 北京：人民教育出版社,2020.

［3］　中华人民共和国教育部. 义务教育语文课程标准(2011 年版)［S］. 北京：北京师范大学出版社,2012.

［4］　课程教材研究所,编. 20 世纪中国中小学课程标准·教学大纲汇编：语文卷［M］. 北京：人民教育出版社,2001.

［5］　梁启超. 作文入门［M］. 北京：教育科学出版社,2007.

［6］　朱光潜. 谈写作［M］. 北京：教育科学出版社,2014.

［7］　叶圣陶. 作文论［M］. 北京：教育科学出版社,2014.

［8］　叶圣陶. 怎样写作［M］. 北京：中华书局,2007.

［9］　叶圣陶. 给初学写作者［M］. 长沙：湖南教育出版社,2008.

［10］夏丏尊,等. 文心·文章作法［M］. 北京：经济日报出版社,2000.

［11］夏丏尊,刘熏宇. 文章作法［M］. 北京：中华书局,2007.

［12］夏丏尊,叶圣陶. 文章讲话［M］. 北京：中华书局,2007.

［13］夏丏尊,叶圣陶. 文话七十二讲［M］. 北京：中华书局,2007.

［14］刘半农. 怎样教作文［M］. 北京：教育科学出版社,2014.

[15] 阮真. 作文研究[M]. 北京：教育科学出版社,2014.

[16] 孙俍共. 论说文作法讲义[M]. 北京：教育科学出版社,2014.

[17] 谭正璧. 文章体例[M]. 北京：教育科学出版社,2014.

[18] 胡怀琛. 抒情文作法[M]. 北京：教育科学出版社,2014.

[19] 胡怀琛. 作文门径[M]. 北京：教育科学出版社,2014.

[20] 蒋伯潜. 中学国文教学法[M]. 北京：教育科学出版社,2014.

[21] 梁启超. 中学以上作文教学法[M]. 北京：首都经济贸易大学出版社,2012.

[22] 张志公. 漫谈语文教学[M]. 福州：福建人民教育出版社,1963.

[23] 张中行. 作文杂谈[M]. 北京：中华书局,2007.

[24] 刘锡庆. 中国写作理论辑评[M]. 呼和浩特：内蒙古教育出版社,1992.

[25] 潘新和. 中国写作教育思想论纲[M]. 北京：人民教育出版社,1998.

[26] 潘新和. 语文：表现与存在[M]. 福州：福建人民出版社,2023.

[27] 马正平. 高等写作思维训练教程[M]. 北京：中国人民大学出版社,2002.

[28] 刘淼. 作文心理学[M]. 北京：高等教育出版社,2001.

[29] 朱晓斌. 写作教育心理学[M]. 杭州：浙江大学出版社,2007.

[30] 林一平. 读者意识写作教学论[M]. 北京：中国文联出版社,2003.

[31] 王爱娣. 美国语文教育[M]. 桂林：广西师范出版社,2007.

[32] 朱绍禹. 中学语文教学法[M]. 北京：中华书局,2015.

[33] 王鼎钧. 作文三书 3：文学种籽[M]. 北京：国际文化出版公司,2007.

[34] 王鼎钧. 作文三书 2：作文十九问[M]. 北京：国际文化出版公司,2007.

[35] 王鼎钧. 作文三书 1：作文七巧[M]. 北京：国际文化出版公司,2007.

[36] 荣维东. 交际语境写作[M]. 北京：语文出版社,2016.

[37] 宇清,信德. 外国名作家谈写作[M]. 北京：北京出版社,1980.

[38] 朱绍禹. 美日苏语文教学[M]. 长春：吉林文史出版社,1991.

[39] 麦奎德,阿特温. 写作中的思维训练[M]. 吴其馥,陆玉珍,刘建,等译. 北京：中国广播电视出版社,1991.

[40] 奈特. 最佳写作要领[M]. 方盛辉,孙廷政,译. 北京：新华出版社,1999.

[41] 祁寿华. 西方写作理论、教学与实践[M]. 上海：上海外语教育出版社,2000.

[42] 方明生. 日本生活作文教育研究[M]. 上海：上海教育出版社,2002.

[43] 罗扎斯基. 创造性写作[M]. 邢锡范,王少凯,等译. 沈阳：辽宁教育出版社,2002.

[44] 斯蒂芬·金. 写作这回事：创作生涯回忆录[M]. 张坤,译. 北京：人民文学出版社,2020.

[45] 厄克特,麦基沃. 教会学生写作[M]. 晋学军,译. 北京：教育科学出版社,2008.

[46] 海恩斯. 作文教学的100个绝招[M]. 杨海洲,杜铁清,译. 北京：教育科学出版社,2009.

[47] 哈默. 朗文如何教写作[M]. 邹为诚,译. 北京：人民邮电出版社,2011.

[48] 艾利斯. 开始写吧——非虚构文学创作[M]. 刁克利,译注. 北京：中国人民大学出版社,2011.

[49] 布兰德. 成为作家[M]. 刁克利,译注. 北京：中国人民大学出版社,2011.

[50] 克利弗. 小说写作教程——虚构文学速成全攻略[M]. 王著定,译. 北京：中国人民大学出版社,2011.

[51] 津瑟. 写作法宝：非虚构写作指南[M]. 朱源,译. 北京：中国人民大

学出版社,2013.

[52] 沃尔克.创意写作教学：实用方法50例[M].吕永林,杨松涛,译.北京：中国人民大学出版社,2014.

[53] 沈蘅仲等.教与写——特级教师作文教学经验片段[M].上海：上海教育出版社,1982.

[54] 丁有宽.丁有宽与读写结合法[M].北京：国际文化出版公司,2003.

[55] 刘朏朏,高原.作文三级训练体系概论[M].北京：光明日报出版社,1989.

[56] 于漪.于漪老师教作文[M].上海：华东师范大学出版社,2009.

[57] 王栋生.王栋生作文教学笔记[M].南京：江苏教育出版社,2012.

[58] 范守纲.范守纲作文评说[M].上海：华东师范大学出版社,2010.

[59] 汪潮.中国语文读写结合研究[M].上海：华东师范大学出版社,1997.

[60] 郑桂华.初中生作文十日谈[M].上海：东方出版中心,2001.

[61] 郑桂华.如何教好中学作文[M].北京：北京大学音像出版社,2008.

[62] 郑桂华.写作教学研究[M].南宁：广西教育出版社,2018.

[63] 徐江.新课程议论文写作实验教本[M].上海：上海教育出版社,2009.

[64] 雷其坤.中学作文高效教学[M].上海：华东师范大学出版社,2011.

[65] 李白坚.21世纪我们怎么教作文(中学版)[M].上海：上海教育出版社,2005.

[66]《语文学习》编辑部.作文指引[M].上海：上海教育出版社,2000.

[67] 倪文锦,欧阳汝颖.语文教育展望[M].上海：华东师范大学出版社,2002.

[68] 叶黎明.写作教学内容新论[M].上海：上海教育出版社,2012.

[69] 王荣生.写作教学教什么[M].上海：华东师范大学出版社,2014.

[70] 邓彤. 微型化写作教学研究[M]. 上海：上海教育出版社,2018.

[71] 邓彤. 写作教学密码[M]. 上海：华东师范大学出版社,2018.

[72] 娄红玉. 项目式写作教学[M]. 广州：中山大学出版社,2021.

[73] 方帆. 我在美国教中学[M]. 上海：华东师范大学出版社,2012(第二版).

[74] 马浩岚编译. 美国语文[M]. 北京：同心出版社,2004.

[75] 朱自清. 写作杂谈[M]. 北京：教育科学出版社,2014.

[76] 唐弢. 文章修养[M]. 北京：教育科学出版社,2014.

[77] 章衣萍. 作文讲话[M]. 北京：教育科学出版社,2014.

[78]《语文学习》编辑部. 特级教师作文谈话录[M]. 上海：上海教育出版社,2002.

[79] 葛红兵,许道军. 创意写作教程[M]. 北京：高等教育出版社,2019.

[80] 张心科. 语文课程论[M]. 福州：福建教育出版社,2014.

[81] 王荣生. 实用文教学教什么[M]. 上海：华东师范大学出版社,2014.

[82] 曾祥芹.《文章本体学》[M]. 郑州：文心出版社,2007.

[83] 杜威. 我们如何思维[M]. 伍中友,译. 北京：新华出版社,2014.

[84] 管建刚. 主张,从自身的确证中来[N]. 中国教育报 2016. 04. 13(10).

[85] 岑运强. 交际语言学[M]. 北京：中国人民大学出版社,2015.

[86] 江苏母语课程教材研究所. 当代外国语文课程教材评介[M]. 南京：江苏教育出版社,2004.

[87] 曹勇军,傅丹灵. 中美写作教学对话十五讲[M]. 上海：上海教育出版社,2018.

[88] 黄厚江.《从此爱上作文课》[M]. 桂林：漓江出版社,2015.

[89] 胡适. 胡适文集：读书与做人[M]. 北京：北京理工大学出版社,2016.

[90] 王荣生. 语文科课程论基础[M]. 上海：上海教育出版社,2003.

[91] 刘半农. 应用文之教授//李杏保,方有林,徐林祥. 国文国语教育论典[M]. 北京：语文出版社,2014.

[92] 潘新和. 语文：表现与存在[M]. 福州：福建人民出版社,2017.

[93] 中外母语教材比较研究课题组. 中外母语课程标准译编[M]. 南京：江苏教育出版社,2000.

[94] 荣维东. 论新世纪写作课程重建运动[J]. 教师教育学报,2020(4).

[95] 姜秀娟. 动态评价在外语教育中的研究与应用：回顾与思考[J]. 天津市教科院学报,2017(3).

[96] Vygotsky, L. *Mind in Society*: *The Development of Higher Psychological Processes*[M]. Cambridge,MA：Harvard University Press,1978.

[97] 何晔. 中学英语写作评价指标体系的建构[J]. 成都师范学院学报,2017(8).

[98] 李秋梅,陶凤祥. 开放教育与基于网络的协作学习模式[J]. 现代远距离教育,2005(1).

[99] 王旅,余杨奎. 建构主义学习理论剖析[J]. 当代教育论坛：教学版,2010(4).

[100] Peggy A. Ertmer,Timothy J. Newby. 行为主义、认知主义和建构主义(下)——从教学设计的视角比较其关键特征[J]. 盛群力,译. 电化教育究,2004(4).

[101] 温儒敏. “部编本”语文教材的编写理念、特色与使用建议[J]. 课程・教材・教法,2016(11).

[102] 马利云. 叙事曲折有致,尺水亦能兴波[J]. 写作：高级版,2017(3).

[103] 温儒敏. 如何用好“统编本” 语文教材[J]. 课程・教材・教法,2018(2).

[104] 朱于国. “实用性阅读与交流”任务群的内涵、课程价值与实施策略[J]. 语文建设,2020(9).

[105] 李翠翠. 谢无量《实用文章义法》概观[J]. 广西师范学院学报(哲学社会科学版),2011(1).

[106] 王荣生. 撑起另一方天——小学语文的实用文阅读[J]. 语文教学通讯: 小学刊,2005(2).

[107] 胡根林. 创意写作过程指导: 内容与方法[J]. 语文建设,2019(08).

[108] 顾黄初,李杏保. 二十世纪前期中国语文教育论集[C]. 成都: 四川教育出版社,1991.

[109] 叶圣陶. 中学国文学习法[A]. 叶圣陶. 叶圣陶语文教育论集(下册)[C]. 北京: 教育科学出版社,1980.

[110] 叶黎明. 对写作及其教学的误解与匡正[J]. 语文教学通讯: 小学刊,2012(11).

[111] 荣维东,荣天竞. 创意写作与中小学写作课程变革[J]. 江西师范大学学报(哲学社会科学版),2022(1).

[112] 董蓓菲. 美国过程写作法: 旨在管理写作行为的作文教学法[J]. 语文建设,2010(3).

[113] 许道军. 创意写作研究的学术科目视野及中国经验[J]. 湘潭大学学报(哲学社会科学版),2020(2).

[114] 邓彤. 文学写作课应该教什么? [J]. 中学语文教学,2014(3).

[115] 钟万春. 运用思维导图,培养哲理思辨——谈高考时评类作文的有效策略[J]. 语文建设. 2018(2Z).

[116] 石修银. 说理性写作: 教学理念转向与教师作为——基于西村克己"逻辑思考力"的借鉴[J]. 语文建设,2022(15).

[117] 刘可翔. 思辨从语段训练开始[J]. 中学语文教学,2018(8).

[118] 贡如云. 请给文学写作一席之地[J]. 语文建设. 2015(8).

[119] 崔允漷,夏雪梅. "教—学—评一致性": 意义与含义[J]. 中小学管理,2013(1).

［120］ 崔允漷,雷浩. 教—学—评一致性三因素理论模型的建构[J]. 华东师范大学学报(教育科学版),2015(4).

［121］ 陈家尧.“活动·探究”单元的教学思考[J]. 中学语文教学,2019(8).

［122］ 王涧.“活动·探究”单元的顶层设计和教学实施[J]. 语文学习,2017(11).

［123］ 邱海洁. 部编教材八年级下册活动探究单元教学目标与课标的关系——以演讲活动探究单元为例[J]. 延边教育学院学报,2019(4).

［124］ 叶黎明. 说服类文本写作：边界、特征与知识[J]. 中学语文教学,2016(9).

［125］ 邓彤. 写作目的：亟待开发的任务写作资源[J]. 中学语文教学,2019(1).

［126］ 沈奕辰. 美国小学的跨学科写作教学[J]. 基础教育参考,2017(15).

［127］ 刘莉华. 美国跨课程写作教学改革对中国高等教育改革的启示[J]. 海外英语,2016(19).

［128］ 美国国家教育和经济中心,匹兹堡大学. 美国初中学科能力表现标准[S]. 上海市教育科学研究院,译. 北京：人民教育出版社,2004.

［129］ 陆平,夏惠贤. 中小学跨学科写作教学的新探索——美国“RAFT”写作教学模式[J]. 上海教育科研,2009(2).

［130］ 王芳,武茜.“RAFT”框架下的过程性写作指导范例研究[J]. 英语学习,2020(8).

［131］ 袁也,吴福忠,林峰. 基于跨学科主题学习的地理研学旅行案例设计[J]. 地理教学,2023(11).

［132］ 郑萍,徐幸良.《海底两万里》跨学科学习项目化设计与实施[J]. 语文建设,2023(11).

［133］ 邓彤. 跨学科写作教学的路径与策略[J]. 中学语文教学,2023(3).

［134］ 唐朋,赵亚夫. 历史“跨学科主题学习”的经验、特点及实施策略[J].

天津师范大学学报(基础教育版),2023(3).

[135] 管然荣,杨毅.语文跨学科学习的认知与实施[J].中学语文教学,2022(2).

[136] 郎镝.语文跨学科学习的"四个延伸"——以统编教材七年级下册《活板》一课为例[J].语文建设,2022(9).

[137] 魏小娜.真实写作:基本理念和实践启示[J].小学语文,2018(1).

[138] 郑桂华.作文教学过程化指导的思考与尝试[J].中学语文教学,2012(6).

[139] 董蓓菲.美国过程写作法——关注学生学习历程的教学法[J].小学语文教师,2021(12).

[140] 荣维东.写作教学的关键要素与基本环节[J].语文建设,2018(6).

[141] 梅新林,崔小敬.游记文体之辨[J].文学评论,2005(6).

[142] 王立群.游记的文体要素与游记文体的形成[J].文学评论,2005(3).

[143] 高潇怡,吕雅洁.科学教学中的反思性写作:特征、功能与应用策略[J].教育学报,2021(2).

[144] 塔尼亚·拉马略,伊丽莎白·蒂文斯,刘菁菁.美国《共同核心州立标准》实施效果[J].外国中小学教育,2015(8).

[145] NCTE/IRA. Standard of the English Language [S]. International Reading Association and National Council of English,1996.

[146] 叶丽新."情境"的理解维度与"情境化试题"的设计框架——以语文学科为例[J].课程·教材·教法,2019(5).

[147] 章新其.走向"真实性写作"——2020年中考写作命题的浙江实践[J].基础教育课程,2020(23).

[148] 马利云.如何指导中学生进行社会调查与报告撰写——以对湖城天盛花园垃圾分类情况的调查为例[J].应用写作,2017(10).

[149] 王奕涵. 论《名人传》中的英雄观及其现实意义[J]. 牡丹江大学学报,2022(7).

[150] 李伟. 基于项目学习的整本书共读——以《海底两万里》为例分析[J]. 中国教师,2016(2).

[151] 中华人民共和国教育部. 教育部关于加强初中学业水平考试命题工作的意见[J]. 中华人民共和国国务院公报,2020(8).

[152] 王伟. 写作的力量:以写促学教学法研究[D]. 杭州:浙江大学,2021.

[153] 荣维东. 写作课程范式研究[D]. 上海:华东师范大学,2010.

[154] 魏小娜. 语文科真实写作教学研究[D]. 重庆:西南大学,2009.

[155] 宦振宇. 40 年来中学语文教科书写作部分内容研究[D]. 上海:上海师范大学,2022.

[156] 祈小荣. 20 世纪美国写作教学的话语变迁[D]. 杭州:浙江大学,2017.

[157] 刘光成. 百年中国命题研究[D]. 长沙:湖南师范大学,2010.

[158] 周子房. 写作学习环境的建构——活动理论的视角[D]. 上海:华东师范大学,2012.

[159] 朱建军. 中学语文课程"读写结合"研究[D]. 上海:华东师范大学,2010.

[160] 申宣成. 表现性评价在语文综合性学习中的应用[D]. 上海:华东师范大学,2011.

后　记

2019年，笔者调离基础教育一线教学岗位至高校工作。五年来，笔者怀着一颗万分端正之心，未敢稍有松懈，力争胜任高校各项工作，阅读课程与教学论方面的理论著作，主动向前辈和博学的教授们请教，以弥补长期一线教学带来的理论缺失。2021年秋季，笔者成为研究生导师，为小学教育语文方向的研究生开设专题研究课程。同时，承担了小学教育本科教学的语文方向多门专业课程，另有一门新开的选修课程“小学语文习作教学研究”。任何学科和学段的学习，教学双方都需要基本的教学材料，但在写作教学领域，不管是研究生教学和本科生教学，笔者一直找不到适切性较强的教材。由于课程建设所需，笔者萌生了一个念头，想把自己多年来在一线工作中所积累的写作教学经验运用到高校的课程建设中去。2022年春季，适逢教育部颁布《义务教育语文课程标准(2022年版)》，通过咨询专家、深入研读课标新理念，笔者结合学院专业建设的需求，拟定写作方案，计划撰写一套《写作课程构建与实施》，初步设想是撰写中学卷和小学卷两卷。“驽马十驾，功在不舍”，积极行动，厚积薄发。

不管是在基础教育承担教学工作，还是到高校从事语文教学与研究工作，笔者一直没有放弃对写作教学的研究与实践，也取得了一点点实绩。近年来，陆续开设过多节省市级写作教学研讨课，发表过二十多篇写作教学方向的研究性文章，承担过多个写作教学方向的科研课题，出版过一部写作教学方向的专著，收集、修改、整理了两千多篇学生习作。但是，这些积累的经验和浅薄的成果，较为散乱，缺少理论架构，也没有从整体上加以总结或提炼。如今，适逢国家层面自上而下掀起新一轮课改，新课标、新教材陆续推行颁布；另一层面，更主要是为了高校教学工作的需要，很欣慰笔者能有机会把自己的前期积累与目前的工作所需进行结合，呈现出一个较为完整的建设思路。

《写作课程构建与实施（小学卷）》，计划梳理基础教育写作教学方面的经验与成果，梳理中外写作课程理论和写作教学方法，尝试小学写话教学、习作教学和小学读写一体化课程构建与实施，对语文写作知识的开发、更新和体系建构问题等方面进行研究。《写作课程构建与实施（中学卷）》，计划对中学写作课程整体化构建，写作教学的“教—学—评”一致，进行实用性写作、思辨性写作、创意表达、跨学科写作、新媒介写作等新型写作教学实施，对写作教学的学业评价与命题等方面进行实践与研究。

希望修习小学教育和学科语文方向的研究生、本科生，中小学一线语文教师，阅读此书后，能从以下几个方面有所收获：第一，了解和把握中小学语文写作课程的整体架构，重点掌握课程标准对语文写作教学的课程目标；第二，学习我国古代和近现代的写作教学思想和教学方法，了解和学习西方关于写作教学方面的理论和教学方法；第三，了解我们古代、近现代的语文教师以及新时期特级教师在写作教学方面积累的教学经验和基本成果；第四，持续关注写作教学的评价，能进行科学评价和能设计可视化、可操作性评价量表，能用“教—学—评”一致性理念设计教学；第五，能持续关注和研究写作教学的一些基本问题，如写作中的思维、范文的运用，学生作文的修改、写作词汇与素材的撷取与积累，等等。

总所周知，写作是人类最复杂的智力活动之一，一直以来，在基础教育研究领域，写作教学研究相对较为薄弱。如今，在数字化背景之下，AI 技术的运用，基础教育中的写作教学更是遭遇了前所未有的挑战，希望这一微薄的成果能为中小学写作教学贡献微薄力量。同时，个人能力有限，所知尚浅，希望专家、同行能不吝赐教，提出宝贵意见。